U0572921

BLUE BOOK

智 库 成 果 出 版 与 传 播 平 台

江苏蓝皮书
BLUE BOOK OF JIANGSU

2024年江苏发展分析与展望

ANALYSIS AND PROSPECT ON DEVELOPMENT OF
JIANGSU (2024)

主　编／夏锦文
副主编／陈爱蓓　李　扬　王月清　孙功谦

社会科学文献出版社
SOCIAL SCIENCES ACADEMIC PRESS (CHINA)

图书在版编目（CIP）数据

2024 年江苏发展分析与展望 / 夏锦文主编；陈爱蓓
等副主编 . --北京：社会科学文献出版社，2023. 12
（江苏蓝皮书）
ISBN 978-7-5228-3016-2

Ⅰ. ①2… Ⅱ. ①夏… ②陈… Ⅲ. ①区域经济发展-
研究报告-江苏-2024 Ⅳ. ①F127. 53

中国国家版本馆 CIP 数据核字（2023）第 241440 号

江苏蓝皮书
2024 年江苏发展分析与展望

主　　编／夏锦文
副 主 编／陈爱蓓　李　扬　王月清　孙功谦

出 版 人／冀祥德
组稿编辑／任文武
责任编辑／高振华
文稿编辑／郭文慧
责任印制／王京美

出　　版／社会科学文献出版社 · 城市和绿色发展分社（010）59367143
　　　　　地址：北京市北三环中路甲 29 号院华龙大厦　邮编：100029
　　　　　网址：www. ssap. com. cn
发　　行／社会科学文献出版社（010）59367028
印　　装／天津千鹤文化传播有限公司

规　　格／开　本：787mm×1092mm　1/16
　　　　　印　张：20.5　字　数：311 千字
版　　次／2023 年 12 月第 1 版　2023 年 12 月第 1 次印刷
书　　号／ISBN 978-7-5228-3016-2
定　　价／128.00 元

读者服务电话：4008918866

主编简介

夏锦文　法学博士、二级教授、博士生导师，现任江苏省社会科学院党委书记、院长，十三届、十四届江苏省委委员、省十二届人大代表。1997年被评为江苏省"333工程"跨世纪学术带头人第三层次培养人选；1999年获第二届"中国十大杰出中青年法学家"提名奖；2000年被评为首届"江苏省十大优秀中青年法学家"；2006年被人事部等7部委评为"新世纪百千万人才工程"国家级人选；2007年被评为江苏省"333高层次人才培养工程"首批中青年科技领军人才；2008年获第四届全国高等学校"教学名师奖"；2010年享受国务院政府特殊津贴；2023年被授予第四届"江苏社科名家"称号。先后兼任教育部高等学校法学类专业教学指导委员会副主任委员、中国法学会法理学研究会副会长、中国儒学与法律文化研究会执行会长、中国法学会法律史研究会常务理事、中国法学会法学教育研究会常务理事、江苏省哲学社会科学界联合会副主席、江苏省法学会副会长、江苏省法学会法学教育研究会会长、江苏省人大常委会立法专家咨询组组长等。

主要研究领域为法学理论、法律文化的传统与现代化、现代司法理论、区域法治发展、法治理念与社会治理现代化。先后主持国家社科基金重大项目、重点项目、一般项目和省部级课题20余项。在国内外期刊发表学术论文170余篇；在《人民日报》《光明日报》等报纸发表理论文章近50篇；公开出版《传承与创新：中国传统法律的现代价值》《法哲学关键词》《法治思维》等著作30余部。多次获得国家级和省部级教学科研成果奖励。

摘　要

　　编撰《2024年江苏发展分析与展望》是江苏省社会科学院加强决策咨询服务的一项重要的制度化工作。本书以2023年度江苏发展为主线，内容涵盖经济、社会、文化等领域，共收录报告13篇，其中总报告1篇、分报告3篇、专题报告9篇。总报告主要从宏观角度系统地总结2023年江苏经济发展、人民生活、社会发展、生态环境、文化发展和法治发展情况，科学分析当前发展面临的形势及挑战，并对2024年进行展望和预测。分报告主要从江苏农业、工业和服务业"三产"发展视角进行现状分析并对今后发展提出对策建议。专题报告主要从"1+3"重点功能区、开放型经济、内需发展、民营经济、基层治理、民生保障、法治建设、文化强省、基层党建9个具体领域展开分析，并提出对策建议。本书采取理论研究和数据分析相结合的方式，对江苏重大社会现实问题进行高度概括与深入分析，内容全面、视角多元、数据翔实。作为对江苏经济、社会、文化工作的总结与展望，本书能为相关部门提升治理水平提供科学依据。

关键词： 高质量发展　产业发展　开放型经济　民生保障

目 录

Ⅰ 总报告

Ⅱ 分报告

Ⅲ 专题报告

皮书数据库阅读**使用指南**

总 报 告

B.1

2023~2024年江苏经济社会发展
形势分析与预测

夏锦文 等*

摘 要： 2023年，江苏牢牢把握高质量发展首要任务，全面落实"四个走在前""四个新"重大任务，推动经济快速恢复向好、动能持续增强、预期显著改善，经济运行率先实现整体好转，为谱写"强富美高"新江苏现代化建设新篇章实现良好开局。2024年，江苏应持续关注民间有效投资、消费潜力释放、外贸形势、房地产活跃度和就业压力等领域，抓好以下重点工作：全力以赴巩固和扩大内需，切实稳住外贸外资基本盘，聚力打造产业科技创新高地，扎实推进强链补链延链，统筹推进城乡区域协调发展，强化民生保障和基层治理。为此，江苏应加大政策呵护力度，稳住经济向上的韧劲；积极释放消费潜力，稳住经济向上的动力；激发开放经济新活力，稳住经济向上的信心；以科技创新赋能强链补链延链，稳住经济向上的活力；缩

---

* 夏锦文，江苏省社会科学院党委书记、院长；张立冬，江苏省社会科学院财贸研究所所长、研究员；范玮，江苏省社会科学院财贸研究所助理研究员；焦文婷，江苏省社会科学院财贸研究所助理研究员；陈涵，江苏省社会科学院财贸研究所助理研究员。

小城乡区域差距，稳住经济向上的支撑；积极防范金融风险，守住经济向上的底线。

关键词： 江苏　"四个走在前"　"四个新"　"强富美高"

2023 年是全面贯彻落实党的二十大精神的开局之年，是全面恢复正常生产生活秩序的第一年。在全球经济不确定性加剧、美欧衰退风险攀升的大背景下，江苏深入贯彻落实习近平总书记参加十四届全国人大一次会议江苏代表团审议时的重要讲话精神，把"走在前、挑大梁、多作贡献"的责任担当好，全面落实"四个走在前""四个新"重大任务，努力在高质量发展上继续走在前列。2023 年江苏推动经济快速恢复向好、动能持续增强、预期显著改善，经济运行率先实现整体好转，为谱写"强富美高"新江苏现代化建设新篇章实现良好开局。2024 年仍是宏观经济恢复的关键一年，江苏将继续落实《关于促进经济持续回升向好的若干政策措施》，预计 2024 年江苏经济运行持续好转、内生动力持续增强、市场预期持续改善、风险隐患持续化解，推动经济实现质的有效提升和量的合理增长，推动高质量发展继续走在前列，在推进中国式现代化中走在前、做示范。

一　2023年江苏经济社会运行情况分析

（一）经济发展

2023 年，全省坚持稳中求进工作总基调，积极扩大生产供给，有效激发市场需求，着力培育新兴动能，经济运行整体呈现持续恢复向好和率先向好态势。

一是宏观经济持续恢复向好，新兴产业发展势头强劲，民营工业企业支撑有力。上半年全省实现地区生产总值 60465 亿元，按不变价格计算，比上年同期增长 6.6%，较第一季度加快 1.9 个百分点，① 连续四个季度回升，在全国各省（区、市）中排名第二（见图 1），仅次于广东省。第一产业增加值 1720.22 亿元，同比增长 3.5%，拉动经济增长 0.1 个百分点。夏粮生产再获丰收，总产量比上年增加 6.8 万吨。第二产业增加值 26613.40 亿元，同比增长 7.1%，拉动经济增长 3.1 个百分点。工业生产持续恢复向好，工业增加值同比增长 6.7%，拉动经济增长 2.6 个百分点，其中制造业增加值同比增长 6.8%，占地区生产总值的比重为 36.3%，为全省经济运行率先整体好转打下坚实基础。第三产业增加值 32131.67 亿元，同比增长 6.3%，对经济增长的贡献率为 50.8%，拉动经济增长 3.4 个百分点。1~5 月，全省规上互联网和相关服务业营业收入同比增长 16.6%，高于规上服务业营业收入增速 6.7 个百分点。上半年，金融业保持稳定良好运行态势。6 月末，全省金融机构本外币存贷款余额同比增长 14.3%；1~6 月，全省证券交易额同比增长 8.8%，较 1~3 月提高 3.5 个百分点。②

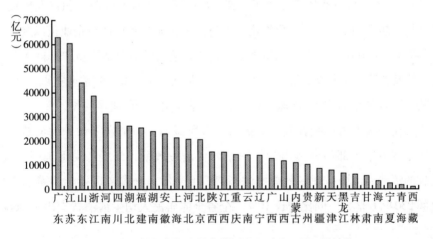

图 1 2023 年上半年全国各省（区、市）GDP 累计值

资料来源：Wind 数据库。

---

① 《2023 年 1—6 月全省经济运行简况》，江苏省人民政府网站，http：//www.jiangsu.gov.cn/art/2023/7/21/art_ 34151_ 10958868.html。

② 《2023 年上半年全省经济运行恢复向好》，江苏省人民政府网站，http：//www.jiangsu.gov.cn/art/2023/7/21/art_ 88350_ 10959183.html。

上半年全省新兴产业表现活跃，不仅成为全省经济增长的新动能，还为经济结构的优化升级提供了重要支撑。全省高新技术产业、工业战略性新兴产业产值占规上工业比重分别达 49.6%、41.1%，比上年同期分别提升 0.7 个、1.3 个百分点。① 在"双碳"目标引领下，新能源产业增势迅猛。充电桩、光伏电池、新能源汽车、汽车用锂离子动力电池等相关产品产量分别同比增长 140%、44.5%、72.2%、18.6%。尤其是新能源汽车整车制造、光伏设备及元器件、锂离子电池制造三个领域的增加值分别增长 86.5%、36.9%、28.8%，增速远高于全省规上工业平均水平，合计对规上工业增加值增长贡献率达 21.5%，拉动规上工业增加值增长 1.8 个百分点。②

2023 年上半年规上民营工业增加值增长 12.4%，较第一季度加快 1.7 个百分点，拉动规上工业增长 6.4 个百分点，其中，百强工业企业产值增长 12.8%，对规上工业总产值增长的贡献率达 52.3%。③ 2023 年上半年，江苏新增 A 股上市公司 37 家，首发募集资金总额突破 400 亿元，新增上市企业和首发募集资金数量均居全国第一位，④ 反映出江苏省龙头企业和专精特新企业正以规模化集群的形式迅速崛起。37 家新增上市公司中，超七成为专精特新"小巨人"企业，涉及领域涵盖集成电路、动力电池、工业机器人等多个制造业重点产业链，反映出江苏省先进制造业加速发展和细分行业龙头企业的快速成长。⑤

二是内需潜力持续释放，外部需求有所减弱。为了恢复和扩大消费，上半年全省各地各部门密集出台了一系列促消费政策，开展各类促消费活动，全省的消费品市场呈现恢复向好的态势。上半年，全省实现社会消费品零售总额 23049.6 亿元，同比增长 10%。全省全体居民人均生活消费支出为 16689

① 陈澄：《投资运行稳中有进 增长动能持续巩固》，《新华日报》2023 年 7 月 31 日。
② 《2023 年上半年江苏经济社会发展主要统计数据解读》，江苏省人民政府网站，http：//www.jiangsu.gov.cn/art/2023/7/21/art_ 88350_ 10959190. html。
③ 《2023 年上半年江苏经济社会发展主要统计数据解读》，江苏省人民政府网站，http：//www.jiangsu.gov.cn/art/2023/7/21/art_ 88350_ 10959190. html。
④ 梅剑飞、张宣、陈澄：《江苏交出高质量发展走在前列新答卷》，《新华日报》2023 年 7 月 27 日。
⑤ 《产业结构向新向绿，实体根基越扎越深》，新华网，http：//www.js.xinhuanet.com/20230724/1ca2c83a94f8417c96a076408b84cc21/c. html。

元，比上年同期增加 1393 元，增长 9.1%。① 旅游、文娱等接触型聚集型消费持续回暖，居民出行和消费意愿集中释放，实体店铺经营持续改善。1~5 月，全省规上生活性服务业营业收入同比增长 24%，较 1~4 月提高 0.9 个百分点，较 1~2 月提高 8.4 个百分点，对全省规上服务业增长贡献率达 56.2%，贡献率创年内新高。其中，旅游游览和娱乐服务、居民出行服务同比分别增长 122%、50.8%，较 1~4 月分别加快 4.1 个、2.5 个百分点；文化服务、体育服务分别增长 27.7%、34.6%，较 1~4 月分别加快 9.7 个、9.1 个百分点。新兴消费潜力持续释放，网上零售仍保持较快增长。上半年，全省网上零售额为 6198.8 亿元，同比增长 18.5%。其中，实物商品网上零售额为 5319.3 亿元，同比增长 15.9%，占社会消费品零售总额的比重为 23.1%。②

2023 年以来，为推动外贸进一步稳规模、优结构，江苏出台"推动外贸稳规模优结构 14 条措施"、"百展万企拓市场"行动、扎实推进全省 13 个跨境电商综合试验区建设和市场采购贸易方式试点创新发展等政策。③ 受全球对制造业产品需求趋降及上年高基数等因素的影响，外部需求增长放缓，上半年全省实现进出口总额约 2.5 万亿元，同比下降 5.3%。其中，出口总额 16023.4 亿元，下降 2.9%；进口总额 8818.9 亿元，下降 9.4%。但从环比来看，1~7 月江苏省外贸边际改善，单月进出口规模实现连续 3 个月环比增长，民营企业、"一带一路"沿线市场贸易保持增势。同期，锂电池、电动载人汽车和太阳能电池"新三样"合计出口 1212.3 亿元，总量居全国各省（区、市）之首，同比增长 23.4%，拉动全省出口增长 1.2 个百分点，其中锂电池和电动载人汽车出口分别增长 51.4% 和 4.1 倍。④

---

① 《2023 年上半年全省经济运行恢复向好》，江苏省人民政府网站，http：//www. jiangsu. gov. cn/art/2023/7/21/art_ 88350_ 10959183. html。

② 《2023 年上半年全省经济运行恢复向好》，江苏省人民政府网站，http：//www. jiangsu. gov. cn/art/2023/7/21/art_ 88350_ 10959183. html。

③ 《推动外贸"优结构"打造引资"强磁场"》，江苏省人民政府网站，http：//www. jiangsu. gov. cn/art/2023/10/4/art_ 88009_ 11031705. html。

④ 《江苏推动外贸"优结构"持续提升引资质量和水平》，人民网，http：//js. people. com. cn/ n2/2023/0910/c360301-40564420. html。

三是固定资产投资稳中有升，高技术产业投资增速加快。2023年，全省上下积极把扩大有效投资作为推动经济发展的重要抓手，各项"稳投资"政策靠前发力，为全省经济实现率先整体好转提供了有效投资支撑。上半年，全省固定资产投资同比增长5.5%，增速较前5个月小幅回升0.3个百分点，比第一季度加快0.5个百分点，增速稳中有升。① 全省制造业投资同比增长10.1%，增速高于全部投资4.6个百分点，延续上年较快增长态势，拉动全部投资增长4.2个百分点；主要行业中，电气机械和器材制造业、汽车制造业、专用设备制造业分别增长41.6%、30%、12.5%。② 重大项目投资支撑作用明显，上半年，全省10亿元以上在建项目3010个，比上年同期增加373个，项目个数同比增长14.1%，10亿元以上项目完成投资额同比增长14.7%，占全部投资的比重为29.2%，拉动全部投资增长3.9个百分点，对投资增长贡献率达到71.1%。③ 上半年高技术产业较快增长，全省高技术产业投资同比增长9.0%，比第一季度加快0.5个百分点，高于全部投资3.5个百分点，对投资增长贡献率为29.0%，拉动投资增长1.6个百分点，高技术产业投资占全部投资比重为18.5%，比上年同期提升0.6个百分点；其中，高技术制造业投资和高技术服务业投资同比分别增长8.6%和10.6%，分别高于全部固定资产投资增速3.1个和5.1个百分点。规上装备制造业增加值同比增长9.1%，增速高于全部规上工业增速0.8个百分点。④

四是CPI由负转正释放积极信号。8月，江苏居民消费价格指数（CPI）

① 《投资运行稳中有进 增长动能持续巩固》，新华网，http：//www.js.xinhuanet.com/ 20230731/ffafaee44190452e805ada9f310c5772/c.html。
② 《2023年1—6月全省投资运行稳中有进 增长动能持续巩固》，江苏省人民政府网站，http：//www.jiangsu.gov.cn/art/2023/7/21/art_ 88350_ 10959168.html。
③ 《"新引擎"释放澎湃新动能——上半年全省工业战略性新兴产业在规上工业中占比41.1%》，微讯江苏，https：//baijiahao.baidu.com/s？id=1772813294608971658&wfr=spider&for=pc。
④ 《2023年上半年全省经济运行恢复向好》，江苏省人民政府网站，http：//www.jiangsu.gov.cn/art/2023/7/21/art_ 88350_ 10959183.html。

实现了"负转正"（见图2）。其中，消费品价格下降0.8%，服务价格上涨1.4%。[1] 1~8月江苏CPI同比上涨0.7%。[2] CPI同比和环比双双上涨，意味着江苏省消费需求稳步复苏，经济增长动能持续增强。物价企稳伴随消费复苏，既是消费信心持续恢复的表现，也是各项促消费政策加快落地的结果。8月，江苏工业生产者出厂价格同比下降3.3%，环比持平；工业生产者购进价格同比下降4.4%，但环比上涨0.1%。1~8月，江苏工业生产者出厂、购进价格同比分别下降3.5%、3.8%，[3] 市场仍持观望态度，企业生产回暖仍有不确定性。但随着经济增长动能稳步释放，未来物价总水平进一步回升，市场预期将得到改善，各方信心将进一步增强，经济持续回稳向好的价格基础将更加坚实。

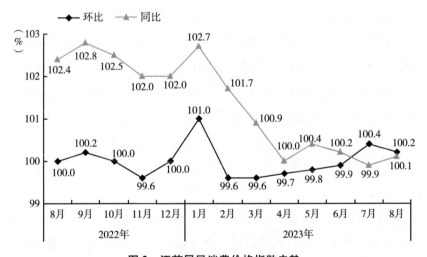

图2　江苏居民消费价格指数走势

资料来源：人民网。

---

① 《8月江苏居民消费价格同比上涨0.1%消费品价格下降0.8%》，人民网，http：//js. people. com. cn/n2/2023/0911/c360301-40564993. html。

② 《实现"负转正"8月份江苏CPI同比上涨0.1%》，人民网，http：//js. people. cn/n2/2023/0910/c360301-40564455. html。

③ 《8月份江苏工业生产者出厂价格同比下降3.3%》，国家统计局江苏调查总队，https：//jszd. stats. gov. cn/ TrueCMS/gjtjjjsdczd/dcxx/content/22436a16-5f84-476d-9d18-16e30c99 e51a. html。

（二）人民生活

一是居民收入与消费支出增速加快，居民收入结构持续优化。近年来，全省居民人均可支配收入呈逐年上升态势，2023 年上半年全省居民人均可支配收入 27795 元，同比增长 5.6%。上半年，按常住地分，城镇居民人均可支配收入 33345 元，同比增长 5.0%；农村居民人均可支配收入 16353 元，同比增长 6.8%，增速快于城镇 1.8 个百分点。[①] 此外，江苏省居民收入结构不断优化，上半年全省居民人均工资性收入 15876 元，同比增长 5.9%；人均经营净收入 3479 元，同比增长 3.3%；人均财产净收入 2830 元，同比增长 1.7%；人均转移净收入 5609 元，同比增长 8.2%。[②] 其中，工资性收入仍是居民增收的主要来源。

居民消费支出较快增长。2023 年上半年全省居民人均生活消费支出 16689 元，同比增长 9.1%，较第一季度快 1.2 个百分点，比全国平均水平 8.4% 高 0.7 个百分点。城镇居民人均消费支出 19254 元，同比增长 8.0%；农村居民人均消费支出 11419 元，同比增长 12.2%，快于城镇居民 4.2 个百分点，增速均快于第一季度，高于全国平均水平。[③] 上半年，江苏居民人均消费支出居全国 31 个省（区、市）第四位，较上年同期上升一位。

二是就业形势持续改善。2023 年，全省各地持续释放稳就业特别是稳高校毕业生等青年就业的积极信号，为推动就业形势持续改善提供重要支撑。7 月，江苏省财政统筹中央资金下达 2023 年第二批就业补助资金 13.51 亿元，主要用于支持做好稳定就业岗位、拓展就业渠道、开发公益性岗位、加强兜底帮扶、保障重点群体就业、开展职业技能培训、推动创业带动就业

---

① 《上半年全省居民人均可支配收入增长 5.6%》，江苏省统计局网站，http：//tj. jiangsu. gov. cn/art/2023/8/10/art_ 85276_ 10980105. html。

② 《上半年全省居民人均可支配收入增长 5.6%》，江苏省统计局网站，http：//tj. jiangsu. gov. cn/art/2023/8/10/art_ 85276_ 10980105. html。

③ 《位列全国第四，上半年江苏居民人均消费支出 16689 元》，上观，https：//sghexport. shobserver. com/html/baijiahao/2023/07/30/1086132. html。

等工作，通过发挥财政支持稳就业的政策作用，构建多层次、全覆盖的促就业政策体系，为确保全省就业大局稳定保驾护航。2023 年以来，江苏已累计下达就业补助资金 31.57 亿元，较上年增加 6.51 亿元，增幅 26%。[1] 上半年，全省城镇新增就业 72 万人，同比增长 4%左右，新增城镇就业总量占全国总量的 1/10 以上。[2]

（三）社会发展

一是区域协调发展，城乡差距进一步缩小。江苏紧紧围绕习近平总书记提出的"要做好区域互补、跨江融合、南北联动大文章"要求，持续完善区域协调发展政策举措且成效显著。2023 年是长三角一体化发展上升为国家战略 5 周年，江苏紧扣"一体化"和"高质量"两个关键词，推进长三角一体化发展。合力推动国家出台《沿沪宁产业创新带建设方案》《宁杭生态经济带建设方案》，推动先进技术成果长三角转化中心 132 个项目建设落地，推动异地联网定点机构实现全覆盖，实现 140 项政务服务事项及服务场景应用。2023 年上半年，江苏省 GDP 占长三角的比重约为 42%，成为长三角实力厚实、底盘扎实、根基稳固的"重要一翼"。[3]

2022 年苏南与苏北人均地区生产总值比为 1.93，居民人均收入比为1.85，是全国区域差距最小的省份之一。[4] 江苏坚持分类指导和因地制宜原则，统筹推进扬子江城市群、沿海经济带、徐州淮海经济区中心城市、江淮生态经济区建设；同时加大南北结对帮扶合作力度，制定出台关于深化南北结对帮扶合作的实施意见，优化调整 4 对设区市、10 对县（区、市）的结

---

[1] 《2023 年以来江苏累计下达就业补助资金 31.57 亿元 支持稳就业促就业》，金台资讯百家号，https：//baijiahao.baidu.com/s？id=1771817037401480021&wfr=spider&for=pc。
[2] 《上半年全省经济社会发展情况新闻发布会》，江苏省人民政府网，https：//www.jiangsu.gov.cn/art/2023/7/21/art_46548_270.html。
[3] 《加强区域协调互联，江苏绘就一体化发展新画卷》，江南时报网，https：//baijiahao.baidu.com/s？id=1774435840320445908&wfr=spider&for=pc。
[4] 《江苏促进区域协调发展 苏南苏北差距进一步缩小》，央广网，https：//baijiahao.baidu.com/s？id=1774455484017246430&wfr=spider&for=pc。

对关系，推进产业、科技创新、教育等多领域全方位帮扶合作。① 此外，江苏以更高水平推进"1+3"重点功能区建设，不断丰富区域协调发展的内涵和实现路径。②

二是社会公共服务体系持续健全。2023 年 6 月 1 日起施行的《江苏省医疗保障条例》，是设立医疗保障制度以来全国首部医保领域专项法规，率先从法治层面明确用人单位和公民依法参加基本医保的责任义务。此外，江苏研究出台全省统一政策文件，为灵活就业人员、新业态从业人员等人群参保提供政策支撑，全民医保的指向更加明确。截至 8 月末，江苏基本医保参保率稳定在 98.5%以上，高于全国水平（95%）。职工医保参保人数占比达42.5%。③ 江苏还积极推进基层医疗服务发展，建立了 1245 个乡镇（街道）"15 分钟医保服务圈"和近万个村（社区）"医保服务点"，打通参保扩面的"最后一米"，为人民群众提供更便捷的参保服务。另外，江苏还建立了全省统一的参保服务平台，开通个人账户参保代缴功能，精准实施断保未保提醒服务等，有效地提高了参保率和参保质量。

江苏已建设运营社区居家养老服务站点 1.8 万个、城市街道综合性养老服务中心 377 个、农村区域性养老服务中心 236 个。④ 此外，为了解决养老服务行业人才流失率高的痛点，江苏省多部门联合印发了《关于加强养老服务人才队伍建设的实施意见》，制定了一系列激励措施，包括养老护理员一次性岗位补贴、入职奖励、特殊岗位津贴等。2021 年以来江苏已发放各类补贴 4000 余万元，惠及 1.5 万余名养老服务人员。尤其是 2023 年 7 月发布了《江苏省养老护理专业技术资格条件（试行）》，在全国率先建立起养

① 《权威发布 | 区域互补、跨江融合、南北联动——促进区域协调发展 稳步推进中国式现代化江苏新实践》，交汇点客户端百家号，https：//baijiahao. baidu. com/s？id＝1774385651949453000＆wfr＝spider＆for＝pc。
② 《江苏促进区域协调发展 苏南苏北差距进一步缩小》，央广网百家号，https：//baijiahao. baidu. com/s？id＝1774455484017246430＆wfr＝spider＆for＝pc。
③ 《江苏基本医保参保率稳定在 98.5%以上》，人民网，http：//js. people. com. cn/n2/2023/0906/c360302-40560239. html。
④ 《江苏：养老服务专业人才有甜头有奔头有劲头》，中华人民共和国民政部网站，https：//www. mca. gov. cn/n1288/n1290/n1316/c1662004999979994941/content. html。

老护理职称体系。[1]

三是社会治理向精细化、现代化和高效能不断迈进。江苏始终积极探索基层治理创新，不断完善群众身边的服务管理体系。在全国首创网格化社会治理，率先推广建立市域社会治理现代化综合指挥中心，出台首部网格化省级政府规章、首部市域社会治理促进条例。这些都为江苏推进和完善社会治理奠定了良好的基础。江苏正不断推动社会治理重心向基层下移，坚持和发展新时代"枫桥经验""浦江经验"，为人民群众提供优质服务和精细管理；不断完善基层党组织领导下的自治、法治、德治相结合的城乡社区治理体系，涌现出南京市栖霞区仙林街道的新时代"枫桥经验"城市版、徐州市"马庄经验"等一批社区治理创新经验。

2023年，江苏持续推动基层治理体系的现代化，将大数据、云计算、人工智能等先进技术引入基层治理工作。通过构建智慧社区平台，实现信息共享、资源整合和业务协同，提升治理效能，促进区域经济发展。江苏省现有25.3万个基层党组织、520.8万名党员、2.1万个城乡社区，它们是实现基层治理现代化的前沿阵地。目前，江苏省已系统搭建了"苏服办""苏服码""一朵云""一张网"等数字主架构，提供数据服务接口4276个。苏服办App已经上线3466个应用，省市县三级94.5%的党务政务服务事项实现网上办理。[2]

（四）生态环境

一是积极稳妥推进碳达峰碳中和。2023年江苏已印发实施《关于推动高质量发展做好碳达峰碳中和工作的实施意见》《江苏省碳达峰实施方案》等，为江苏省推进碳达峰碳中和工作提供制度保障；而且明确了全省实现碳达峰的时间表、路线图、施工图。首先，江苏积极推动电动汽车、光伏、锂

---

[1] 《江苏：聚才育才爱才 让"苏适养老"成色更足》，澎湃新闻网，https：//m.thepaper.cn/baijiahao_ 24680783。

[2] 《基层治理数字化赋能经济高质量发展》，江西新闻网，https：//jiangxi.jxnews.com.cn/system/2023/09/28/020244372.shtml。

电池、海上风电、节能环保等战略性新兴产业集群融合发展，加快产业绿色低碳转型；其次，江苏大力推进绿色低碳科技创新，设立江苏省碳达峰碳中和科技创新专项资金，每年财政拨款 6 亿元，专项用于"双碳"领域科技创新；再次，江苏还推动传统能源清洁高效利用，大力发展光伏、风力等新能源，逐步构建以新能源为主体的新型电力系统，以降低对传统能源的依赖，实现能源结构优化和绿色低碳发展的目标；最后，江苏大力推动各条线、各层次绿色低碳试点示范且带动作用较为显著，截至 2023 年 8 月，南京、常州、镇江、淮安 4 市获评国家低碳城市试点优良城市。①

二是美丽江苏建设成效明显，生态系统愈发稳定。2023 年 1~7 月，全省 PM2.5 浓度 33 微克/立方米，同比改善 2.9%；优良天数占比 77%，同比提升 3.6 个百分点，改善幅度分别居全国第五位和第一位。② 为更加精准、科学、依法开展大气污染防治工作，2023 年江苏省生态环境厅创新出台全省重点园区大气污染防治挂钩帮扶工作制度，省市两级生态环境部门大气、执法分管领导分别挂钩 1 个全省重点园区。经帮扶，重点园区 VOCs 排放高值明显减少。2023 年上半年苏州 4 家钢铁企业率先完成超低排放改造，经初步估算，苏州 4 家钢铁企业完成改造之后，一年可实现减排氮氧化物 2 万吨、二氧化硫 4600 吨、颗粒物 5400 吨。③ 截至 2023 年 8 月底，国家考核优良水体比例同比提升 1 个百分点，长江干流江苏段水质稳定保持Ⅱ类，太湖湖体总磷、总氮浓度同比分别改善 14.8%、15.4%。④ 此外，江苏累计建成 31 个国家生态文明建设示范区、8 个"绿水青山就是金山银山"实践创新基地，数量位居全国前列。

① 《江苏加快推动绿色低碳发展 共建生态美好家园》，人民网，http：//js.people.com.cn/n2/2023/0913/c360304-40568118.html。
② 《前 7 月江苏两项大气指标改善幅度均居全国前列》，人民网，http：//js.people.com.cn/n2/2023/0906/c360304-40559108.html。
③ 《苏州钢铁行业在全省率先完成超低排放改造》，江苏省人民政府网站，http：//www.js.gov.cn/art/2023/6/9/art_ 84324_ 10931233.html。
④ 《江苏生态环境质量持续改善 努力建成美丽中国省域范例》，人民网，http：//js.people.com.cn/n2/2023/0913/c360304-40568117.html。

（五）文化发展

一是文化强省建设迈上新台阶。2022年以来，江苏省印发《江苏省关于贯彻落实国家文化数字化战略的实施意见》《推进长三角文化产业一体化发展江苏行动方案》《江苏省沿海特色文化产业集聚区建设实施方案》《世界级运河文化遗产旅游廊道建设实施方案》《推动扬子江城市群数字文化产业与创意经济跨越发展实施方案》等文件，着力构建"三轴一圈"文化产业布局，促进全省文化产业区域联动、优势互补、协调发展。截至2023年8月，全省规上文化企业数量达到10847家，上半年实现营业收入6151.56亿元，居全国前列。[①] 13个设区市、16个县（市）创成全国文明城市，总数和占比均居全国第一位；全省文化产业消费总额从2012年的2330亿元增加到2021年的5907.2亿元，连续多年稳居全国第二位。全省国家一级图书馆、文化馆、博物馆的总数均居全国前列，数字文化产业加快发展，2022年全省文化新业态行业营业收入达3412.5亿元。[②]

二是文旅市场重现繁荣景象。2023年南京、苏州等城市成为热门的"网红"旅游地。这些城市不仅凭借着独特的历史文化和风景名胜吸引了大量游客的关注和到访，而且立足本土文化IP开发的常州恐龙园、淮安西游乐园等主题乐园也以其独特的创意和精彩的表演，吸引了大批游客前来体验和参观。在文化和旅游产业的相互融合下，文化产业的"软实力"成为经济的"硬支撑"，为全省的经济发展提供了强大动力。银联数据显示，全省1~8月的文旅消费总额达到了3451亿元，占据了全国近10%的份额，成为全国文旅消费的第一大省份。据统计，截至2023年8月，全省文化类高新技术企业已经突破了1000家，这些企业在文化创意、数字娱乐等领域取得了显著的成果，为经济的创新和发展注入了新的活力。

---

① 《文化"软实力"成为经济"硬支撑"》，中国江苏网，https://tour.jschina.com.cn/lyzx/202309/t20230904_3277559.shtml。

② 《文化强省建设迈上新台阶 江苏多项指标居全国前列》，人民网，http://js.people.com.cn/n2/2023/0919/c360303-40577059.html。

（六）法治建设

一是建设更高水平法治江苏进程加快。首先，在加强重点领域、新兴领域的地方立法方面，江苏聚焦创新驱动发展、保障改善民生、生态文明建设、公共领域治理等方面，推动《江苏省科学技术进步条例》《江苏省生态文明教育促进办法》《江苏省基层卫生条例》等的修订和出台。其次，扎实抓好《法治政府建设实施纲要（2021—2025年）》贯彻落实，加强法治政府建设，扎实推进依法行政，转变政府职能，优化政府职责体系组织结构，推进机构、职能、权限、程序、责任法定化，提高行政效率和公信力，推动法治政府建设取得新的成效，为全省推进高质量发展、构建新发展格局提供了坚强有力的法治保障和法律服务。① 最后，深入学习习近平总书记关于司法根本特征和政治优势的重要论述，以严格公正司法维护社会公平正义，全面准确落实司法责任制，持续提升司法公信力；抓实公正与效率，不断提升人民群众司法获得感；加快建设公正高效权威的社会主义司法制度，深化司法体制综合配套改革。

二是社会治理法治化成效显著。2023年，江苏各地积极推动市域社会治理现代化建设、法治乡村建设等依法治理创建活动，强化法治观念，提高依法治理水平。9月，江苏印发《江苏省公民法治素养提升行动方案（2023—2025年）》，推动提高全民法治意识和法治素养。此外，全省继续加强公共法律服务工作，着力保障困难群体、特殊群体和各类市场主体合法权益。江苏全省群众安全感从2012年的94.0%提高到2022年的99.5%，创历史新高。政法队伍满意度从85.5%提高到2022年上半年的95.92%，始终保持在全国前列。江苏省被公认为全国最安全的省份之一。全省有6个设区市、15个县（市、区）分别被评为平安中国建设示范市、示范县。②

---

① 《江苏省司法厅2022年度法治政府建设情况报告》，江苏政府法制网，http：//sft.jiangsu. gov.cn/art/2023/3/27/art_48514_10860508.html。

② 《奋进新江苏 建功新时代 | 多措并举，书写平安江苏建设新答卷》，微讯江苏百家号，https：//baijiahao.baidu.com/s?id=1743221901077263179&wfr=spider&for=pc。

二　江苏经济社会发展面临的国内外形势及挑战

（一）国际形势及基本走势

2023 年以来，受高通胀、高利率、高债务的持续拖累，世界经济下行压力有所加大。① 全球面临复杂的环境，公共卫生危机、地缘冲突、能源和食品危机、金融风险累积、保护主义上升、极端气候、全球通胀"高烧"不退，经济增长放缓，债务危机等周期性、结构性、阶段性问题相互交织，导致全球经济的脆弱性依旧存在。

1. 全球经济总体仍处于下行期，脆弱性依旧存在

主要经济体的经济增长动能不足普遍存在。2023 年上半年，尽管美国经济环比增长 1.3%，欧元区同比增长 1%，但是增幅都较上季度下降 1 个百分点。日本经济目前相对企稳。新兴经济体经济复苏脚步放缓。越南、马来西亚等新兴经济体经济增幅有所减弱。供给的持续改善减缓了全球的通胀压力，但是受工资等成本持续上升的影响，通胀消融速度慢于预期。美、欧、日三大经济体工业生产均陷入负增长。全球需求不足导致国际贸易下行压力增大。2023 年美国和欧元区月度出口和进口同比增速下降明显，新兴经济体货物贸易减速明显。跨国投资持续疲弱，主要金融市场有所回暖但震荡依旧。②

世界银行近期预测 2024 年全球经济增长率为 2.4%，而 1 月的预测为 2.7%，并指出因紧缩货币政策带来拖累；预测 2025 年全球经济增长率为 3.0%。经济合作与发展组织（OECD）将 2024 年全球 GDP 预测由此前的 2.9%下调至 2.7%，指出各国央行应将利率维持在当前的高水平或进一步

---

① 中国宏观经济研究院对外经济研究所国际经济形势课题组：《2023 年上半年世界经济和外贸外资形势分析与展望》，《中国物价》2023 年第 7 期。

② 中国宏观经济研究院对外经济研究所国际经济形势课题组：《2023 年上半年世界经济和外贸外资形势分析与展望》，《中国物价》2023 年第 7 期。

加息以抑制通胀，并表示"在能源价格下跌和中国经济重新开放的帮助下，2023 年的开局强于预期；但全球经济增长随后预计将放缓。紧缩货币政策的影响越来越明显，企业和消费者信心已经下降"。国际货币基金组织（IMF）报告预测，2024 年全球经济增速将下降至 3.0%。政治和金融的预期不稳定使得全球经济下行风险加大。

2. 世界多极化深入发展，大国博弈"持久战"继续深化

党的二十大报告指出，"当前，世界之变、时代之变、历史之变正以前所未有的方式展开。""人类社会面临前所未有的挑战。世界又一次站在历史的十字路口，何去何从取决于各国人民的抉择"①。世界的不确定性、不稳定性和风险性大大增加，存量矛盾和增量矛盾同时存在。中美竞争与合作、俄乌冲突、巴以冲突、全球力量转移等因素正在重塑全球格局，导致新联盟的形成和一些旧联盟的复苏。在当前地缘政治环境下，各国将采取两面下注策略，以保护自身利益，避免大国对抗的负面影响。

中美竞争合作持续。中美在经贸、军事、科技等诸多领域竞争依旧。与此同时，在应对气候变化、维护全球战略稳定等国际公共产品领域，中美有望开展合作，这符合客观形势需要和国际社会期待。大国博弈不仅表现为美国采取各种措施加强同中国和俄罗斯的竞争，也表现为美国对欧洲及亚洲盟国的控制。②

（二）国内形势及基本走势

党的二十大报告指出："我国发展进入战略机遇和风险挑战并存、不确定难预料因素增多的时期，各种'黑天鹅''灰犀牛'事件随时可能发生。我们必须增强忧患意识，坚持底线思维，做到居安思危、未雨绸缪，准备经

① 习近平：《高举中国特色社会主义伟大旗帜　为全面建设社会主义现代化国家而团结奋斗——在中国共产党第二十次全国代表大会上的报告》，人民出版社，2022，第 60 页。
② 徐步：《当前国际战略安全形势的主要动向及突出特点》，《现代国际关系》2023 年第 1 期。

受风高浪急甚至惊涛骇浪的重大考验。"① 当前的国际形势站在了十字路口，带给中国的国际战略局势空前复杂与严峻。这种局势下，挑战与机遇并存。

1. 经济韧性强潜力大，内生增长动力有待加强

经济韧性强潜力大。2023 年前三季度，面对复杂严峻的国际环境和艰巨繁重的国内改革发展稳定任务，我国深入贯彻新发展理念，加快构建新发展格局，稳步推进高质量发展，统筹国内国际两个大局，做好稳增长、稳就业、稳物价工作。经济运行整体回升向好，积极因素累积增多。2023 年前三季度，我国实现国内生产总值 913027 亿元，按不变价格计算，同比增长 5.2%，② 高于全球其他主要经济体的经济增速。分产业看，第三产业增速高于第一产业和第二产业；分季度看，第二季度高于第一季度和第三季度。工业生产运行整体平稳。全国规模以上工业增加值同比增长 4.8%，比上半年提高 0.2 个百分点。高新技术产业，如太阳能电池、新能源汽车、工业控制计算机及系统工业增加值增速明显好转。基建投资和制造业投资仍将继续担起稳投资、促增长重任，数字化和智能化、碳中和与绿色发展是我国制造业产业转型升级的重点方向，高端制造业的转型升级将会带来大量设备更新和改造需求。从趋势看，物流链、产业链、供应链恢复正常，国内此前出台的一系列纾困助企、保供稳价、稳增长政策的效果在逐步释放，加之外贸韧性足，我国经济延续稳健复苏态势。

内生增长动力有待加强。2008 年国际金融危机后，我国经济增长率开始缓慢下滑，从 2008 年的 10.56% 逐步降到 2019 年的 6.84%。"十四五"期间，我国 GDP 年均增长率预计将保持在 5% 左右。与此同时，劳动力数量增速下滑明显，全要素生产率的增长率整体呈下降趋势，民营企业的复苏不够强劲，长期制约民营经济发展活力的因素逐渐增多。整个经济发展存在明显的内需不足、外需减弱问题。

---

① 习近平：《高举中国特色社会主义伟大旗帜　为全面建设社会主义现代化国家而团结奋斗——在中国共产党第二十次全国代表大会上的报告》，人民出版社，2022，第 26 页。

② 马海涛：《精准施策推动经济持续回升向好》，《中国社会科学报》2023 年 8 月 15 日。

2. 消费缓慢复苏，居民消费信心和消费能力仍待改善

国家统计局数据显示：2023 年前三季度，全国居民消费价格指数（CPI）同比上涨 0.4%。社会消费品零售总额 342107 亿元，同比增长 6.8%。其中，除汽车以外的消费品零售额 307270 亿元，同比增长 7.0%。城镇消费品零售额 296410 亿元，同比增长 6.7%；乡村消费品零售额 45697 亿元，同比增长 7.4%。① 消费增速在三大需求中由排名垫底重回首位。从季度看，粮油、食品类和饮料类等生活必需品较前三年同期平均增速分别低 6.3 个百分点和 14.6 个百分点。与出行相关的可选消费增速明显加快，化妆品、金银珠宝、体育娱乐用品、通信器材等可选消费品零售额增速则普遍较大幅度放缓，符合居民消费能力和消费信心较低背景下"必选强、可选弱"的消费结构性特征。受房地产销售仍然偏冷影响，房地产后周期消费品增速较低。

居民出行显著修复。2023 年前三季度，全国铁路累计旅客发送量为 29.33 亿人，同比增长 112%，国庆黄金周全国铁路更是发送旅客 1.95 亿人次，同比增长 170.83%，创下历史最高值。② 中国民航累计旅客运输量达到 2.8 亿人，同比增长 140.7%，旅客运输量已恢复至 2019 年同期的 88.2%。上半年，全国十大城市地铁日均客运量为 512.5 万人次，日均客运量恢复到 2019 年同期的 104.2%。居民出行显著修复，有利于带动消费增长。2024 年，居民出行增长还有一定空间。

3. 对外贸易韧性凸显，好转趋势有望延续

海关总署最新发布的数据显示，2023 年广东、江苏、福建进出口金额同比呈下跌趋势，上半年分别同比下跌 11.6%、5.3%、1.3%，而上海、北京、浙江分别同比增长 11.4%、5.9%、4.7%，分化明显。中西部地区进出口金额增速较高。2023 年前三季度，全国货物进出口总额 308021 亿元，同

① 《2023 年 8 月份社会消费品零售总额增长 4.6%》，国家统计局网站，http://www.stats.gov.cn/sj/zxfb/202309/t20230915_1942849.html。
② 《前三季度铁路货运 37 亿吨增长乏力 客运 29 亿人次屡创纪录》，东方财富网，https://finance.eastmoney.com/a/202310162870993553.html。

比下降0.2%。其中，出口176025亿元，增长0.6%；进口131996亿元，下降1.2%。贸易顺差44029亿元。民营企业进出口增长6.1%，占进出口总额的比重为53.1%。对共建"一带一路"国家进出口增长3.1%，占进出口总额的比重为46.5%。机电产品出口增长3.3%，占出口总额的比重为58.3%，比上年同期提高1.5个百分点。① 前期"外需弱、价格低、基数高"三大因素对我国进出口增速的不利影响正在减弱。中美贸易有所改善。对东盟进出口明显收窄。近年来随着RCEP、"一带一路"等利好落地，东盟已成为我国第一大贸易伙伴，与东盟贸易的改善有助于我国整体贸易保持稳健。对日本进出口保持低迷。受停止进口日本海产品等政策影响，自日本进口降幅扩大。尽管中国进口增速下降幅度仍大于世界贸易增速下降幅度，但进出口继续改善的有利因素逐步增多，外贸好转趋势有望延续。②

4. 房地产短期内修复依然承压，活跃度仍旧低迷

国家统计局数据显示，2023年1~9月，全国房地产开发投资87269亿元，同比下降9.1%。商品房销售面积84806万平方米，同比下降7.5%，其中住宅销售面积下降6.3%。9月，房地产开发景气指数为93.44。③ 全国各地土地出让分化明显。全国31个省（区、市）土地市场中，天津、黑龙江、吉林、云南、宁夏、陕西、内蒙古、海南、广东、重庆、江苏、北京等地成交金额同比上升，其余省份同比下降。部分省份如黑龙江、吉林等主要由于基数较低而增速较高。房地产开发投资同比下降7.9%。惠誉在2023年9月的《全球经济展望》报告中预测，2023年全国新房销售额或将缩减1/5，房地产占投资的1/3和GDP的12%，对整体经济的乘数效应很强。到目前为止，房地产宽松政策效果不明显，房地产短期内修复依然承压。

多个城市放开限购，一线城市仍有放松空间。2023年9月以来，已有

---

① 《前三季度国民经济持续恢复向好 高质量发展稳步推进》，国家统计局网站，http：//www.stats.gov.cn/sj/zxfb/202310/t20231018_1943654.html。
② 《评论 | 8月我国对外贸易韧性凸显》，东方财富网，https：//finance.eastmoney.com/a/202309082841656523.html。
③ 《2023年1—8月份全国房地产市场基本情况》，国家统计局网站，http：//www.stats.gov.cn/sj/zxfb/202309/t20230915_1942847.html。

沈阳、南京、大连、兰州、青岛、济南、福州、郑州、合肥、无锡、武汉11个城市先后全面取消限购，从政策趋势来看，核心城市仍有优化空间，二线城市有望全面取消此前限制性政策。一线城市根据市场恢复程度也有望在降低首付比例、房贷利率加点数、交易税费等方面进行优化。

2023年7月中央政治局会议明确指出，要"适应我国房地产市场供求关系发生重大变化的新形势，适时调整优化房地产政策，因城施策用好政策工具箱，更好满足居民刚性和改善性住房需求，促进房地产市场平稳健康发展"。这意味着根据最新形势变化，针对房地产行业运行状况出台的定位政策会出现重大调整，接下来政策支持力度有望显著加大。

5. 就业总体稳定，结构矛盾依旧突出

国家统计局数据显示，2023年前三季度，全国城镇调查失业率平均值为5.3%。9月，全国城镇调查失业率为5.0%，比上月下降0.2个百分点，连续两个月下降。本地户籍劳动力调查失业率为5.1%；外来户籍劳动力调查失业率为4.9%，其中外来农业户籍劳动力调查失业率为4.7%。31个大城市城镇调查失业率为5.2%，比上月下降0.1个百分点。全国企业就业人员周平均工作时间为48.8小时。第三季度末，外出务工农村劳动力总量18774万人，同比增长2.8%。16~24岁劳动力调查失业率居高不下，达到20%左右。随着人工智能逐步替代脑力劳动岗位，未来劳动力供求的结构性错配可能长期存在。青年与农民工就业"冷热不均"，2023年以来我国经济复苏以接触性、聚集性服务业恢复增长为主，而从事这些行业的多为中低学历人群，这可能也加剧了就业结构的分化。

6. 财政运行总体平稳，但压力依旧存在

2023年1~8月，全国一般公共预算收入151796亿元，同比增长10%；全国一般公共预算支出171382亿元，同比增长3.8%。总体来看，前8个月全国财政运行总体保持平稳，预算执行情况较好。受2022年实施大规模增值税留抵退税政策、集中退税拉低基数影响，税收收入同比增长达到12.9%。我国持续加大对经济社会发展薄弱环节和关键领域的投入力度。社会保障和就业支出、卫生健康支出、教育支出等的增速高于一般公共预算支出总体水平。同时聚焦经济运行中的难点重点，实施了一批延续、优化、完善的税费优惠政策，从提高供给质量和扩大有效需求双向发力，突出对科技创新、实体经济和中小微企业的大力支持。持续的减税降费政策将带来财政收入减收，加之我国经济恢复向好基础仍待加固，未来财政收入面临一定挑战，但总体仍将保持恢复增长。[①]

（三）江苏未来发展战略以及当下关注重点

在未来发展战略上，江苏应贯彻落实党的二十大精神，扛起习近平总书记赋予江苏省"在改革创新、推动高质量发展上争当表率，在服务全国构建新发展格局上争做示范，在率先实现社会主义现代化上走在前列"的光荣使命，围绕江苏省第十四届委员会第四次全体会议的有关精神，以高质量发展过硬成果当好全国发展"压舱石"，充分展现"走在前、挑大梁、多作贡献"的责任担当。具体而言，江苏省未来发展战略包括以下几点。

实施创新驱动发展战略，在科技创新上取得新突破，始终把坚守实体经济、构建现代化产业体系作为强省之要，在强链补链延链上展现新作为。

实施智慧江苏战略，推动数实融合，形成数字经济、平台经济新动能，以全面数字化引领经济社会转型升级。

实施建设双向开放枢纽战略。更大力度稳外贸稳外资，持续打造一流营商环境，塑造开放型经济新优势。

实施乡村振兴战略，更富成效推进农业农村现代化，加快建设农业强农村美农民富的新时代鱼米之乡。

实施区域协调联动战略，深化"1+3"重点功能区建设，聚焦激发高质量发展动力活力。

实施绿色低碳发展战略，深入打好污染防治攻坚战，积极探索能耗双控逐步转向碳排放双控机制，逐步实现双碳目标。

---

① 董碧娟：《积极财政组合拳精准发力》，中华人民共和国财政部网站，http：//www.mof. gov. cn/zhengwuxinxi/caijingshidian/jjrb/202309/t20230928_ 3909547. htm。

实施文化强省战略，把江苏建设成为中华优秀传统文化的重要传承发展地、革命文化的重要弘扬地、社会主义先进文化的重要创新策源地。

实施改善民生、共同富裕战略，把满足人民群众对美好生活的向往作为一切工作的出发点和落脚点，扎实推动共同富裕取得更为明显的成效。

面对日益激烈的国际竞争和经济下行压力，江苏省始终坚持以创新引领发展的战略，大力推动科技创新和产业升级。全省经济总体保持回稳向好的态势，展现出强劲的经济增长动力和潜力。当下江苏省需持续关注以下几方面。

1. 持续关注民间有效投资

民间投资可以带动相关产业的发展，从而创造更多的就业机会；同时可以带来更多的优质产品和服务，提高人民生活水平。关注民间投资的发展，也是政府优化投资环境的一种方式。民间投资具有周期性的特点，不同的行业有不同的恢复节奏，这就需要政府给予政策上的支持，推动民间投资的增长。江苏省委、省政府印发的《关于促进经济持续回升向好的若干政策措施》明确提出，要着力扩大有效投资，扩大民间投资范围。《省发展改革委关于进一步完善政策环境加大力度支持民间投资发展的实施意见》，进一步强化民间投资发展的政策支持。民营企业能投、善投、优投，政府要为民间资本提供更多投资机会，进一步拓宽投资领域。2023 年 9 月 26 日，江苏省发展改革委召开民间投资项目推介暨投贷联动试点合作机制启动会，共推介430 个项目，总投资 3235 亿元，融资需求近 1000 亿元。项目大中小兼顾，参与投资方式多元，为民营企业提供了更多的机会选择和发展空间。[①] 持续关注民间有效投资能给到民营企业良好的市场预期和信心，同时，积极鼓励民间投资进入科技创新领域具有强烈的现实需求和意义，能够提高科技创新的效率和速度，并帮助科技成果更快地转化为实际应用。[②]

① 徐兢：《江苏发布 430 个民间投资项目清单》，《扬子晚报》2023 年 9 月 27 日。
② 《江苏出台 23 条举措强化民间投资，专家解读：增强民间投资信心》，腾讯网，https：// new. qq. com/rain/a/20230414A08PZU00。

2. 持续关注消费潜力释放

消费是经济发展过程中的稳定器和"压舱石",坚持把扩大内需作为江苏发展的重要牵引。2023年全省各地各部门密集出台一系列促消费政策,开展各类促消费活动,全省的消费品市场呈现恢复向好的态势,但居民"捂紧钱袋子"倾向明显。尤其在就业市场和房地产市场下行趋势的影响下,直接冲击居民预期和信心。居民消费信心的走低,使得消费的恢复可能需要较长时间。这就迫切需要实施强有力的刺激性政策来提振消费信心、稳定消费预期,防止消费不振导致的短期经济增长"缺口"长期化。江苏应围绕《江苏省贯彻落实扩大内需战略实施方案》,积极培育建设国际消费中心城市,并打造一批具有国际影响力的新型消费商圈。支持有条件的设区市打造全国性或区域性消费中心,促进城乡消费市场融合发展。

3. 持续关注外贸形势

世界经济复苏乏力、外部需求收缩导致江苏稳外资、稳外贸压力持续加大。江苏出台了《关于促进经济持续回升向好的若干政策措施》,对促进外贸外资稳中提质做出专门部署,明确提出共建共享海外仓、保障重大外资项目用地、提高出入境便利度等系列举措。[①]"推动外贸稳规模优结构14条措施"、"百展万企拓市场"行动、扎实推进全省13个跨境电商综合试验区建设和市场采购贸易方式试点创新发展等政策,推动外贸进一步稳规模、调结构。在省级和地方政策支持下,2023年1~8月江苏对外贸易实现进出口3.36万亿元,连续4个月实现环比增长,民营企业、"一带一路"沿线市场贸易保持增势,外贸结构更加优化。但也要看到目前外贸进出口同比下降5.3%,低于全国7.4个百分点。外需乏力以及传统贸易占比高、新兴贸易占比低,加工贸易占比高、一般贸易占比低,外资企业占比高、民营企业占比低的外贸结构导致企业订单减少。近些年欧美等发达经济体持续加大对外

---

① 《江苏:推动外贸"优结构"打造引资"强磁场"》,人民网,http://js.people.com.cn/n2/2023/1004/c360301-40593149.html。

国投资的审查力度，特别是在高科技领域和重要基础设施领域，给江苏引进高质量外资和推动企业走出去造成了障碍。

4.持续关注房地产活跃度

房地产行业产业链长，对经济增长、投资、就业等具有重要影响。2023年，随着国家层面房地产利好政策密集出台，江苏印发《关于促进经济持续回升向好的若干政策措施》，明确提出支持刚性和改善性住房需求，稳定房地产投资，更好地满足居民刚性和改善性购房需求。

9月，全省多地相继调整优化房地产政策，宣布执行"认房不认贷"政策，相关城市房地产市场活跃度有所提升。但从整体看，2023年以来房地产行业对宏观经济恢复的拖累效应还是存在，房地产投资和涉房消费持续下滑，整体消费和投资信心受到了较大冲击。下一步政策"工具箱"在放宽购房条件、降低首付成数、延续实施保交楼借款支持计划、下调居民存量房贷利率、进一步引导新发放居民房贷利率下行等方面都还有较大潜力可挖。

5.持续关注就业压力

就业是最大的民生，就业稳则民心安。保就业保民生，是稳增长的根本前提。2023年1~8月，江苏城镇新增就业91.6万人，同比增加3.41%，完成年度目标任务的76.33%。[①] 充分发挥财政支持稳就业的政策作用，构建多层次、全覆盖的促就业政策体系，为确保全省就业大局稳定保驾护航。要在《江苏省"十四五"高质量就业规划》的指引下，协同市场主体以及人力资源机构，积极发展新业态新模式，激发就业活力，持续加强高校毕业生、农民工等重点群体就业帮扶，推动职业技能培训，多措并举促进供需精准匹配，尤其是开展高校毕业生就业攻坚，建成覆盖城乡、五级贯通的公共就业服务体系。[②]

---

① 《1—8月江苏城镇新增就业91.6万人》，中国新闻网，http://www.js.chinanews.com.cn/news/2023/1001/219302.html。

② 《敢为善为，勇担稳就业惠民生重任》，江苏国际在线，http://www.jsgjzx.com.cn/TodayJiangsu/202208/t20220823_7668599.shtml。

三 2024年江苏经济社会发展态势与预测

（一）2024年江苏经济社会发展态势

1.经济延续稳健发展势头，长期向好

从目前国际趋势来看，2023年全球经济增速下行几乎已成定局，全球经济中长期增长动力显著不足。在高通胀压力下，美欧央行货币政策持续收紧，甚至面临过度紧缩的风险，对全球经济的负面溢出效应日益凸显。加之地缘政治冲突不断，在能源、粮食和环境危机等因素冲击下，2024年全球经济复苏将面临较大压力。面对空前复杂与严峻的国际局势和经济下行压力，我国积极引导市场利率下调、完善房地产政策，降低中小企业融资成本、积极扩大内需，维护国内经济稳定增长。

对于江苏而言，作为全国经济大省，工业经济占比较大，有较完备的供应链和较强的产业配套能力，先进制造业产业集群和战略性新兴产业发展迅猛，[1] 自主可控的现代产业体系正在加快建成。从2023年经济指标来看，全省经济总体保持回稳向好的态势，展现出强劲的经济增长动力和潜力，经济长期向好的趋势不会改变。2024年仍是江苏省经济恢复的关键期，预计先进制造业仍为拉动江苏省经济增长的主力，但受世界经济复苏乏力、外部需求收缩等不利因素影响，预计2024年江苏GDP增速在5.0%～5.8%。

2.内部有效需求进一步扩大，外部需求仍有不确定性

2023年江苏出台《江苏省贯彻落实扩大内需战略实施方案》（以下简称《实施方案》），围绕全面促进消费、优化投资结构、促进城乡区域协调发展等8个方面提出82条具体举措。根据《实施方案》，未来南京、苏州、徐州、无锡将着力培育建设国际消费中心城市，并打造具有国际影响力的新

---

① 盛华根、曹燕宇：《扛起稳定宏观经济大盘的责任担当》《群众》2022年第15期。

型消费商圈。支持有条件的设区市打造全国性或区域性消费中心,加强中小型消费城市梯队建设,增强县城和中心镇消费集聚和辐射能力,促进城乡消费市场融合发展。受利率下降、股市低迷、房地产投资下降影响,上半年居民投资意愿有所下降。预计随着宏观经济持续好转、各类促消费措施的实施,居民的消费和投资信心都将增强,居民储蓄和投资将逐步回归常态,内需潜能也将不断释放,主要体现为居民消费及购房活动回暖。此外,2023年内CPI增速由负转正,也意味着江苏省经济恢复向好、供求关系持续改善,预计2024年CPI增速将逐步实现向历史均值回归。

2023年6月,摩根大通全球制造业PMI为48.8%,较上月下降0.8个百分点,并已连续10个月处于荣枯线以下。这表明全球对制造业产品的需求处于收缩状态,预计未来江苏省外贸出口仍将面临下行压力。同时,2023年前8个月江苏对中亚五国进出口同比增长30.4%,预计2024年江苏与"一带一路"沿线国家贸易往来将成为进出口额的重要支撑。

3.房地产需求保持稳定

2023年国家层面房地产利好政策密集出台,中央多部门联合推动落实购买首套房贷款"认房不认贷"政策措施;央行降低存量首套住房贷款利率和调整优化差别化住房信贷政策。江苏省印发《关于促进经济持续回升向好的若干政策措施》(以下简称《若干政策措施》),明确提出促进房地产和建筑业平稳健康发展,支持刚性和改善性住房需求,稳定房地产投资,推动建筑业转型升级。江苏各地积极落实《若干政策措施》,因城施策出台相关举措,更好地满足居民刚性和改善性购房需求。9月,多地相继调整优化房地产政策,苏州、无锡、宿迁等地相继宣布执行"认房不认贷"政策,政策落地后,相关城市房地产市场活跃度有所提升。房地产行业产业链长,对经济增长、投资、就业等具有重要影响。总体来看,江苏省宏观基本面持续向好,经济增速和人均可支配收入增加,城镇化尚未完成,居民刚性和改善性购房需求将继续释放,加之房地产调控政策的积极推动,预计2024年江苏省房地产市场发展仍有较好支撑,房地产市场需求仍将保持一定规模。

4. 城乡区域协调发展，人民群众生活品质持续提升

江苏将以习近平总书记关于区域协调发展的重要论述为根本遵循和行动指南，认真贯彻党中央国务院、省委省政府决策部署，更大力度推进全省区域协调发展。一是南北产业帮扶合作持续深化。依托南北共建园区、科创飞地、南北联动招商等平台，发挥双方在资金、人才、土地、能耗等方面的优势，大力推进产业的梯度转移和市场化合作，促进南北产业链双向融合。支持园区、企业跨区域布局，探索产业链创新链跨界融合新路径，提升核心竞争力和综合实力。二是新型城镇化建设持续推进。南京都市圈、苏锡常都市圈、淮海经济区加快发展。预计2024年江苏将着力推进跨江融合，锡常泰江苏中轴发展将驶入快车道。此外，江苏还将引导特大城市转变发展方式，推动县域经济高质量发展，构建大中小城市协调发展新格局。① 三是各地特色发展比较优势持续提升。比如，结合区域特色，加快建设大运河文化带江苏段和黄河故道富民廊道；结合设区市特色，着力打造常州新能源之都、盐城绿色低碳发展示范区、泰州大健康产业等；淮海经济区高质量协同发展，里下河地区绿色低碳发展路径，为区域协调发展提供新动力源。②

5. 社会发展安全稳定有序

2024年，江苏将持续深入学习习近平总书记的重要论述精神，增强底线思维和风险意识，全力做好防范化解重大风险工作，坚持稳字当头，守住安全稳定底线，更好地统筹发展和安全。具体来说，首先，法治江苏、平安江苏建设水平进一步提升。2024年江苏将持续深化法治建设，进一步优化稳定公平透明可预期的发展环境；法治薄弱村和薄弱社区专项整治步伐加快，基层法治建设水平进一步提升；重大风险隐患排查化解成效显著，社会安定、人民安宁。其次，以生产安全、政府性债务、房地产等领域风险隐患

---

① 《加强区域协调互联，江苏绘就一体化发展新画卷》，江南时报百家号，https：//baijiahao. baidu. com/s？id=1774435840320445908&wfr=spider&for=pc。
② 《加强区域协调互联，江苏绘就一体化发展新画卷》，江南时报百家号，https：//baijiahao. baidu. com/s？id=1774435840320445908&wfr=spider&for=pc。

排查整治为重点，坚决守牢安全发展底线，江苏省防灾减灾救灾和急难险重突发公共事件处置的保障能力持续加强。[1] 最后，江苏还将争取在社会治理方面取得新的突破，坚持和发展新时代"枫桥经验""浦江经验"，社会治理能力、矛盾纠纷综合化解能力、依法及时处置突发事件能力均将提升；持续聚焦重点人群、重点领域、重点地区、重点问题，攻坚克难、补齐短板，以重点突破带动提升社会治理现代化水平，[2] 各类矛盾风险隐患得到有效化解，着力打造更高水平的平安江苏。

6. 生态文明和精神文明建设提质增效

2024年，江苏省将持续深入学习贯彻习近平生态文明思想和习近平总书记对江苏工作重要讲话精神，以美丽江苏建设全面推进人与自然和谐共生的现代化，为谱写"强富美高"新江苏现代化建设新篇章夯实生态根基；加强优秀传统文化的保护传承和创新发展，扎实开展城乡精神文明创建，提高社会现代文明程度，在新的起点上继续推动文化繁荣、建设文化强省。今后五年是推进美丽江苏建设的重要时期，2024年江苏将以生态环境质量根本性好转为目标打好蓝天、碧水、净土保卫战，生态系统多样性、稳定性和持续性均得到提升；"1+3"重点功能区建设跃上新台阶，经济社会绿色低碳发展全面推进，清洁低碳安全高效的能源体系初步建成；"水韵江苏"独特生态文化和生态文化品牌得以传承，人与自然和谐相处的生态文明价值观逐步成型，符合江苏实际的现代环境治理体系建成。[3] 人民群众科学文化道德素养全面提升，城乡公共文化服务更加均等化、多样化，全省文明程度持续提高。

（二）2024年江苏经济社会主要指标预测

2023～2024年江苏经济社会主要指标预测如表1所示。

---

[1] 《新安全格局保障新发展格局：江苏省安全生产月特色举措》，新华日报新华红百家号，https：//baijiahao.baidu.com/s？id=1769914859817863113&wfr=spider&for=pc。

[2] 《以走在前列的高度自觉更好统筹发展和安全 为谱写"强富美高"新江苏现代化建设新篇章保驾护航》，搜狐网，https：//www.sohu.com/a/711839121_121424934。

[3] 《如何建设美丽江苏？信长星讲了5个故事》，人民网，http：//js.people.com.cn/n2/2023/0914/c360300-40570443.html。

表1　2023~2024年江苏经济社会主要指标预测

单位：%

主要指标	2022年	2023年上半年	2023年（预测区间）	2024年（预测区间）
GDP实际增长率	2.8	6.6	[5.0,5.8]	[5.4,6.0]
第一产业增加值实际增长率	3.1	3.5	[3.0,3.5]	[3.1,3.8]
第二产业增加值实际增长率	3.7	7.1	[6.2,7.0]	[6.4,7.3]
第三产业增加值实际增长率	1.9	6.3	[5.7,6.8]	[6.0,7.0]
固定资产投资增长率	3.8	5.5	[4.5,5.5]	[4.3,5.4]
社会消费品零售总额增长率	0.1	10.0	[9.8,10.3]	[7.5,8.6]
出口总额增长率	7.5	-2.9	[-2.5,-1.4]	[2.5,4.5]
进口总额增长率	0.4	-9.4	[-9.0,-7.9]	[1.2,3.7]
居民消费价格上涨率	2.2	1.0	[0.9,1.2]	[1.0,1.8]
生产者出厂价格上涨率	3.2	-3.3	[-2.9,-3.7]	[0.8,2.3]
居民人均可支配收入增长率	5.0	5.6	[5.0,5.8]	[5.1,5.9]
居民人均消费支出增长率	4.4	9.1	[8.9,9.6]	[7.7,8.2]

资料来源：江苏省统计局、课题组预测。

四　2024年江苏经济社会发展的重点领域

2023年是全面贯彻落实党的二十大精神的开局之年，中央明确要求江苏在推进中国式现代化中走在前、做示范，要求江苏坚决扛起国家科技创新格局中第一方阵的使命，逐步实现科技自立自强，这为江苏现代化建设指明了方向。目前江苏应进一步加快经济发展，确保经济运行在合理区间的同时兼顾长远，扎实做好扩内需、稳外贸、抓创新等工作。2024年江苏经济社会发展的重点领域主要有以下几个方面。

（一）全力以赴巩固和扩大内需

1.促进消费提质升级

一是通过补贴等政策扩大新能源汽车消费，[①] 鼓励各地开展汽车下乡以

---

① 《八项行动打造地区品牌　十条措施促进消费回暖》，新浪财经，https://finance.sina.com.cn/jjxw/2023-04-11/doc-imypzqya7432224.shtml。

及家电以旧换新和家电下乡等活动，持续推动绿色智能家电消费。二是提升消费品质，发展首店经济、夜间经济等新业态新模式。鼓励企业利用数字化技术提升消费体验，推广新零售模式，推动实体商业数字化转型。三是扩大进口消费，吸引国外商品和服务进入市场。四是继续发放消费券，刺激消费者在特定商业服务场所购物消费。

2. 充分发挥投资的关键作用

一是持续拓宽民间投资行业领域，支持民间投资项目申报国家重大工程并进入长三角一体化国家项目库，[①] 争取纳入省级重大项目清单。二是鼓励民间资本参与重大工程和补短板项目建设，依托投资项目在线审批监管平台，及时向民间资本推介基础设施和公共服务建设项目。三是深化与大型央企、民营头部企业和外企的合作，争取更多优质项目落户江苏。四是支持民间投资进入制造业等实体经济领域，鼓励民间资本参与科技创新、重大工程项目等建设。五是运用政府免费诊断、财政资金引导等支持政策，加快民营企业开展智慧工厂、智能车间投资建设。

3. 加快重大项目投产达效

一是加强对重大项目的服务推进，确保重大项目能够早启动、早实施、早投产。二是加强要素保障，包括资金、土地、人力、技术等，为重大项目的顺利实施提供支持。三是鼓励地方企业与国内外大型企业、知名机构等进行合作，共同推进重大项目的实施。四是推动数字化转型，提高重大项目的管理效率和实施效果。

（二）切实稳住外贸外资基本盘

1. 千方百计稳住外贸规模

一是支持企业出海拓市场，鼓励地方对企业出境参展的展品运输、人员商旅等费用予以支持。二是加大对企业的信贷支持力度，提供出口信用保险等政策工具，帮助企业拓展国际市场。三是强化国际物流服务保障，完善

---

① 郑栅洁：《牢牢把握高质量发展这个首要任务》，《中国经贸导刊》2023 年第 5 期。

"一带一路"、中欧班列通道布局，支持铁海联运、内支线河海联运、内外贸集装箱同船运输等物流模式，提升集装箱远洋航线直达运输水平①。四是加大进口促进力度，推动大宗商品交易平台、汽车整车进口口岸和电子元器件国际分拨中心等平台载体建设，稳步扩大进口规模。

2. 多措并举优化外贸结构

一是加快发展外贸新业态，推动跨境电商、市场采购贸易、海外仓建设等，发展"跨境电商+产业带"模式，促进新业态与产业带融合发展。二是推动高附加值产品出口，如太阳能电池、新能源汽车、锂电池等"新三样"产品。三是优化贸易地区结构，稳定传统外贸市场，积极开拓新兴市场，加大与"一带一路"沿线国家的贸易。四是为中小企业提供更多的政策支持和服务保障，扩大中小企业进出口规模。

3. 持续发力提振外资信心

一是推动出口信用保险扩面降费，继续安排资金用于出口信用保险保费扶持，减轻企业保费负担。通过优化资信费用和短期险费率等举措，降低外资企业参与国际市场的成本。二是发挥"苏贸贷"作用，提供低息贷款等政策支持，帮助外资企业提升融资能力。三是持续优化营商环境，进一步简化审批流程、完善配套制度，加大知识产权保护力度，维护外资企业合法权益。

（三）聚力打造产业科技创新高地

1. 强化重大科技创新载体支撑

一是推动科创平台建设，加快推进苏州实验室的建设，支持紫金山实验室加快实施国家 6G 重大科技项目，推动集成电路产业技术创新能力提升，实施数字经济科技攻关专项行动，加强关键核心技术清单动态调整等。支持太湖实验室、钟山实验室等创建国家实验室，高标准建设国家生物药、第三代

---

① 《江苏省人民政府办公厅印发关于推动外贸稳规模优结构若干措施的通知》，江苏省人民政府网站，http://www.jiangsu.gov.cn/art/2023/6/13/art_64797_10921857.html。

半导体、ED 技术创新中心等。① 二是加大对重大科技创新载体的财政、金融支持力度。加大投入力度，支持开展科研项目研究和基础设施建设等，对符合条件的科技企业给予研发费用加计扣除、技术转让和开发给予税收优惠等。鼓励金融机构加大对重大科技创新载体的支持力度，提供多样化的金融服务。

2.加快突破一批"卡脖子"难题

一是聚焦新一代信息技术、生物医药、新能源等重点领域和关键环节，集中力量攻克关键核心技术，加快突破"卡脖子"难题。二是鼓励企业与高校、科研机构等联合开展关键核心技术攻关，推动重大科技创新成果转化和产业化，支持科技型中小微企业促进开展创新研究和成果转化。三是加大对创新型领军企业的扶持力度，培育若干具有生态主导力和全球竞争力的世界一流科技领军企业。四是积极推进前沿科技布局，瞄准第三代半导体、通用人工智能、氢能和储能、深海深地空天、未来网络、元宇宙等前沿方向，编制前沿技术路线图和重大平台、战略人才、重大项目"一图三清单"等。五是加强国际合作与交流，引进国外先进技术和管理经验，提高科技创新的国际化水平和国际影响力。

3.夯实企业科技创新主体地位

一是鼓励企业加大研发投入力度，对研发投入超过一定比例或达到一定数额的企业给予财政补贴或税收优惠等政策支持。二是鼓励企业参与国家和省级科技创新计划和重大科技项目，提高企业科技创新能力。三是支持企业建设研发机构，与高校、科研机构等合作建立联合实验室、联合研究中心等，提高企业研发水平和创新能力。四是加大对科技型中小企业的扶持力度，提供税收优惠、财政补贴、融资支持等政策支持。

（四）扎实推进强链补链延链

1.提升产业链韧性和安全水平

一是鼓励企业建立健全产业备份系统，通过多元化、多渠道的方式降低

---

① 袁磊：《开辟发展新赛道塑造发展新动能》，《群众》2023 年第 2 期。

供应链中断的风险，提升产业链的韧性和稳定性。二是鼓励企业加强技术研发和创新，提升产业链上游的技术水平和原创能力，增强产业链的自主性和可控性。加强基础研究、技术积累和产业协同创新，提升产业链中游环节的技术水平和专业化程度，夯实产业链基础。鼓励企业提高产业配套能力，加强本地供应链建设，推动产业集群发展，提高产业链下游的协作水平和综合效益。三是加强国际合作与交流，积极参与国际产业分工和合作，引进国际先进技术和管理经验，提升产业链的国际竞争力。四是建立健全风险防范和应对机制，加强风险监测和预警、及时处理风险事件、制订应急预案，降低产业链中断的风险。

2. 培育壮大先进制造业集群

一是以"1650"产业发展体系为指导，加快培育先进制造业集群，加快建设世界级先进制造业集群，推动行业智能化改造和数字化转型，全面推进先进制造业集群的发展。二是鼓励先进制造业集群加强组织优化和协同发展，向专业化、精细化方向发展。支持先进制造业集群加强品牌建设，提高先进制造业集群的知名度和影响力。三是加大对先进制造业集群的政策支持力度，通过财政资金、税收优惠、金融支持等方式，推动先进制造业集群加快发展。四是加大用工保障与职业技能培训支持力度，支持企业开展技能人才培训，对符合条件的企业给予培训补贴，鼓励和支持企业开展技能等级认定。五是鼓励先进制造业集群加强公共服务平台建设，加强集群内企业的知识产权保护。

3. 激发数字经济这一"关键增量"

一是推进新型数字基础设施建设，加快5G网络建设，超前布局绿色高效的算力基础设施，部署支撑创新的基础设施，逐步建成自主安全可控的区块链底层平台，探索建设工业数据空间。二是全面推动行业领域的数字化转型，建设经济运行基础数据库，强化经济趋势研判，不断推进制造业智能化改造和数字化转型三年行动计划。三是提升综合监管数字化水平，优化一体化综合监管平台，提升社会管理数字化水平。加强数字化安全保障体系的建设，完善网络安全法规和监管机制。

（五）统筹推进城乡区域协调发展

1.持续推进乡村振兴战略

一是做好粮食安全保障，加强粮食生产功能区和重要农产品生产保护区建设，加快高标准农田建设，确保粮食播种面积稳定并提高粮食安全保障水平。二是加快特色产业发展，支持农业产业强镇和优势特色产业集群建设，加大农业科技研发和推广力度，推动现代农业和乡村产业融合发展。三是培育壮大农业经营主体，加强农产品品牌建设。促进富民增收，可以通过发展特色产业、推进创业就业、支持农民合作社等方式，增加农民收入，促进共同富裕。四是完善新型集体经济运营，全面盘活集体资源资产，发展壮大农村集体经济，拓宽农民增收渠道。五是学习运用"千万工程"，因地制宜持续改善农村人居环境，注重人居环境改善与特色产业发展、基础设施建设、公共服务水平提升、文明新风培育的有效结合，加快宜居宜业和美乡村建设。

2.持续推进长三角一体化

一是推进区域基础设施互联互通，推动铁路、公路、航空、港口等交通基础设施的建设，提高长三角地区的交通运输能力。加强城市基础设施建设，推动城市间的互联互通。二是推动产业协同发展，促进各个城市间的产业互补和协同创新，推动跨地区的产业合作，打造更具竞争力的产业集群。三是推动长三角一体化示范区建设，推动跨省域高新技术开发区发展。四是强化生态环保和绿色发展，推动长三角地区的绿色发展和可持续发展。

3.高水平建设"1+3"重点功能区

一是大力推进扬子江城市群产业集群的融合发展，加快高端要素的集聚，将其高水平地嵌入全球价值链中，打造江苏创新发展新高地。二是加快发展沿海经济带，重点发展海洋经济与临港产业，加快现代化海洋经济体系的建设。三是深入推进徐州淮海经济区中心城市建设，切实发挥对淮海经济区的辐射作用。四是保护开发江淮生态经济区，加强生态保护，发展绿色循环经济。

4.推动城乡融合发展

一是完善城镇化空间布局，积极推动都市圈发展，提升中心城市能级，增强县城综合承载能力，促进小城镇特色发展。二是提高市民化质量，深化户籍制度改革，推动在城镇稳定就业居住的非户籍人口愿落尽落，缩小户籍人口城镇化率和常住人口城镇化率的差距。三是推进城镇常住人口基本公共服务均等化，提高非户籍人口公共服务实际享有水平。四是推进新型城市建设，完善住房保障体系，健全便民服务设施。

（六）强化民生保障和基层治理

1.促进就业与增收

一是多措并举稳定就业。增扩各高校、省属科研院所、省属企业等单位开发科研助理岗位。稳定事业单位面对毕业生的招聘岗位规模。对招用离校未就业高校毕业生，并与其签订劳动合同，缴纳失业、工伤、职工养老保险费的企业，发放一次性扩岗补助。二是推动居民收入增长与经济增长基本同步。适时调整最低工资标准，加强困难群体就业兜底帮扶，多渠道增加城乡居民收入。三是实施就业友好型重点企业用工保障行动,[①] 强化岗位收集、技能培训、送工上岗、劳动关系指导等服务。对吸纳重点群体就业的企业，通过"直补快办"等模式一揽子兑现相关补贴政策。四是扩大"苏岗贷"合作金融机构范围，支持中小微民营企业和个体工商户稳岗拓岗。

2.共享基本公共服务

一是完善社会保障制度体系，全面取消灵活就业人员参保户籍限制，不断健全养老保险城乡制度衔接和区域转移机制。二是提高医保公共服务水平，让全省参保群众享受更高品质的医疗保障。提高全省"15分钟医保服务圈"覆盖率，高标准推进村（社区）医保公共服务点建设，建成全省参保单位和参保人员基础信息库。

---

① 《江苏省人民政府办公厅关于优化调整稳就业政策措施全力促发展惠民生的通知》，江苏省人民政府网站，http：//www.jiangsu.gov.cn/art/2023/9/15/art_ 46144_ 11015718.html。

3.加快建设美丽江苏

一是推进经济社会发展绿色化低碳化，逐步实现"双碳"目标。统筹推进土地、矿山、海洋、湿地保护修复，构建江苏自然保护地体系，推动能耗双控逐步转向碳排放双控。二是抓好江苏段长江大保护，开展长江岸线清理整治，推进新一轮太湖综合治理，强化大运河文化保护传承。三是重点保障生态环境资金投入，支持生态环境保护修复，提升生物多样性保护水平，推进碳达峰碳中和。四是推进生态保护补偿制度改革，健全生态产品价值实现机制。

4.加强创新基层社会治理

一是组织实施好江苏"十四五"城乡社区服务体系建设规划，推进各项重点工程建设加快落地。二是持续推进村（居）委会规范化建设，细化制定相应制度程序，促进村（居）委会规范化管理与运行。三是运用数字经济促进基层治理能力的提高。

五　2024年江苏经济社会发展的对策建议

（一）加大政策呵护力度，稳住经济向上的韧劲

2023年，江苏交出一份韧性十足的"答卷"。全省经济运行呈现生产平稳、内需改善、质效提升、信心回暖的特征，上半年地区生产总值增长6.6%，高于全国1.1个百分点，担起"走在前、挑大梁、多作贡献"的重大责任。[1] 2023年以来，国家和省密集出台了促进消费、壮大民营经济、工业行业稳增长等政策措施，8月31日，江苏省委省政府发布促进经济持续回升向好28条政策，各地随后也发布了不少举措。但也要看到经济持续恢复的动力还不够稳固，总需求不足的问题仍然突出。江苏正处于经济恢复和产业升级的关键期，想要努力稳住经济"向上的韧劲"还需要政策的"浇

---

[1]　付奇、陈澄：《增量创新政策多 存量接续政策实》，《新华日报》2023年9月1日。

灌"，需统筹考虑落实国家政策和江苏政策，将落实存量政策和增量政策有机结合，不断增强政策的协同性、针对性，在攻坚克难中巩固和扩大回升向好势头。① 加强政策宣传和解读，消除信息孤岛，将政策精准匹配到企业。建立多部门联动，每一个决策都要经过多部门磋商、多领域论证，努力征求多方意见并最小化可能出现的负面影响。从高质量角度出发，实现信息共建共享，防止出现政策碎片化。

要持续优化营商环境，激励善待民营企业。继续深化"放管服"改革，按照"审批事项最少、办事效率最高、创业创新活力最强"的目标，以问题为导向，规范各项政务服务，提升政策执行统一性，明确服务边界和层级分工，保障政策实施的系统性和协同性，为产业结构调整营造良好环境。落实"负面清单"，不插手不干预企业的发展与经营，确保政府"定好位""不越位"。加大信贷支持力度，为中小微企业引入金融活水，完善富民创业担保贷款和财政贴息政策，提升个人企业贷款额度，降低融资成本，积极发展数字普惠金融，提高融资效率。积极弘扬江苏企业家精神，营造向上的营商氛围。以"容错机制"稳定民营企业的心理预期，着力打造稳定公平透明、可预期的法治化营商环境标杆省份。

（二）积极释放消费潜力，稳住经济向上的动力

消费是江苏经济增长的稳定器和"压舱石"。释放江苏消费潜力，维持消费的可持续增长，是保持经济适度增长的重要基础。

坚持就业优先的宏观政策，积极改革现有的收入分配制度，藏富于民。增加财政转移支付，充分发挥税收调节收入差距的功能性作用。加大对低收入地区（特别是农村地区）和人群的政策支持力度，提升可支配收入水平，积极关注中等收入群体和农村群体消费，鼓励发放惠民券、免费券等，充分释放这部分群体的消费升级潜力。②

---

① 赵磊：《宁夏记者看江苏｜ "向上的韧劲"需要政策的"浇灌"》，新华报业网，https：//www.xhby.net/index/202309/t20230922_8095744.shtml。

② 曾刚：《双循环格局下金融改革与发展重点》，《中国农村金融》2021年第2期。

利用现代消费需求积极提升消费能级，鼓励与居民生活密切相关的医疗、教育、文化、旅游等产业发展，满足居民多元化消费需求。打造品质消费新高地。加快数字技术的应用，促进消费模式的创新，积极培育数字电商企业，加强产业互联网在文旅产业的运用，激活消费新市场。优化城市生活环境，布局城市健身场地，持续提高公共服务水平，将健康消费需求转化为健康消费行动，鼓励咖啡馆等第三空间生活品质消费和场景消费，进一步释放健康消费潜力。加快共享经济平台建设，线上线下消费融合发展。

提高公共服务的远程供给水平和覆盖水平，实现区域、城乡、群体之间医疗、养老等资源的均等化配置。筑牢筑密社会保障网，基于数字化赋能提升和加大社会保障的便捷程度和帮扶力度。探索更加符合新产业、新业态和灵活就业人员多样化需求的保障制度。积极维护消费者合法权益。在风险可控的范围内，积极鼓励金融行业开发更多更好的跨期数字金融消费产品，缓解居民消费的信贷约束，释放居民消费潜力。

（三）激发开放经济新活力，稳住经济向上的信心

稳外贸是高水平对外开放的"关键项"，也是高质量发展的"强支撑"。江苏作为开放型经济大省，必须在全国构建新发展格局中发挥应有的重要支撑作用，积极探寻实现高水平开放的新路径，成为国内大循环和国内国际双循环相互促进的战略枢纽。

激发开放经济新动能。高水平建设中国（江苏）自由贸易试验区，加强自贸区制度创新设计对省内其他开放载体的示范性作用。持续鼓励和引导企业进行高层次的国际产能合作或技术交流。推进全省跨境电商综试区建设，鼓励业务模式创新。支持海门、常熟积极探索"市场采购+跨境电商"模式，强化南京、苏州服务贸易创新发展试点先发优势，积极争取将江苏更多地区纳入试点范围。鼓励引导服务外包向各行业深度拓展，加快融合，形成产业新生态。

稳中有进地优化进出口结构。首先，夯实重点市场稳定性，创新思路与办法，巩固与欧盟、东盟、美国、韩国和日本等江苏主要贸易伙伴的市场；

其次，调动重点主体积极性，优化环境，改进政策，为民营经济在外贸进出口中赋能；最后，要全力培育外贸增长新动能，加大非洲、中东、中亚等新市场开拓力度，积极建设跨境电商产业园，优化海外仓布局，推动更多企业"抱团出海"。①

加快打造市场化、法治化、国际化营商环境。加强对接，留住供应链。全力做好为外资企业服务和招商引资工作，以世界一流的营商环境吸引更多外资企业在江苏进行全球价值链战略布局，增强外商在江苏长期投资经营的信心，巩固江苏在全国第一的地位不动摇。出台支持政策促进外贸企业向数字化、智能化转型升级，推动跨境电商创新发展，增强企业抗风险能力。加快促进知识密集型服务贸易进出口，加大对其业务及相关企业的奖励支持力度。

（四）以科技创新赋能延链补链强链，稳住经济向上的活力

"深入推进新型工业化""加快建设制造强省""在强链补链延链上展现新作为"是习近平总书记对江苏的明确要求。实体经济、制造强省，这是江苏实现"在推进中国式现代化中走在前、做示范"的关键所在。

焕新传统产业，加快形成新质生产力。坚持以高端化、智能化、绿色化为方向，坚持分类精准施策，推动制造业加速转型升级，力争通过3~5年努力，落后生产工艺装备基本出清，重点行业老旧装备全面更新。全面提升绿色发展水平，引导企业加快低碳、零碳、负碳技术创新，并持续加强绿色制造体系建设。加强产业创新体系建设，争取更多"国字号"创新平台落户。②

积极发挥"链主"企业"出题者"和"头马"作用。探索建立产业链上下游共同实施重大技术装备攻关和试验验证的创新协同机制。从股权投资和技术协同两个层面推动制造业"强链"。纵向上，产业链上下游企业可以

---

① 王梦然、林杉：《民企担当外贸稳增长"主力军" 江苏进出口连续4个月环比正增长》，《新华日报》2023年9月28日。

② 王梦然：《厚植新质生产力 增强制造新动能》，《新华日报》2023年9月21日。

通过股权参股、股权战略投资、风险投资、投资优先订货等方式实现对产业链上下游的控制；横向上，可以通过技术标准协同、关键技术共同研发、共享技术研发平台、参股合作等多种途径打造自主可控的产业链安全体系。提升产业链韧性和安全水平，培育壮大先进制造业集群。同时，做好大中小企业、上中下游企业、"链主"企业与"专精特新"企业之间的融通、协同发展。

全力打造重大创新平台，提高创新的驱动效能。依托江苏高校的"双一流"学科，在优势特色领域超前布局，以增强科技创新策源功能的"动力源"。鼓励多方主体协同创新，提升创新的凝聚效能。强化重大科技创新载体支撑，全力保障苏州实验室成为具有突出国际影响力的全球材料创新高地，支持紫金山实验室、太湖实验室、钟山实验室承担更多国家战略任务，积极争创国家技术创新中心和全国重点实验室，[①] 充分发挥苏南国家自主创新示范区引领作用，将扬子江城市群打造成为具有全球影响力的重要创新高地，加快突破一批"卡脖子"难题，夯实企业科技创新主体地位。

（五）缩小城乡区域差距，稳住经济向上的支撑

积极推进乡村振兴。在脱贫攻坚、全面建成小康社会成效显著的基础上，推动更多低收入群体进入收入上升通道，提高农民在中等收入群体中的比例。积极推进农村土地产权制度改革，顺应农业现代化发展需求，鼓励土地规模经营，发展现代农业。鼓励农民地缘性就业，完善返乡入乡创业激励机制，健全常态化农村帮扶机制，加大对农业农村的财政投入和金融支持力度，加大对苏北粮食主产区乡村的扶持力度。学习运用"千万工程"经验，推动村集体联合抱团发展，鼓励苏南经济强村、有条件的企业与苏北薄弱村集体对口合作；着力提升集体经济带富、致富能力，更加注重发挥其在扶"弱"助"小"、惠农兴村等方面的作用。丰富乡村文化产品的供给与服务。

---

① 《两会头条丨展现新担当新作为 塑造新动能新优势》，新浪网，https://finance.sina.com.cn/wm/2023-01-17/doc-imyamzpu5769405.shtml。

深化区域合作。充分利用长江经济带、长三角一体化等国家战略叠加的机遇，立足全省一体化发展，制定高水平"1+3"重点功能区发展规划和实施方案。积极争取国家政策支持，力争将更多发展诉求纳入国家专项规划、配套政策和综合改革举措，在服务国家战略与推动江苏发展中发挥优势，提升能级。促进大运河文化带每个功能区之间的链接，发挥扬子江城市群的龙头带动作用，推动沿海经济带、江淮生态经济区、徐州淮海经济区中心城市分工协作、特色发展、优势互补。[①] 充分发挥市场机制，不断促进全球高端要素向扬子江城市群集聚。引导产业跨江融合、江海联动，重点打造沿沪宁高端服务业和高技术产业集聚带、沿江智能制造绿色制造产业集聚带、里下河和宁杭沿线地区绿色生态产业带等，将扬子江城市群建设成为具有国际水平的战略性新兴产业、先进制造业基地和现代服务业高地。

（六）积极防范金融风险，守住经济向上的底线

防范化解金融风险是创造良好经济发展环境的先决条件，是强化金融服务实体经济的有力抓手。江苏应坚持底线思维，聚焦重点领域，完善金融风险防控，守牢金融安全底线。

保证地方债务风险可控。坚决遏制隐形债务增量，拓宽政府融资渠道。积极尝试创新金融工具，拓宽项目建设融资渠道，依托多层次资本市场关系，加强地方政府、金融机构、企业之间的投融资合作，鼓励信贷、证券、保险和基金等机构资金通过认购基金份额参与项目建设。规范政府融资平台公司的投融资行为，管控好融资平台的数量、债务以及资产负债率，同时加强监管，坚决整治平台融资背后的腐败问题和行业乱象。

提升金融风险防控能力。一是统筹数字金融的发展与监管，注重绿色金融创新的监管。理顺规范农村金融机构股权结构，常态化整治村镇银行股东违规行为。二是建立民营企业债务风险预判机制，提前制定接续融资和债务

---

① 张卫、后梦婷、鲍雨：《"十四五"江苏推进共同富裕的目标、重点及思路》，《江南论坛》2022 年第 11 期。

重组预案,妥善应对不良资产反弹。加大对大型企业债务风险的排查化解力度,创造相对宽松的金融环境,缓释房企现金流和债务压力,稳妥化解债务风险。三是建立因地制宜、动态调整的房地产金融风险监测体系。加强对金融消费者的权益保护,加大宣传,提高防范风险能力。强化金融产品销售中介机构监管。畅通金融消费者投诉受理渠道,强化数据安全和个人信息保护。

分 报 告

B.2

江苏农业现代化发展分析与展望

曹明霞　高　珊*

摘　要：　江苏省农业现代化建设呈现推进速度快、目标实现程度高和走在全国前列等阶段性特征。基于国际比较的视野，本文研判江苏农业现代化目前处于后农业现代化初级阶段。但在农业质量效益、科技助农水平、生产经营主体素质和产业融合程度等方面，与国内外农业现代化先进水平还有一定差距。本文运用灰色预测模型，对江苏农业现代化短期以及中长期发展走势进行了预测与展望，提出了江苏推进农业现代化发展的对策建议，主要有坚持特色产业引领，提升乡村产业层次质量；强化农业科技支撑，不断增强农业发展动能；加强资源要素保障，推动农业农村优先发展；促进产业融合发展，加快构建现代产业体系；统筹实施梯次推进，探索总结多元发展模式。

关键词：　农业现代化　农业强省　高质量发展

---

* 曹明霞，江苏省社会科学院农村发展研究所副研究员；高珊，江苏省社会科学院农村发展研究所副所长、研究员。

党的二十大开启了我国全面建设社会主义现代化国家的新征程。农业现代化是全面建设社会主义现代化国家的重大任务，是建设农业强国的基本要求，同时也是现代化建设的突出短板。与新型工业化、信息化和城镇化相比，农业现代化明显发展滞后。为了更好地推动"四化"同步，加快补齐农业现代化短板势在必行。在推进中国式现代化江苏新实践中，必须抓好这一重大任务，补齐这一突出短板，释放这一巨大潜力。本报告在回顾2022年和2023年前三季度江苏农业现代化推进现状的基础上，研判江苏农业现代化建设所处的阶段方位、肩负的责任使命，对农业现代化近期及中长期发展进行了预测与展望，并提出了推动全省农业现代化持续走在前列的对策建议。

一　江苏农业现代化发展形势分析

近年来，江苏乡村振兴战略推进扎实有力，农业现代化建设取得了较大进展。

（一）基本发展态势

江苏在推进农业现代化进程中，始终把粮食和重要农产品的稳定安全供给作为头等大事，大力推动科技装备创新，一体化推进农业和农村现代化发展，为经济社会稳定发展大局提供了坚实的基础。

1. 农产品供给保障能力强

粮食实现连年增产丰收。江苏粮食总产量连续多年保持在700亿斤以上，用全国3.2%的耕地，生产了全国5.5%的粮食，养活了约占全国6.0%的人口，为国家粮食安全做出较大的贡献，实现了人口密度最大省份"口粮自给、略有盈余"。[①] 2023年夏粮实现播种面积和产量双提升，单产基本

[①] 季宇轩：《江苏实现了人口密度最大省份"口粮自给、略有盈余"》，扬子晚报网，https://www.yangtse.com/zncontent/3092880.html。

持平态势。播种面积3720.8万亩，同比增长0.4%；总产量1407.1万吨，同比增长0.5%；单产378.2公斤/亩，比上年略增0.3公斤/亩。

"菜篮子"生产持续稳定。2023年1~9月，蔬菜及食用菌累计播种面积1734.6万亩，产量4697.9万吨，同比分别增长1.1%和2.9%。瓜果累计播种面积219.6万亩，产量634.9万吨，同比分别增长-1.5%和0.9%。渔业生产水平全国领先，总体上呈现面积、产量和效益稳定的态势。水产品产量370.7万吨，同比增长4.0%。

畜禽基础产能持续巩固。2023年9月末，全省生猪存栏1435.5万头，同比增长4.0%。2023年1~6月，生猪、牛、羊和家禽累计出栏分别为1245.4万头、9.0万头、381.9万只和34619.0万只，同比增长率依次为7.8%、19.6%、-5.7%和9.1%。2023年1~9月，猪牛羊禽四类肉产量合计237.8万吨，禽蛋产量156.1万吨，分别同比增长8.7%、2.0%。[1]

2.农业科技装备支撑有力

科技进步与创新能力不断增强。2022年，江苏农业科技进步贡献率为71.8%。党的十八大以来，全省农业行业累计获得52项国家科学技术奖和82项全国农牧渔业丰收奖。种业发展水平处于全国前列，在关键技术和自主品种选育上取得新突破。"十四五"以来，培育审定主要农作物品种354个，18个水稻品种列入农业农村部"超级稻"品种名录，占全国的1/8。[2]江苏拥有南京国家现代农业产业科技创新中心和南京国家农业高新技术产业示范区两个"国字号"研发高地。[3]截至2022年底，全省共有持证农作物种子生产经营企业163家，有12家企业、3家专业化平台入选国家种业阵型企业名单，入选企业或平台数量位居全国第4，真正为农业插上了科技翅膀，为粮食安全筑牢了种业基石。[4]

① 俞姝：《前三季度农业经济运行稳定向好》，江苏统计网，http://tj.jiangsu.gov.cn/art/2023/10/25/art_85276_11050855.html。
② 曹伟：《江苏2030年率先基本实现农业现代化》，《江苏科技报》2023年7月21日。
③ 张晔：《科技赋能为江苏农业现代化插上腾飞之翅》，《科技日报》2023年7月20日。
④ 朱梦笛、张韩虹：《让种业拥有更多"江苏芯"》，《江苏经济报》2023年7月11日。

农机装备水平持续增强。农机装备的水平，对引领现代农业高质量发展发挥着重要的支撑保障作用。江苏是全国农机使用大省，农业机械化总体发展水平位居全国前列。2022年，农作物耕种收综合机械化率达到85%，比全国平均水平高10个百分点；设施农业、林果业、畜牧业、渔业和农产品初加工总体机械化率达到62%，比全国平均水平高20个百分点。① 数字农机装备技术创新实现新突破。2022年，全省组织实施"基于数字孪生的绿色果蔬种植关键技术创新与场景构建"等14项数字农业技术装备研发重点项目，组建智慧农业和设施果蔬智能生产2个创新联合体，支持开展"无人拖拉机关键技术与耕深自适应调控系统研发"等9个创新项目攻关。全省数字农业农村发展水平达67.2%，农业农村信息化发展总体水平位居全国第二。②

3. 现代农业体系基本形成

乡村产业融合发展步伐加快。2022年，江苏拥有59个省级农产品加工集中区，规模以上农产品加工企业6746家，经营收入达1.25万亿元。与预制菜相关的企业超过5800家，其中17家企业入选全国主食加工示范企业。乡村休闲农业、农产品电商等新产业新业态蓬勃发展，2023年上半年，乡村休闲农业综合收入605亿元，农产品网络销售额达661亿元，同比分别增长31.4%、12.2%。农产品质量品牌效益不断增强，全省拥有绿色食品5383个、有机农产品262个、地理标志农产品137个，总量规模全国第一。③

乡村特色产业初具规模。截至2023年上半年，全省10亿元以上县域优势特色产业达199个，其中超百亿元产业7个。拥有4个国家优势特色产业集群，14个国家现代农业产业园，71个国家农业产业强镇和201个全国

① 张晔：《科技赋能为江苏农业现代化插上腾飞之翅》，《科技日报》2023年7月20日。
② 颜颖、洪叶、林杉：《勤耕善耘兴产业 富民强链树品牌》，《新华日报》2023年7月6日。
③ 王晶枫：《努力推动江苏在高质量发展中继续走在前列》，江苏国际在线，https://gjzx.jschina.com.cn/PressConference/20173/202307/t20230719_8016047.shtml。

"一村一品"示范村镇。①86 个乡村特色产品和 18 位能工巧匠入选全国乡村特色产品和能工巧匠名录。

农业经营体系不断健全。截至 2023 年上半年，全省有 963 家省级以上农业龙头企业，16.8 万家纳入名录管理的家庭农场，5.3 万家农民合作社，各类农业社会化服务组织 6.8 万个。试点示范平台载体数量较多。全省拥有 4 个乡村振兴示范县和 8 个农业现代化示范区等一批"国"字号农业发展载体。同时，建设有 15 个省级农业现代化先行区和 73 个现代农业产业示范园。②

4. 农业质量效益不断提升

农业生产结构持续优化。2022 年，江苏省粮食、蔬菜、肉类和水产品产量分别为 3769.1 万吨、5974.7 万吨、316.1 万吨和 507.1 万吨，四类结构比由 2001 年的 41.1∶49.7∶4.8∶4.4 调整到 2022 年的 35.7∶56.5∶3.0∶4.8。全省的农业生产结构发生了较大的变化，蔬菜生产量持续较快增加，人们逐渐开始重视饮食方面营养合理搭配，大食物观正在得以有效践行，果菜鱼和菌菇笋等都成为人们饮食必需品。

农业生产效率逐步提高。2013~2022 年，江苏粮食亩均单产从 425.7 公斤增长到 461.5 公斤，10 年间增长了 8.4%，年均增长率为 0.8%。按 2000 年不变价计算，农业劳动生产率从 2.08 万元增长到 3.25 万元左右，年均增长率 4.6%。1990~2021 年，江苏农业全要素生产率③指数为 1.165，即农业全要素生产率增长了 16.5%，位居四个经济发达省份之首（见图 1）。说明江苏在农业品种改良、新技术推广应用、产业结构调整、资源优化配置和经营体制机制创新等方面占有优势。

5. 城乡逐步趋于协调发展

城乡收入差距不断缩小。2022 年，全省农民人均可支配收入 28486 元，

① 颜颖、陈阳：《高水平建设农业强省，江苏亮出"施工图"》，《新华日报》2023 年 7 月 20 日。
② 戴鸣蔚：《推进农业现代化，江苏厚植新动能》，《江南时报》2023 年 7 月 20 日。
③ 农业全要素生产率是对农业生产系统在特定时间内总效率的度量，通常用总产量与全部要素投入量之比来衡量。全要素生产率的增长是指全部有形生产要素投入量都不变时，生产总量仍能增加的部分。

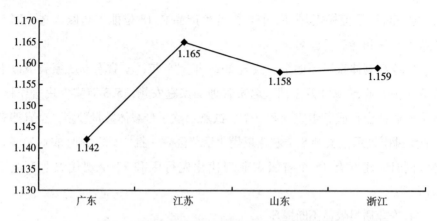

图1 经济发达省份农业全要素生产率指数比较

资料来源：根据中国统计年鉴（1989~2022年）及各省统计年鉴（1989~2022年）相关数据，通过 DEA-Malmquist 模型测算所得。

10年间翻了一番多，年均增长率达8.6%。农村居民人均收入增速持续多年高于城镇居民人均收入增速，城乡居民人均收入比缩小到2.11∶1，是全国城乡收入差距最小的省份之一。[①] 2023年上半年，农村居民人均可支配收入16353元，同比增长6.8%。[②]

城乡融合向高水平迈进。2022年，全省常住人口城镇化率为74.4%，居全国各省（区、市）第二，户籍人口城镇化率与常住人口城镇化率差距缩小至5.2个百分点。[③] 乡村环境面貌不断改善。江苏深入实施新一轮农村人居环境整治提升行动，开展生态美、环境美、人文美和管护水平高的生态宜居美丽乡村示范建设。2023年，有序推进宜居宜业和美乡村建设，建成196个行政村生活污水治理项目，推动各地加快66.3万户改厕和1066个整村推进项目实施。[④]

① 季宇轩：《江苏实现了人口密度最大省份"口粮自给、略有盈余"》，扬子晚报网，https：//www. yangtse. com/zncontent/3092880. html。

② 《上半年全省经济持续恢复向好》，江苏统计网，http：//tj. jiangsu. gov. cn/art/2023/7/21/art_ 85275_ 1095_ 10958716. html。

③ 陈澄：《区域协调发展成势 全域共同发展势成》，《新华日报》2023年8月17日，第3版。

④ 王晶枫：《努力推动江苏在高质量发展中继续走在前列》，江苏国际在线，https：//gjzx. jschina. com. cn/PressConference/20173/202307/t20230719_ 8016047. shtml。

资源要素下乡渠道不断拓展。2022 年，江苏省政府出台了"财政金融支农 16 条"，旨在推动财政与金融协同支持农业农村发展。截至 2023 年 5 月底，全省涉农贷款余额 5.73 万亿元，同比增长 18.2%。2020～2022 年三年累计实施 3582 个农业农村重大项目建设，撬动社会资本投入 3455 亿元。

（二）阶段性发展特征

立足对新发展阶段农业现代化内涵特征的认识和把握，本文构建了农业现代化水平综合评价指标体系，对江苏农业现代化推进水平进行监测评价，根据评价结果并结合江苏实际农情，分析江苏农业现代化的阶段性发展特征。

1. 农业现代化推进速度较快

江苏省农业现代化水平综合评价指数从 2018 年的 79.1 增加到 2022 年的 93.3。从各要素系统现代化指数看，四大要素系统农业现代化指数增长率都超过 13.0%，由大到小依次为农业技术装备、农业生态环境、农业产出效益和产业融合发展子系统。因此，近年来江苏农业现代化总体水平较高且推进速度较快。

2. 农业现代化实现程度较高

2022 年，农业现代化已实现了 2025 年总目标的 93.3%。就具体 28 个指标来看，畜禽养殖废弃物综合利用率、农作物秸秆资源化利用率 2 个指标已提前实现了 2025 年的目标值，16 个指标实现了目标任务的 90% 以上，6 个指标实现程度在 80%～90% 的水平上，仅有 4 个指标实现程度小于 80%，根据推进速度和时间综合研判，2025 年江苏可顺利完成阶段性目标任务。

3. 农业现代化走在国内前列

从全国范围看，江苏农业现代化带动示范作用明显。2021 年，江苏粮食总产和单产水平分别排在全国各省份第八和第四。农业科技进步贡献率高出全国平均水平将近 10 个百分点。[1] 单位耕地创造的农林牧渔业增加值高

---

[1] 曹伟：《江苏 2030 年率先基本实现农业现代化》，《江苏科技报》2023 年 7 月 21 日，第 4 版。

出全国平均水平 3131 元，农村居民人均可支配收入比全国平均水平高出
8353 元，位居全国各省份第二。通过对 4 个经济发达省份农业现代化关键
指标进行比较，2021 年，江苏水稻单产 596.2 公斤，单位农业劳动力经营
耕地面积 9.8 亩，农业劳动生产率 8.05 万元/人，这些指标均稳居四省前
列（见表1）。

表1　2021年经济发达省份农业现代化关键性指标比较

指　标	浙江	广东	山东	江苏
水稻单产（公斤/亩）	493.7	402.9	575.2	596.2
小麦单产（公斤/亩）	280.5	333.3	440.1	379.5
玉米单产（公斤/亩）	294.3	312.3	443.0	399.7
农业增加值占国内生产总值比重(%)	3.0	4.0	7.3	4.1
农业就业人员占全社会就业人员比重(%)	5.3	10.7	24.0	13.0
单位农业劳动力经营耕地面积（亩）	9.5	3.8	7.4	9.8
单位播种面积化肥施用量（公斤）	22.6	31.6	22.6	24.5
农业劳动生产率(万元/人)	11.02	6.87	4.90	8.05
土地产出率（万元/亩）	1.17	1.81	0.67	0.83

资料来源：根据《中国统计年鉴（2022）》及各省统计年鉴（2022）相关数据计算整理。

二　江苏农业现代化发展进程与存在的问题

农业现代化是从传统农业到现代农业的动态演进过程。在现代科技装
备、现代经营形式和现代发展理念的推动下，逐步形成现代农业产业体系。
当农业水利化、机械化和科技与信息化等达到一定水平后，农业土地产出
率、资源利用率、劳动生产率和全要素生产率全部得以提升。

（一）农业现代化进程判断：后农业现代化初级阶段

中国的农业现代化进程符合世界农业现代化一般规律，随着经济发展和城镇化加速推进，人口不断转移到城镇，农业增加值比重和农业就业人员比重不断降低，农业劳动生产率和农村居民收入等持续增加。

从发展阶段来看，2022年，江苏省农业增加值占国内生产总值比重、农业劳动生产率和农业机械化水平3项指标值已处于后农业现代化阶段。农业就业人员占全社会就业人员比重和农业科技进步率两项指标值均处于农业现代化实现阶段成熟期（见表2）。由此判断，江苏农业初步具备了"用现代工业装备、用现代科技改造、用现代方法经营管理、用现代社会化服务体系服务"等特征。目前，江苏的农业现代化水平处于农业现代化实现阶段成熟期和后现代化阶段的转化过渡期，基本步入后农业现代化初级阶段。但农业现代化水平仍然低于世界农业现代化强国水平，且滞后于江苏省的工业化和城镇化水平。

表2 2022年江苏省农业现代化发展阶段的综合判断

指　标	传统农业阶段	农业现代化实现阶段			后农业现代化阶段	江苏省
		起步期	成长期	成熟期		
农业增加值占国内生产总值比重(%)	>50	20~50	10~20	5~10	<5	4.0
农业就业人员占全社会就业人员比重(%)	>80	50~80	20~50	6~20	<6	13.0
农业劳动生产率(万元/人)	<0.54	0.54~1.28	1.28~2.16	2.16~3.60	>3.60	8.5
农业科技进步率(%)	<5	5~30	30~60	60~80	>80	71.8
农业机械化水平(%)	<5	5~30	30~60	60~80	>80	85.0

资料来源：根据江苏省统计局和江苏省农业农村局等网站数据计算整理；参照宋洪远的研究成果确定农业现代化划分标准。

（二）存在的主要问题

新阶段江苏省亟须破除农业高质量发展中的各种障碍，从全新使命的角

度补短板、强弱项，全面防范因质量效益、科技支持、经营主体、三产融合及区域差异等方面导致的风险及不确定性。

1. **农业生产质量效益偏低**

江苏省历来是农业大省，在向农业现代化强省迈进的过程中，面对日趋激烈严峻的国内外竞争，需要解决农业生产质效不高的难题。

从劳动产出看，江苏农业劳动生产率仅分别是日本、韩国、美国和法国农业劳动生产率的44.2%、53.9%、16.6%和16.7%，与高收入国家差距明显，接近中等高收入国家水平。[①] 与其他产业相比，江苏省农业比较劳动生产率为0.3左右，是非农产业比较劳动生产率的30%，分别相当于美国、法国和韩国的41%、42%和91%，[②] 农业产业缺乏吸引力。

从土地利用看，多年来，江苏省粮食及其他农产品的单位面积产量接近发达国家水平，其土地规模经营的速度、种类和效益仍有待提升。全省耕地资源相对紧张，人均耕地面积接近国际红线标准；耕地利用强度较高，耕地地力低于全国平均水平，部分耕地存在土壤污染等安全隐患。全省建设用地占国土面积比例较高，乡村产业用地难题依然存在，新产业、新业态以及三次产业融合的建设用地需求难以充分满足。

从产品收益看，农产品价格和成本是关键要素。近年来农业生产资料价格快速上涨、劳动服务工资和土地租金居高不下，而农产品价格相对平稳，压缩了农产品收益空间。另外，发展中国家以更低的土地和人力成本对江苏省同类产品形成出口市场替代，加大了农产品出口压力。

2. **农业科技助农水平不足**

农业现代化角逐已由传统人力资源竞争转向科技与复合型人才竞争。江苏省农业科技整体水平仍然低于发达国家80%以上的水平，农业专业技术力量不足。

从创新能力看，江苏省农业科技企业数量偏少，投资研发经费有限，特

---

① 数据来源：世界银行网，https://data.worldbank.org.cn/indicator/NV.AGR.EMPL.KD? view = chart。

② 数据来源：《国际统计年鉴（2022）》。

别是在育种、农机、技术组装集成等关键技术领域的"卡脖子"问题仍然突出，自主创新能力亟待提升。核心种质资源多依赖外国公司，企业商业化育种体系尚未建立，水果、生猪、肉鸡鸭等良种较为依赖省外资源。江苏省农业科教资源存在各自为战、低水平重复等现象，科研成果与市场需求存在一定的脱节。

从推广应用看，农机与农艺结合程度不高，在关键作业流程等方面配套不足。"宜机化"农田道路、设施等有待改造；农田基础设施及大棚、仓储、保鲜、烘干、冷链等设施建设不足。高端智能农业机械装备和特色农业生产急需的农业机械装备供给相对不足。农业机械产品技术水平、操作性能、田间适应性和乘用舒适度相对落后，难以形成江苏省农机科研的核心竞争力。

从数字技术看，与浙江、山东、广东等省相比，江苏省农业物联网、精准农业、智慧农业等数字技术起步较晚，数字资源较为分散。从事农业数字产品开发和服务的企业较少，智慧农业的重要技术仍然处于模仿、跟踪及试验阶段。数字农业技术的应用环节中采集分析、精准化控制和智能化决策等高端应用较少。数字农业技术装备与国际高端产品相比，在精度、稳定性、寿命等方面仍有差距。

从绿色发展看，可持续发展的短板较为明显。绿色优质农产品比重不高，绿色高效种养模式的占比较低。一方面，江苏省化肥和农药施用强度虽呈逐年下降趋势，仍高于国际安全标准，更高于发达国家平均水平，也高于全国的平均水平；另一方面，江苏省水稻、小麦单产已经接近世界先进水平，仅靠农资要素投入获得提升的空间接近"天花板"。

3. 农业生产经营主体偏弱

普通农户、家庭农场、合作社及农业企业、农业技术人员等都是农业生产经营的主体，他们的素质和能力与其他产业的生产经营主体相比仍然偏低。小规模家庭经营是农业现代化进程中需要长期面对的基本现实，也是农业的重要生产方式之一。

农业劳动力技能水平偏低。就江苏省农业留守劳动力来看，女性、老龄

及文化程度低的特征依然明显。这三者的比例占全部劳动力的 2/3 以上，与其他产业就业人口的受教育水平相比差距依然较大。即使有不断涌入的新型农业经营主体，绝大多数也还处于种养、加工、销售的初级阶段。与其他产业主体相比，家庭农场、专业合作社及企业的整体实力较弱，特别是联合协作程度不高。①

基层农经农技队伍人才缺乏。因待遇等低于其他产业，高素质的创业技术性人才难以留在农业。信息化人才储备不足，特别是县级以下人员力量薄弱，服务数字农业建设的能力不足。技术管理人员对新一代信息技术的掌握程度不高，信息技术应用及管理维护能力不强。高技能农业机械化人才较为缺乏。农业科技人员数量不足，下乡动力不强，成果转化率不高。

4. 农业产业融合程度较低

农业产业化、组织化水平较低，产业结构布局特色不够鲜明。产业链、价值链及供应链之间的融合程度和抗风险韧性不高，农业比较收益在短时期内难以提高。

从产品价值看，销售农产品仍以原材料为主，与第二、第三产业的关联不紧密。产地初加工比例普遍不高，深加工又远离村镇，对农业发展及劳动力就业带动不足。江苏种养殖业产品加工成食品的比例还低于发达国家的水平。农产品加工业的装备水平与发达国家相比有 15~20 年的差距。②

从组织关联看，农业发达国家普遍形成了农工商综合体以及跨地区和行业的巨型合作社联盟、大型农业企业集团；同时拥有不少涉农跨国公司，它们的市场组织能力及创新能力较强。③江苏省内的农业龙头企业规模偏小，上市公司较少，带动能力不足，订单、合作制及股份合作制等方式还未能与

① 金文成、靳少泽：《加快建设农业强国：现实基础、国际经验与路径选择》，《中国农村经济》2023 年第 1 期。
② 曹明霞、高珊：《农业现代化的江苏新实践与推进对策》，《江南论坛》2023 年第 7 期。
③ 姜长云、李俊茹、巩慧臻：《全球农业强国的共同特征和经验启示》，《学术界》2022 年第 8 期。

农民建立紧密的利益联结。企业的加工科研实力相对薄弱，生产设备比发达国家同行业落后5~10年。①

从产业链条看，全省超百亿大企业以市场流通为主，生产加工类企业较为缺乏，形式较为单一。生产、加工、分等定级及冷链物流等环节的企业各自为政，"人财地"要素的跨界配置、城乡互通和多产业协同发展不足。优质粮食、绿色蔬菜等产业化开发较为滞后，产业链条较短，优质、优价没有得到充分体现。

5. 农业现代化区域差距大

江苏省南、中、北的地区经济社会发展水平和农业发展水平存在较大差异，农业产品生产供应市场总体呈现"北产南销"特征，农民收入差距比较明显。

就劳动产出看，苏北地区是全省农业生产的重地，但劳动力生产率亟须提高。多年来，苏北地区农林牧渔业从业人员和粮食产量占全省总量的70%左右，苏中和苏南地区则分别占20%和10%左右。然而，农业劳动生产率则呈现苏南、苏中、苏北地区逐渐降低的趋势，苏南地区的农业劳动生产率分别是苏中和苏北地区的1.08倍和1.67倍。

就土地产能看，苏南地区的农业机械化水平和单位土地产出相对较高。2021年，苏南、苏中和苏北地区单位播种面积的农业机械总动力分别为7.89千瓦、5.71千瓦和7.07千瓦。苏南、苏中和苏北地区单位粮食播种面积的产量分别为7180公斤、6983公斤和6991公斤。

就生活水平看，苏南地区的收入及消费水平更高。三大地区的收入水平与恩格尔系数呈现相反态势。2021年，苏南、苏中和苏北地区的农村居民人均可支配收入分别为3.72万元、2.81万元和2.32万元，苏南地区比苏中和苏北地区分别多30%和60%左右。苏南、苏中和苏北地区食品烟酒消费支出占总消费支出的比例分别为29.1%、30.7%和31.3%。

---

① 数据来源：《江苏省"十四五"乡村产业发展规划》。

三　江苏农业现代化发展的目标定位与发展趋势展望

经过多年的不断探索，江苏省的农业现代化取得了巨大的推进成效，但农业现代化至今仍是"四化"同步中明显的短板所在。因此，全面加快农业现代化进程，实现由农业大省向农业强省转变，始终是江苏建设社会主义现代化强省的核心任务之一。按照现有推进速度和进程，到2030年，江苏总体上可以率先基本实现农业现代化，但分区域、分领域的进程可能存在较大差别，实现农业大省向农业强省转变的任务依然艰巨。

（一）目标定位

我们要实现的农业现代化，既有国外一般农业现代化的共同特征，更是基于国情的中国特色的农业现代化。立足江苏土地资源约束突出的省情，围绕粮食稳产保供和乡村发展特色产业双重目标，充分发挥经济实力雄厚、科教资源丰富等优势，在更多领域与关键环节率先实现突破，奋力推动农业现代化持续走在前列。

1. 在推动产业高质量发展上走在前列

产业现代化是农业现代化的重中之重。发展乡村产业，必须坚持高质量发展不动摇，坚定不移地走绿色低碳的发展之路。统筹推进良田、良种、良法、良机和良制的深度融合，主攻粮食单产的提升。坚持数量、质量和生态三位一体，整省推进高标准农田建设。挖掘农业生态系统碳汇价值，推进种植业减排固碳、畜牧业减排降碳、渔业减排增汇和农机节能减排。以特色优势产业为牵引，锻长板、补短板，在种子种源、畜禽水产、精深加工和特色产业等板块实现突破，积极推进粮食生产大县、菜篮子产品优势县、特色农业县等强县建设。在这个过程中，特别要把总书记强调的"土特产"三个字琢磨透，把这三篇文章做足、做活和做精彩。做好"土"的文章，就是从一方水土中挖掘乡土资源，加快开辟农业发展新领域；做好"特"的文章，就是基于地域特点，因地制宜打造像盱眙龙虾、阳山水蜜桃和阳澄湖大闸蟹等具有特色并形成竞争优势的产品；做好"产"的文章，就是要按照产业发展规律，打造具有集群优势的特色产业。立足江苏资源禀赋，突出地域特色，发展优势产业，提升乡村产业的层次和质量。

2. 在实现农业高科技引领上走在前列

农业现代化的关键在科技进步与创新。没有农业科技现代化，就没有农业现代化。江苏省农业科教资源丰富，拥有涉农高校与科研院所 70 多家，农业科技进步率高于全国平均水平近 10 个百分点，有基础、有能力在农业科技创新上率先实现突破，扛起科技强农兴农的时代重任。瞄准世界农业科技前沿，力争 3~5 年内在重点领域关键核心技术上取得明显突破。一是找准主攻方向。西蓝花和白羽肉鸡等核心种源技术有待突破，食用菌、生猪和奶牛等品种养殖技术水平与国外先进水平相比尚有差距，农业智能化水平亟须提升。二是突出成果转化。加快产学研深度融合，畅通和拓展科技成果转化渠道，推进农业科技成果加快转化为促进农业发展的现实生产力。要优化科技成果推广队伍，切实抓好农技推广人员特别是乡镇农技推广人员的能力素质提升，更好地发挥科技社会化服务主体的作用，学习借鉴南通市建设区域农服中心等做法。三是用好平台载体。强化政策支持，细化服务措施，帮助农业重点实验室和科技创新中心等平台解决好组建、运行和管理中的实际困难。

3. 在促进城乡高水平融合上走在前列

建设现代化农业强省必须走城乡融合发展之路。江苏常住人口城镇化率达到 74.4%，第二三产业产值比重达 96.0% 左右，城乡融合逐步向高水平迈进。县域是城乡融合的基本单元，江苏县域经济发达，全国百强县占了 25 个。要把县域作为城乡融合的突破口，强化空间布局、产业发展和基础设施等县域统筹，加快建立县乡功能衔接互补的建管格局，推动公共资源在县域内优化配置。突出县域内统筹布局、县乡村功能衔接互补，不断提升可及性、均等化和便利化水平。要素自由流动是城乡融合的关键，要依靠改革的办法破除城乡二元结构，健全与完善城乡融合发展体制机制和政策体系，合理引导工商资本下乡，促进人才、土地和资本等要素城乡之间自由流动、平等交换，充分实现乡村资源要素内在价值。

4.在创造农民高品质生活上走在前列

稳定的收入是支撑农民创造高品质生活的前提基础。2022年，江苏农村居民人均可支配收入稳居全国各省（区）第二位，但同时也意味着，在高基数上实现农民持续增收的难度更大。要大力推进产业、就业、创业、物业"四业"富民，尤其要牢牢稳住农民工资性收入这个大头，深入挖掘财产性收入增长潜力，千方百计拓宽农民增收渠道。统筹城乡就业创业政策体系，强化各项稳岗政策落实。依托乡村资源和特色产业，建立有利于农民灵活就业和适应新就业形态特点的用工制度。创造高品质生活，还要有好的公共服务做保障。公共服务是最公平普惠的民生福祉，要对照江苏省基本公共服务清单，集中力量抓好普惠性、兜底性、基础性民生建设，积极推动服务重心、资源下沉，着力提升教育、医疗、卫生、文化、养老等服务能力，逐步提高农村社会保障水平，让农民享受更加可及、均等、便利的公共服务。创造高品质生活，要时刻想着农村困难群体。全省通过摸排低保对象、特困人员、低保边缘家庭和支出型困难家庭"四类群体"，新认定了118.3万农村低收入人口。对这些群体，要格外关注、格外关爱、格外关心，动态监测并及时分层分类提供帮促。

（二）发展趋势展望

基于近年来江苏农业现代化几个关键性指标发展趋势，结合2025年农业经济发展目标，并考虑2022年和2023年前三季度经济社会运行情况，设定不同的增长方案情景，运用灰色理论预测模型，对未来江苏农业现代化关键性指标进行预测，并对2035年前江苏农业现代化发展势态进行展望（见图2）。

1.农业增加值比重持续下降难度较大

从增加值比重来看，江苏省农业增加值占比由1978年的27.6%下降到2000年的12.3%，持续再降至2022年的4.0%，已低于世界平均水平（4.3%）和中等偏上收入国家水平（6.7%），但与世界高收入国家水平（1.3%）相比仍有差距。考虑到全球经济总体衰退，以及与高收入国家收入水平之间的绝对差距，

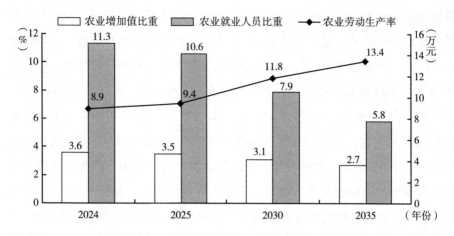

图2　2024～2035年江苏农业现代化关键指标预测

资料来源：根据江苏省统计局网站整理现状数据，通过灰色预测模型计算所得。

江苏农业增加值比重持续快速下降的难度较大，预计2024年、2025年维持在3.6%、3.5%左右的可能性较大。

2. 农业就业人员比重呈缓慢下降之势

从就业比重来看，江苏农业就业人员占比从1978年的69.7%下降到2022年的13.0%，年均下降幅度超过1个百分点。但与世界现代化农业强国相比差距依然明显，日本、美国和法国的农业就业人员占比已分别降至3.4%、1.4%和2.5%。未来农村劳动力转移总体趋势依然是持续转向第二三产业，农业劳动参与率将进一步减小。但考虑到目前农业就业人员主要是留守在农村的老弱妇孺，且随着经济社会进一步发展，农村劳动力呈现单向外流到双向流动的趋势，未来农村劳动力转移速度会相对放缓，预计2024年、2025年农业就业人员占比将分别下降到11.3%、10.6%左右。

3. 农业劳动生产率呈稳定增长趋势

从农业劳动生产率来看，农业劳动生产率低下是农业现代化进程中最突出的短板所在。目前江苏农业就业人员占比13.0%，而农业增加值的占比仅4.0%，也就是说13.0%的就业人员只生产了4.0%的财富。农业就业人

员比重相对偏大，且大部分依然是兼业农民的小规模分散经营，这些都是导致农业劳动生产率较低的直接原因。而劳动生产率差距对应着收入之间的差距，因此，未来提高农民收入应在农业劳动生产率的提升上多下功夫，预计2024年、2025年农业劳动生产率分别提升至8.9万元、9.4万元左右。

预计到2030年，江苏农业增加值较2022年提高17.0%以上，达到5821万亿元左右，农业增加值占比将下降至3.1%以下；农业就业人员比重将下降至7.9%左右，考虑到江苏省兼业化农户占比较大，参与农业劳动的实际劳动力比例可能更低；农业劳动生产率持续提高，接近11.8万元。基于人民币对美元汇率的持续上涨趋势，2030年农业劳动生产率可能达到1.5万美元以上。综合研判，江苏农业现代化水平基本达到世界农业强国在20世纪90年代左右的水平。

到2035年，江苏农业增加值进一步下降至2.7%左右，农业就业人员比重将下降至5.8%左右，农业劳动生产率持续提高到13.4万元以上。江苏农业现代化水平达到世界农业强国在20世纪90年代中期的水平，基本迈进现代化农业强省的门槛。

四 江苏农业现代化发展推进对策建议

大力实施协调经济、社会和生态关系的诱致性与强制性双管齐下的制度创新，从提升产业层级、加强科技支撑、健全要素保障、加快产业融合、缩小区域差距等方面推动江苏省农业现代化的进程。

（一）坚持特色产业引领，提升乡村产业层次质量

高质量的食物和生存需求决定了乡村产业提质升级的迫切性。依托乡村优势资源着力发展各种门类的土特产品，大力提高农业产业附加值。

提高乡村产业产品竞争力与效益。以"大食物观"保障粮食和重要农产品供给更加稳定安全。提高农业综合生产能力，增产和减损同时发力。在落实粮食安全责任制的各级考核、提升"米袋子""菜篮子"的产品供应及

应急保障能力基础上，依托省域乡村产业发展梯次优势做好土特产"结构"文章，根据苏南、苏中和苏北资源禀赋和产业发展基础，对乡村特色产业发展进行总体谋划。高度重视优质经济林果、林下种植等生态种养业以及海洋牧场建设。培育"苏"字当头的精品农业品牌和区域共用品牌。以产品为主线，强化农产品质量监管。支持油菜、大豆、玉米带状复合种植，实施粮油等重点作物绿色高产高效行动。

提高乡村产业人力资本水平。大力提升农业劳动生产力，让其尽快与社会其他行业的劳动生产率和效益趋同。培育新型农业经营主体，持续开展各领域的"头雁"项目。构建服务联盟或协会，建立多种形式的综合性农业社会化服务主体，进一步制定服务标准和规范。[①] 重点支持家庭农场提升质量，推动农民合作社提升综合实力和服务带动能力，发挥农业龙头企业引擎和支撑作用。激发农民内生发展动力，加大职业农民的新业态、新技能培训，建立小农户与现代农业的紧密连接机制。

（二）强化农业科技支撑，不断增强农业发展动能

全球为应对经济逆行开展的绿色低碳等科技革命为农业现代化提供了新的驱动力。生物技术、机械技术与数字技术有利于推动农业现代化的根本性进步。

坚持农业科技自立自强的原则，抓住新技术向农业领域渗透的机遇，集中力量利用后发优势，将技术成果应用到农业现代化全过程。推动农业生产技术向绿色化、专业化、高级化转变。着力培育适应性强的本土性优质种业，努力在优质果蔬、高效畜禽水产等核心种源技术上取得标志性成果，在育繁推一体化上取得新进展。示范建设农业可持续发展园区。支持农业科技现代化先行县建设，加大农业科技示范主体培育，优化推广队伍，加快产学研深度融合。建立新型农机服务体系，健全科技创新机制，为农业科学家及科技工作者赋予更多的自主权和权益。

---

① 罗必良：《基要性变革：理解农业现代化的中国道路》，《华中农业大学学报》（社会科学版）2022 年第 4 期。

注重培育先进适用技术的自主研发能力和推广能力。积极建设丘陵山区适用机械的先导示范区。① 以农业机械智能化、绿色化为导向，进一步提升粮食作物全程机械化水平，开发经济作物和肉蛋奶及水产养殖等特种机械装备，建成农机研发制造的高地。以"苏农云"大数据平台为依托，加快建立数字农业的行业规范和标准，支持县（区）级数字农业平台建设，完善数据搜集、加工、分析、处理和交易的功能。建设重大农业科技创新平台，充分发挥企业创新、推广及应用的积极性。

（三）加强资源要素保障，推动农业农村优先发展

日益强大的国家综合实力为农业现代化提供了必要的物质基础。发达国家经济体的政府无一例外给予本国农业全方位的保障和支持。②

加强资源合理配置。协调食物产出最大化和农田生态系统稳定化相统一是农业可持续发展的重要原则。③ 加强耕地保护和用途管控，高质量推进高标准农田建设，确保设施配套齐全。着力破解耕地细碎化等难题，推广"小田变大田"的经验，鼓励连片种植。落实城乡建设用地增减挂钩指标的本地使用政策，新增建设用地重点支持三次产业融合发展。鼓励探索宅基地等乡村建设用地的复合式利用，为休闲农业、农产品加工、电商等提供用地指标和空间。

以财政金融支持政策确保农业农村优先发展。推进以整县为单位的各项农业现代化改革成果试点，确保"三农"财政投入的逐年稳定增长机制。强化市场配置资源要素的决定作用，增强市场信息公开透明程度。创新农业补贴方式，把单一化购买补贴改为内在激励性补贴。探索农机购置与服务面积相结合的双向互动式补贴。农田整治与高标准农田建设、种植结构调整资金集成推进。充分发挥省级现代农业发展信用担保基金，为各类农业经营主体提供信贷支持。

① 季辉：《聚焦聚力推进农业现代化走在前做示范》，《群众》2023 年第 15 期。
② 马晓河、马建蕾、胡拥军等：《迈向高收入国家行列进程中农业现代化的思路与任务》，《宏观经济研究》2022 年第 6 期。
③ 李周：《中国农业绿色发展：创新与演化》，《中国农村经济》2023 年第 2 期。

（四）促进产业融合发展，加快构建现代产业体系

用现代产业理念统筹工农商结合，以农村非农产业推动农村内部的三次产业协作，形成农业产业内外的双循环，不断丰富乡村经济业态。

加强现代农业产业的纵横结合，打造一批优质粮油、规模禽畜、特色水产和绿色果蔬等省市县级重点产业链。纵向上延长农业产前及产后的加工流通行业，完善供应链及供需对接匹配；横向上与第二三产业联结融合，发掘农业的多功能价值，提高农业产业链的全环节韧性。引导农产品加工产业向优势区域集群式发展，向精深加工、综合利用和主食加工发展。推动三次产业融合示范园建设，扶持龙头企业开展全产业链技术研发，带头成立农业产业化联合体。

大力发展"三新"经济，培养新的经济增长极。实施休闲农业和乡村旅游精品工程，深挖乡土文化内涵，扩大"苏韵乡情"品牌影响力，开发农文旅融合的新产品。鼓励发展共享经济，有效整合各类资源。积极发展电商新业态，数字技术赋能乡村新基建，支持发展助农直播间、冷链配送等新业态。创新农产品流通模式，加快农产品电子商务综合服务网络建设。[1] 培育农业生产性服务组织，发展服务联合体、产业服务联盟等新型组织形式。

（五）统筹实施梯次推进，探索总结多元发展模式

尊重农业发展的区域差异性。立足区域比较优势，因地制宜，发挥自身禀赋特征和功能定位，走多元化发展道路，带动农民共同富裕。

苏北地区是江苏的大粮仓，专注发展大田作物，不断推动农业现代化迈上新台阶。主动承担粮食主产区的功能，全面发展精品果蔬和生猪家禽等畜牧产业集群。致力于满足省内外"米袋子""菜篮子""果盘子""肉案子""奶瓶子"的地区保供需要。

---

[1] 孔祥智、谢东东：《中国式农业现代化：探索历程、基本内涵与实施路径》，《浙江工商大学学报》2023 年第 2 期。

苏中地区注重发展特色农业和高效农业，持续为农业产业和地区生态注入新动能。利用水网密布、环境优良的优势，大力发展优质水产、特色水禽等乡村特色产业，在农民增收、土地托管等改革创新上探索新的路径。致力于满足本地和其他区域的消费转型需求。

苏南地区加快率先基本实现农业现代化。引领发展都市农业和智慧农业，在完成专用粮食任务的基础上，集中力量培育高品质的果、茶、水产等优质农产品，积极拓展功能类休闲体验特色产业。致力于满足本地以及整个长三角的消费市场升级需求。

参考文献

［1］魏后凯、王贵荣主编《中国农村经济形势分析与预测（2021～2022）》，社会科学文献出版社，2023。

［2］黄祖辉、傅琳琳：《建设农业强国：内涵、关键与路径》，《求索》2023年第1期。

［3］刘同山、陈斯懿：《农业强国的测度指标、国际比较与中国选择》，《东岳论丛》2023年第7期。

［4］张红宇：《农业强国的全球特征与中国要求》，《农业经济问题》2023年第3期。

［5］叶兴庆：《现代化后半程的农业变迁与政策调整》，《中国农业大学学报》（社会科学版）2018年第1期。

［6］姜长云：《农业强国建设及其关联问题》，《华中农业大学学报》（社会科学版）2023年第2期。

江苏工业运行分析与展望

王树华 关枢*

摘 要： 2023年，江苏稳字当头、稳中求进，全省工业生产克服市场需求偏弱、产品价格下降等不利因素影响，总体延续恢复向好势头，突出体现为：先进制造业集群持续释放竞争活力，产业转型升级成效显著，工业利润水平位居全国前列，民营中小工业支撑作用凸显。展望2024年，预计江苏工业产值仍将保持增长态势，先进制造业集群引领作用进一步强化，数字化工业的发展趋势将更加明显，工业领域绿色转型加快。为了深入推进江苏工业高质量发展，建议细化落实各项政策，保持工业经济稳步增长；深化供给侧结构性改革，持续推进制造业转型升级；强化科技和人才的核心支撑作用，提升创新体系整体效能；强化龙头企业引领，提升先进制造业集群发展竞争力；优化营商环境，助力工业经济速度与质量并进。

关键词： 工业 先进制造业 新型工业化

　　工业是一个国家综合实力的根基，是经济平稳运行的"压舱石"，是技术创新的主战场，可以为中国式现代化进程提供重要的物质基础。2023年7月，习近平总书记在江苏考察时强调："要把坚守实体经济、构建现代化产业体系作为强省之要，巩固传统产业领先地位，加快打造具有国际竞争力的战略性新兴产业集群，推动数字经济与先进制造业、现代服务业深度融合，全面提升产业基础高级化和产业链现代化水平，加快构建以先进制造业为骨

---

* 王树华，江苏省社会科学院区域现代化研究院副院长、研究员；关枢，江苏省社会科学院区域现代化研究院助理研究员。

干的现代化产业体系。"这为推动江苏工业高质量发展进一步明确了前进方向。践行总书记"走在前、做示范"的殷切嘱托，江苏需要以工业经济为依托，力争在科技创新上取得新突破，在强链补链延链上展现新作为，坚持走中国特色新型工业化道路，加快建设制造强省，更好服务构建新发展格局，奋力推进中国式现代化江苏新实践。

一　2023年江苏工业运行情况分析

（一）江苏促进工业高质量运行的政策梳理

2023年以来，江苏省委省政府、各有关部门相继出台了一系列政策文件，为推动江苏工业高质量发展夯实了政策基础。这些文件不仅包含工业整体发展的顶层设计，也包含分行业的具体支持政策和意见；不仅包含促进新兴产业发展的政策，也包含推动传统产业转型升级的政策。这些政策的出台，对促进全省工业高质量发展起到了积极作用（见表1）。

表1　江苏省支持工业发展政策汇总（2023年）

文件名称和发布时间	主要目标、主要内容
《关于进一步促进集成电路产业高质量发展的若干政策》，2023年1月	围绕提升产业创新能力、提升产业链整体水平、形成财税金融支持合力、增强产业人才支撑、优化发展环境提出26条具体政策措施
《江苏省专精特新企业培育三年行动计划（2023—2025年）》（苏政办发〔2023〕3号），2023年1月	到2025年，累计培育国家制造业单项冠军300家和专精特新"小巨人"企业1500家，省级专精特新中小企业10000家以上，创新型中小企业50000家以上。专精特新企业研发投入强度超过7%，平均高价值专利达到10件以上
《江苏省工业领域及重点行业碳达峰实施方案》（苏工信节能〔2023〕16号），2023年1月	到2025年，规模以上单位工业增加值能耗比2020年下降17%，单位工业增加值二氧化碳排放比2020年下降20%
《关于推进战略性新兴产业融合集群发展的实施方案》（苏政办发〔2023〕8号），2023年2月	到2025年，全省工业战略性新兴产业产值占规上工业比重超过42%，新一代信息技术、人工智能、生物技术、新能源、新材料、高端装备、绿色环保等发展成为新的增长引擎

文件名称和发布时间	主要目标、主要内容
《江苏省航空航天产业发展三年行动计划（2023—2025 年）》（苏政办发〔2023〕15 号），2023 年 4 月	围绕大飞机、"两机"及载人航天等国家重大战略需求，聚焦"机、箭、星、船、器"重点领域和沿沪宁重点区域，系统推进自主创新、强链补链、企业培育、开放合作、融合发展等重点工作，加快打造具有国际竞争力的航空航天产业集群
《省政府关于金融支持制造业发展的若干意见》（苏政规〔2023〕6 号），2023 年 5 月	围绕进一步加大银行保险业支持制造业的力度，着力提高制造业企业直接融资比重，强化多元金融服务促进制造业竞争力提升，切实减轻制造业企业融资成本，统筹发挥财政资金对金融资源的撬动作用，努力营造制造业企业良好金融环境 6 个方面提出 18 条意见
《加快建设制造强省行动方案》，2023 年 6 月	聚焦 16 个先进制造业集群和 50 条产业链"1650"产业体系建设，加快产业链强链补链延链，率先探索具有新时代特征的新型工业化道路
《江苏省新能源船舶产业高质量发展三年行动方案（2023—2025 年）》（苏工信国防〔2023〕398 号），2023 年 9 月	力争到 2025 年，新能源船舶全产业链发展环境不断优化，具备新能源船舶和关键核心装备的研发设计能力，形成核心装备供给能力；建成不少于 5 种引领市场、适合市场的新能源典型船型，打造一批新能源船舶试点示范项目，推动建设新能源船舶航线；推出一批引领船舶全产业链高质量发展的规范标准
《关于推动全省铸造和锻压行业高质量发展的实施意见》（苏工信装备〔2023〕403 号），2023 年 9 月	到 2025 年，打造 100 个左右智能制造示范工厂（车间）、绿色工厂，铸造行业颗粒物污染排放量较 2020 年减少 30%以上，年铸造废砂再生循环利用达到 300 万吨以上，吨锻件能源消耗较 2020 年减少 5%

资料来源：作者根据公开信息整理。

按照政策出台的先后顺序，我们可以对相关政策文件的要点进行一个简要梳理。2023 年 1 月 20 日，江苏省政府办公厅印发《江苏省专精特新企业培育三年行动计划（2023—2025 年）》，聚焦 16 个先进制造业集群和 50 条重点产业链建设，实施优质企业梯度培育工程、创新能级提升工程等八大工程，支持专精特新企业对标世界一流提升综合实力和竞争力。2023 年 1 月 24 日，省政府印发《关于进一步促进集成电路产业高质量发展的若干政策》。集成电路产业作为支撑现代经济社会发展的战略性、基础性和先导性产业，是引领新一轮科技革命和产业变革的关键力量，江苏及时出台相关文件对促进集成

电路产业健康发展起到积极作用。2023年2月，省政府办公厅印发《关于推动战略性新兴产业融合集群发展的实施方案》，提出打造5个具有国际竞争力的战略性新兴产业集群，建设10个国内领先的战略性新兴产业集群，培育10个引领突破的未来产业集群，集群涵盖生物医药、智能制造装备、集成电路、智能电网、物联网等优势产业，也包括人工智能、新能源汽车、未来网络、量子科技等新兴产业集群。通过产业深入融合发展凸显集群效应，使产业能级大幅提升，在经济社会发展中的引领地位更加突出。2023年4月，发布《江苏省航空航天产业发展三年行动计划（2023—2025年）》，聚焦大飞机配套系统与部件、航空发动机及关键零部件、航空材料、机载系统、通航整机及无人机、地面保障设备、商业航天等方面，提出以创新为核心的13项重点任务，加快推进作为国家战略性新兴行业高端装备制造业的航空航天产业高质量发展。2023年5月，江苏出台《省政府关于金融支持制造业发展的若干意见》，充分发挥金融赋能实体经济发展的作用，提出6个方面18条意见，用以完善金融支持制造业保障体系，提升金融服务制造业发展质效。2023年6月，江苏省委办公厅、省政府办公厅联合印发《加快建设制造强省行动方案》，提出了以集群和产业链培育建设为抓手，围绕建设具有国际竞争力的制造强省目标，强化在制造业规模、产业高级化、产业链现代化水平上的提升。此外，江苏还积极通过打造各类制造示范基地、产业示范基地、标志性工程建设等手段积极促进工业各行业的高质量发展。

（二）当前江苏工业运行的主要特征

1.全省工业生产增势平稳

统计数据显示，2023年前三季度，江苏省全部工业增加值同比增长6.1%，全省规模以上工业增加值同比增长7.2%，比2022年江苏省规上工业增加值增长5.1%的全年数据大幅提升（见图1）。① 前三季度，全省列统的40个大类行业中，30个行业增加值实现增长。在累计增加值排名前10

---

① 数据来源：江苏省统计局网站，http://tj.jiangsu.gov.cn/col/col88088/index.html。

的行业中，1~9月，电气机械制造业同比增长16.8%，汽车制造业同比增长16.4%。十大重点行业对规上工业增加值增长贡献率达70.1%，拉动规上工业增加值增长5个百分点，是支撑全省工业保持稳定增长的重要力量。虽然面对复杂严峻的外部环境，但随着《关于推动经济运行率先整体好转的若干政策措施》逐步落地落实，行业发展趋于乐观，制造业支撑作用明显，共同促进了全省工业经济向好发展，稳中提质。

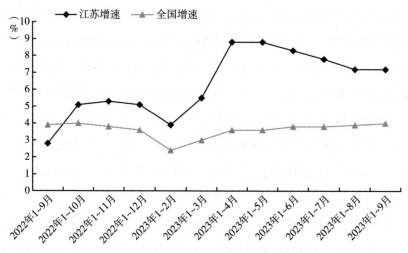

图1　全国和江苏规上工业增加值累计增速

工业生产总体延续向好。2023年1~4月，江苏工业增加值快速增长，明显高于同期全国水平。5~8月随着同期基数的不断提高，月度增加值增速略有回落，但总体延续向好态势，9月持平。2023年前三季度，江苏制造业增加值占GDP比重达到35.9%，位居全国第一。[①] 传统产业仍然是规上工业的主力，营收占比超六成，利润占比超五成。

2. 产业转型升级成效显著

高新技术产业和战略性新兴产业占比提升。2023年前三季度，全省高新技术产业占规上工业比重为49.8%，工业战略性新兴产业产值占规上工

① 汤莉：《全省经济运行持续恢复》，江苏省统计局网站，2023年10月25日，http：//tj.jiangsu.gov.cn/art/2023/10/25/art_ 85276_ 11050894. html。

业比重为 41.3%，与 2022 年相比呈现上升趋势。从投资来看，全省高新技术产业投资增长 13.2%，高于全部制造业投资增速 2.5 个百分点，凸显出高端制造业带动和引领作用愈发明显。新兴产业方面，新能源相关产业是江苏省的比较优势所在。其中，锂离子电池增加值同比增长 15.5%，光伏设备及元器件同比增长 39.2%，新能源车整车同比增长 92.1%，增速远高于全省规上工业平均水平，对规上工业增加值增长贡献率达 23.8%。①

传统工业转型升级加速。江苏通过传统产业焕新工程积极化解产能过剩，淘汰落后产能，推动工业结构绿色转型。针对重点传统行业的落后生产工艺装备、老旧装备进行出清和全面更新。按照计划，2023 年江苏将新增省级绿色工厂 300 家左右。通过高新技术赋能产业链向高端化发展。化工、钢铁、煤电行业是基础性行业，在工业体系中占有重要地位，也是转型升级的重点领域，全省累计关闭 4900 余家化工企业，取消 26 家化工园区定位。2023 年 1~8 月，江苏钢铁行业工业增加值同比增长 10%，且特钢长期保持国内第一。煤电装机比重降至不到 50%。

制造业智能化改造和数字化转型成效显著。自《江苏省制造业智能化改造和数字化转型三年行动计划（2022—2024 年）》实施以来，超 3 万家规上工业企业启动"智改数转"工作，其中 1 万余家企业完成改造任务。截至 2023 年 8 月末，全省累计组织企业开展"智改数转"免费诊断 4.3 万家，已完成 2.5 万家，预计 2023 年底完成免费诊断规上工业企业覆盖率可达 70%；全省累计培育省级智能制造示范车间 1979 个，各地过去一年新建市级智能制造示范车间 355 个，累计 3444 个。②③ 2023~2024 年，完成规上工业企业"智改数转"免费诊断全覆盖，编制 13 个集群中 40 条产业链"智改数转"指南，推广典型应用场景和案例 600 个以上，初步解决中小企业"智改数转"难题。

① 汪雪敏：《前三季度工业经济稳定向好》，江苏省统计局网站，2023 年 10 月 25 日，http://tj.jiangsu.gov.cn/art/2023/10/25/art_ 85276_ 11050880.html。
② 许愿、付奇：《"智改数转"，改出效益转出前景》，《新华日报》2023 年 9 月 25 日，第 2 版。
③ 许愿、付奇：《"智改数转"引领，江苏省"十四五"数字化指标有望提前达成!》，新华报业网，2023 年 9 月 19 日，https://www.xhby.net/js/jj/202309/t20230919_ 8091876.shtml。

3. 工业利润水平位居全国前列

江苏工业企业利润恢复明显加快。2023年1~8月，江苏规模以上工业实现利润总额5149.38亿元，且保持稳定增长态势。在增速方面，1~4月迅速企稳回升，5月之后保持稳步增长，且明显高于全国增长速度。1~5月，工业生产者出厂价格呈下降趋势，6月以来，工业生产者出厂价格持续回升，带动企业营收改善，而原材料为前期购入，价格相对较低，促进企业单位成本下降，赢利空间扩大。工业利润水平的稳步增长将推动工业经济实现质的有效提升和量的合理增长（见图2、图3）。

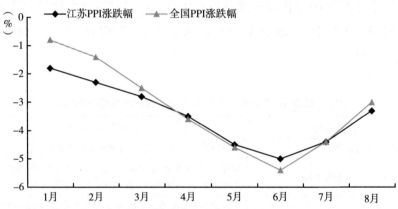

图2　2023年1~8月全国和江苏工业生产者出厂价格（PPI）涨跌幅

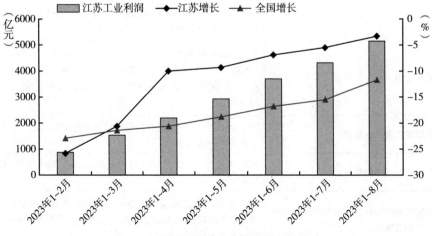

图3　全国和江苏工业企业利润累计增速

4. 先进制造业持续释放竞争活力

先进制造业集群拉动产业向中高端迈进。2023 年上半年，全省 14 个制造业集群营收占规上制造业比重已达七成。截至 2023 年 10 月，江苏已有 10 个国家级先进制造业集群，数量超全国的 1/5，16 个省级先进制造业集群。在先进制造业集群建设的引领下，2023 年上半年，江苏制造业增加值占全国的 1/7 左右。江苏制造业高质量发展指数提升至 91.9，连续 3 年位居全国第一，产业规模持续扩大。特别是集成电路、船舶海工、工程机械等产业，规模全国第一，产业链条完整。根据笔者对江苏省相关政策文件的梳理，江苏将围绕 10 个国家先进制造业集群，积极打造世界物联网博览会、工程机械创新产业集群联盟等 10 个高水平开放合作交流平台，持续强化集聚优势（见表 2）。

表 2 江苏 10 个国家级先进制造业集群产业规模与影响力

集群名称	产业规模与影响力
无锡市物联网集群	营收规模超 4000 亿元，占全省比重近 50%
南京市软件和信息服务集群	2022 年，集群规模达 7408 亿元，同比增长 8.9%，拥有上市企业 127 家，中国软件业务收入前百家企业 8 家
南京市新型电力（智能电网）装备集群	集群涵盖 578 家规上企业、9 家独角兽企业和 64 家瞪羚企业，以及国家级制造业单项冠军企业 2 家、专精特新"小巨人"企业 9 家，省级专精特新中小企业 35 家。省级电网调度自动化系统及设备国内市场占有率达 90% 以上、高压继电保护设备国内市场占有率达 80% 以上
苏州市纳米新材料集群	集聚纳米新材料产业核心企业 570 家，其中规上工业企业 116 家，2022 年规上工业产值达 822 亿元，纳米产业相关企业 1128 家，产值规模达 1460 亿元，总体规模约占全国的 30%
徐州市工程机械集群	2022 年，徐州工程机械产业集群规模超过 1700 亿元，占全国市场的 20% 以上
常州市新型碳材料集群	2023 年上半年，新型碳材料产业完成产值 610 亿元，增长 6%
南通市、泰州市、扬州市海工装备和高技术船舶集群	2022 年，南通市造船完工量 286 万载重吨，泰州市造船完工量 807.3 万载重吨，扬州市造船完工量超过 770 万载重吨，合计占全国的 42.4%

集群名称	产业规模与影响力
苏州市生物医药及高端医疗器械集群	2022年,苏州市生物医药产业实现规上工业产值2188亿元。生物医药销售规模连续5年增速均保持在17%以上,高端医疗器械产业规模全国居首
泰州市、连云港市、无锡市生物医药集群	2022年,泰州市生物医药产业产值946.2亿元,连云港市生物医药产业产值近700亿元,无锡市生物医药产业产值1622.62亿元,合计占全国该产业总产值的约10%
苏州市、无锡市、南通市高端纺织集群	2022年,苏州全市纺织业产业规模达2605亿元,无锡市超2000亿元,南通市纺织产业累计实现产值1708亿元

资料来源:作者根据公开资料整理。

5. 民营中小工业支撑作用凸显

江苏是民营经济大省。2023年上半年规上民营工业增加值同比增长12.4%,拉动规上工业增长6.4个百分点。其中,民营百强工业企业产值增长12.8%,对规上工业总产值增长的贡献率达52.3%,民营工业企业活力增强,有力地支撑了全省工业经济向好发展。[①] 中小企业产业集群专业化、特色化、集群化发展水平不断提升。江苏2023年新增795家国家级专精特新"小巨人"企业,总数达到1504家,数量位居全国第二,有效激发了全省经济的活力。[②]

二 当前江苏工业经济运行中的突出问题

(一)产业链供应链韧性和安全水平仍存在一定风险

产业链供应链安全稳定是工业经济良好运行的基础,是应对经济全球化发生的新变化新趋势的底气。从当前的情况看,江苏工业发展仍然存在

---

① 付奇:《产业结构向新向绿,实体根基越扎越深》,《新华日报》2023年7月24日,第1版。
② 付奇:《实体经济稳步夯实 先进制造阔步争先》,《新华日报》2023年8月9日,第3版。

"大而不强、全而不精、广而不深"的问题，产业体系现代化水平有待提升，突破产业链关键环节"卡脖子"问题进展缓慢，产业链稳定性和抗冲击能力有待提高。除了受贸易保护主义的影响，江苏自身发展还存在部分领域核心基础零部件自主研发相对薄弱、关键技术和设备过度依赖进口、供应链渠道缺少替代来源的问题，影响了产业链供应链韧性和安全。江苏掌握控制产业链关键环节的"链主"企业还不多。全球产业分工和生产网络是动态演变的，对产业布局、产业升级、技术创新提出了重大挑战，只有沿着产业链、供应链、价值链的节点升级才能提升产业链供应链韧性和安全水平，而如何找准发力点是当前面临的重要课题。能源资源安全关系到支撑工业运行和国计民生的全局性战略性问题。目前江苏现代能源体系建设存在"缺口"，能源产量与用量存在矛盾，新型清洁能源的开发面临挑战，例如氢能的产业管理体系、产业安全监管体系、产业标准认证体系等有待完善。江苏虽然提出了建设产业科技创新高地的目标，但目前的创新发展能力仍然不足，存在关键技术自主可控能力欠缺、区域发展不平衡、创新效率不足等问题，制约了制造业价值链向中高端攀升。

（二）工业互联网规模推广仍存在痛点难点

工业互联网平台作为数字化转型的载体有效提高了工业企业的数字化水平，提高了关键工序数控化率、研发设计工具普及率，但工业互联网规模推广仍存在一些痛点难点。工业互联网的通用性有待提升，标准体系不够完善，工业互联网关键技术、产品、管理及应用等标准还需进一步推动，还存在数据接口、格式标准不统一导致存在数据采集难的问题，设备与设备、设备与系统之间的互联互通仍存在堵点。工业互联网运行所承载的工业信息安全涉及工业生产安全，在维护系统安全和数据安全方面对工业互联网安全保障能力提出了一定挑战。中小企业数字化转型整体水平偏低，且工业互联网平台的通用性较差，所以难以形成统一的解决方案，个性化的定制提升了应用成本，这也导致中小企业在考虑成本收益因素后，数字化转型意愿不强，从而制约了工业互联网的推广应用。面对数字化供给服务能力不足的问题，虽然 2023 年政府计划为 1.8 万家中小企业提供免费的"一企一策"数字化转型方案，但不足以覆盖全部有转型需求的中小企业。复合型的工业互联网管理人才和团队目前依旧缺乏。相关人才和团队多集中在苏南地区和大城市，苏北地区和县城的人才更为缺乏。工业互联网需要精通信息技术和制造业专业领域知识的复合型人才，从企业内部选派技术人员进行培训的时间成本较高，且面临人员流动性大等困境，技术、人员等方面的不确定性因素的积累制约了工业互联网的推广和发展。

（三）工业节能降碳仍需加大力度

江苏工业部门终端能源消费结构呈"以煤为主"特点，工业能耗总量和强度较高，同时面临能源产量相对不足、能源消耗相对较高的供需矛盾。近年来，随着江苏工业结构优化调整，工业结构中重工业和化学工业占比有所下降，新能源、新材料等新兴产业快速发展，虽然有力促进了工业经济高质量发展，但也对能耗需求和节能降碳形成较大压力，绿色发展的结构性、根源性压力尚未得到根本缓解。目前重点用能行业能效领跑者多是有实力开发利用新技术、新工艺、新装备实现生产过程节能提效的大企业。中小企业同样具有节能降碳的需求，但是面临缺乏进行绿色改造的技术能力和资金支持，限制了低碳转型的开展。单位制造业增加值能耗水平偏高，虽然 2021 年、2022 年江苏规上工业单位增加值能耗分别下降 6.8%、3.8%，能效水平位居全国前列，但与发达国家相比还有一定差距。[①] 江苏工业领域碳排放量占全社会碳排放总量的 67.3%，是降低全社会碳排放构建低碳社会的重中之重。[②]

（四）中小企业经营较为困难

中小企业是维持经济平稳运行和承载社会就业的重要经济力量，但也存

---

① 曹雅丽：《提升节能减排能效多方协同推动机械工业绿色低碳转型》，中国工业报百家号，2023 年 4 月 20 日，https：//baijiahao.baidu.com/s？id = 1763705958986770264&wfr = spider&for = pc。

② 付奇：《聚焦"三化"，江苏制造组团攀高》，中国江苏网，2023 年 2 月 17 日，https：//economy.jschina.com.cn/gdxw/202302/t20230217_ 3164972.shtml。

在风险抵御能力较低的问题。虽然各级政府陆续出台了一系列支持中小企业发展的财税、货币、就业等相关政策，但面对经济恢复向好中的多重压力，不少中小企业经营还较为困难，甚至关停。江苏拥有70多万家中小工业企业，而这其中"专精特新"中小企业不足1万家，创新型中小企业不足5万家，其他的没有明显竞争优势的传统中小企业面对市场需求不足、行业竞争加剧、缺乏自主可控能力等因素的影响，经营和生存面临困境。资金和人才是中小企业生存发展中面临的比较集中的问题，当下原材料、用工、用能成本的上升也压缩了中小企业的利润空间。一些中小企业希望通过转型寻求生存和发展，但又面临经营方向向何处转、技术从何处来的难题。面对错综复杂的国内外经济形势，对于未来预期的不确定、抵押融资存在瓶颈、基于财务数据的信用融资困难等，导致民间投资意愿有待改善。

三　2024年江苏工业运行形势展望

（一）江苏工业发展面临的国内外环境分析

1.国际经济环境仍不乐观，对全球经济增长后劲带来不利影响

全球主要国家经济增长缓慢。2023年第一季度，主要国家和地区GDP同比增速分别为：美国1.8%、欧元区1.0%、日本1.9%、巴西4.0%，均明显低于我国5.5%的增速，由此可见我国经济的快速恢复和增长为全球经济发展提供了重要支撑。[1] 根据国际货币基金组织（IMF）的预测，2023年全球经济将增长3.0%。[2] 经济合作与发展组织（OECD）则预测2023年全球经济增速预期为3.0%，2024年预期为2.7%。[3]

---

① 张莫：《恢复向好动能汇聚》，新华网，2023年7月18日，http：//www.xinhuanet.com/2023-07/18/c_1129755004.htm。

② 王善涛：《全球制造业采购经理指数持续低位》，新华网，2023年8月6日，http：//www.news.cn/2023-08/06/c_1129788833.htm。

③ 驻智利共和国大使馆经济商务处：《经合组织上调2023年全球经济增长预期》，商务部网站，2023年9月21日，http：//cl.mofcom.gov.cn/article/jmxw/202309/20230903442357.shtml。

　　全球跨国投资乏力，全球产业链重构、国际货币汇率变动对全球工业生产经营产生影响。2022 年全球外国直接投资下降 12%，2023 年仍面临较大下行压力。2023 年 7 月，OECD 发布的报告初步估计 2023 年第一季度全球外商投资同比下降 25%。① 人民币对美元汇率连续贬值，离岸人民币对美元汇率一度逼近 7.35，这种波动对投资和出口产生重要影响。在全球产业链体系重构背景下，直接投资的资金流入也明显降低，商务部发布的数据显示，2023 年前三季度，我国实际使用外资金额 9199.7 亿元，同比下降 8.4%，但令人欣慰的是我国高技术制造业实际使用外资增长 12.8%，体现了先进制造业引资质量持续提升。② 此外，虽然国际经贸规则多边机制主体地位没有动摇，区域合作、双边合作模式正在加速，但安全问题成为国际经贸中不可忽视的因素。单边主义和贸易壁垒的增加对全球制造业格局产生了深刻影响，也导致区域间产业链合作难度加大。

　　货币政策环境的变化对全球经济产生了重要影响。2023 年全球通胀继续边际回落，全球大部分央行放缓加息步伐。2023 年 6 月 14 日，美联储一年多内连续 10 次加息后首次按下"暂停键"，宣布维持 5%～5.25% 的联邦基金利率目标区间不变。③ 9 月 14 日，欧洲央行自 2022 年 7 月以来连续第十次加息。同时，欧洲央行释放可能结束加息的信号。欧元区 8 月通胀率按年率计算为 5.3%。④ 英国央行连续第 14 次上调利率，8 月初将其关键利率上调 25 个基点至 5.25%。⑤ 欧美通胀率均高于 2% 的长期通胀目标。高利率增加了企业的借贷成本和抵押成本，会对业务产生不利影响，进而制约全球经济增长。

---

① 栗翘楚：《商务部：今年 1～8 月我国实际使用外资金额 8471.7 亿元人民币》，人民网，2023 年 9 月 15 日，http://finance.people.com.cn/n1/2023/0915/c1004-40078914.html。

② 谢希瑶：《前三季度我国吸收外资 9199.7 亿元》，新华网，2023 年 10 月 21 日，http://m.people.cn/n4/2023/1021/c3626-20808121.html。

③ 熊茂伶、刘亚南：《美联储为何暂停加息步伐》，新华网，2023 年 6 月 15 日，http://www.news.cn/2023-06/15/c_1129697181.htm。

④ 邵莉、单玮怡：《欧洲央行本轮加息周期或接近尾声》，新华网，2023 年 9 月 15 日，http://www.news.cn/2023-09/15/c_1129864819.htm。

⑤ 王婧：《英央行加息渐近尾声英镑走势或承压》，《经济参考报》2023 年 9 月 21 日，第 A08 版。

国际制造业增长乏力，但制造业绿色化、数字化发展势头迅猛。全球制造业采购经理指数连续数月低于荣枯线，2023年8月，全球制造业采购经理指数为48.3%，虽连续两个月有小幅回升，但是仍处在较低水平，表明全球经济呈现弱势修复态势。① 欧洲制造业采购经理指数为44.7%，连续13个月在50%以下，继续弱势运行态势。亚洲制造业采购经理指数为50.7%，连续两个月环比上升，显示亚洲制造业延续平稳增长趋势。② 德国工业4.0战略下的"制造-X"项目即将在2023年底正式启动，该计划充分融入数字化理念，推动供应链数字化，激发数据要素价值，推动制造业企业变革，重塑制造业竞争优势。③ 日本2023年《制造业白皮书》中也提及未来要通过数字转型和绿色转型实现制造业整体优化。

未来一年全球经济依然存在诸多风险和不确定性，包括地缘政治、粮食危机、货币紧缩、金融动荡、债务风险等。全球各大央行利率变化终点、高利率维持时长、全球债务增加、贸易保护主义抬头、地缘政治军事冲突持续等任何一个风险点都有可能引爆"黑天鹅"事件，影响全球经济复苏的步伐。

2. 我国经济长期向好，完备的产业体系将为经济发展提供支撑

2023年以来，经济社会全面恢复常态化运行，在全球高通胀的情况下我国物价稳定，宏观经济恢复向好，为实现全年经济社会发展预期目标奠定了坚实基础。2023年上半年，国内生产总值同比增长5.5%，明显快于2022年3%的经济增速。

消费复苏和投资增长共同拉动经济增长。2023年上半年，最终消费支出对经济增长的贡献率超过70%，经济增长由上年的以投资和出口拉动为主，转为以消费和投资拉动为主。央行预计我国2023年下半年不会有通缩风险，虽然2023年以来CPI同比涨幅震荡回落，8月后CPI有望开始逐步

---

① 崔译戈：《中国外贸"稳中提质"发展空间广阔》，人民网，2023年8月8日，http://world. people. com. cn/n1/2023/0808/c1002-40052801. html。

② 刘萌：《8月份全球制造业PMI为48.3%》，《证券日报》2023年9月7日，第A1版。

③ 赛迪研究院：《赛迪观点："制造-X"成为德国工业4.0战略的核心抓手》，2023年8月29日，https://baijiahao. baidu. com/s? id=1775527474128799642&wfr=spider&for=pc。

上行。预计全年 CPI 总体走势呈"U"形。年内物价水平先降后升，年底有望向 1%靠拢。[①]

货币政策和财政政策持续发力推动经济运行向好发展。2023 年，我国精准实施稳健的货币政策，掌握好逆周期和跨周期调节力度，综合运用利率、准备金等政策工具，聚焦服务实体经济，坚决防控金融风险，货币金融环境良好。我国持续实施积极的财政政策，各级财政部门根据经济形势变化，延续、优化、完善税费支持政策，切实支持企业纾困发展。同时，加强经济财政运行监测和形势分析，采取有效措施合理加快财政支出进度，推动各项财税政策尽早落地见效，推动经济持续恢复。

实体经济高质量发展是经济向好发展的根基。2022 年我国制造业增加值占全球制造业增加值的比重近 30%，规模连续多年位居世界第一。[②] 2023 年上半年我国制造业增长 4.2%，新兴产业加速发展，新旧动能转换持续推进，产业链供应链面临的不少赌点卡点逐渐稳定畅通。高技术产业持续扩大，智能消费设备制造业增加值同比增长 12%，半导体器件专用设备制造业增加值同比增长 30.9%，坚持科技自立自强，加快创新型国家建设。预计下半年 PPI 同比降幅或将继续收窄，中下游制造业企业营收将持续改善，工业运行有望保持总体平稳。

根据相关机构的预测，我国经济增长前景将呈现良好态势。世界银行（WB）、经济合作与发展组织（OECD）、国际货币基金组织（IMF）等调高了 2023 年中国经济增长预期，显示了对中国发展前景的信心。[③] 经济合作与发展组织的最新经济报告对中国 GDP 增长的预期，2023 年为 5.1%，2024 年为 4.6%。国际评级机构穆迪对我国 2023 年经济增长率预期为 5%。[④] 摩根大通公司和澳新银行在 2023 年 9 月 15 日对我国 2023 年经济增长率的

[①] 赵展慧：《金融对经济支持持续加强》，《人民日报》2023 年 7 月 15 日，第 2 版。

[②] 郑栅洁：《十年共建结硕果携手共进向未来》，《中国产经》2023 年第 17 期，第 51 页。

[③] 任彦、陈尚文、崔琦：《中国将继续为世界经济复苏和增长提供强大动能》，《人民日报》2023 年 6 月 30 日，第 3 版。

[④] 新华社：《穆迪上调今明两年中国经济增长预期》，新华网，2023 年 3 月 2 日，http：//www.news.cn/2023−03/02/c_ 1129408397. htm。

预测分别达到5%和5.1%。^① 尽管面临国内外多重压力和挑战，但是随着工业平稳增长、服务业逐步复苏、市场活力增加，居民就业将得到改善，内需拉动有望逐步增强，积极因素积累增多，各项统计信息也显示我国有信心、有条件、有能力达到经济社会发展预期目标任务。

（二）江苏工业运行展望

1. 江苏工业产值将保持增长态势

随着世界范围产业链供应链逐步得到修复，江苏省工业经济有望保持恢复性增长态势。同时，全省工业用电量的逐步增长也显示工业生产的恢复和好转，国网江苏省电力有限公司数据显示，江苏省2023年上半年制造业用电量达2079亿千瓦时，同比增长5.5%，高出2022年同期增速6.6个百分点。^②

重点行业持续恢复。钢铁行业虽然面临价格下降、需求恢复缓慢等问题，但在结构优化调整、加速改造升级装备、扩大关键特钢产品供给等措施的推动下生产稳定，效益逐步好转。建筑业在2023年下半年有望在交通、水利、能源等大型基础设施和市政、新型基础设施领域有较大项目，将在一定程度上恢复行业景气度。2023年7月，全省机械行业同比增长11%，汽车、船舶、风电设备制造业增速较高；电子行业在光伏组件和电池制造高速增长的带动下，实现正增长；石化、轻工、医药行业也处于增长轨道，2024年有望持续恢复增长的趋势。

新兴产业发展势头正盛。2023年前三季度，全省工业战略性新兴产业产值占规上工业的比重为41.3%，比2022年全年提升0.5个百分点，其中，新能源汽车、新能源等产业增长显著。江苏集成电路产量约占全国的三成，2022年，全省集成电路产业收入达4143亿元，同比增长17.5%。全球半导

———————

① 贾平凡：《中国经济向好释放积极信号》，人民网，2023年9月25日，http://world.people.com.cn/n1/2023/0925/c1002-40084956.html。

② 何磊静：《江苏：从电力数据看新能源产业发展势头强劲》，新华网，2023年7月22日，http://www.js.xinhuanet.com/20230722/79bdd2bb4b85493dbe8e1b9b7682a314/c.html。

体行业进入下行周期，销售收入连续下降，2023 年第一季度，中国集成电路产业销售额为 2053.6 亿元，江苏省集成电路产业销售总收入为 816.68 亿元，同比下降 2.24%，随着产业链创新能力进一步提升，2024 年将继续保持全国领先优势。①② 2023 年以来江苏省新能源汽车产量和市场占有率加速提升，在持续优化新能源汽车使用环境、加速建设各类充电桩的支持下，新能源汽车产业未来有望获得持续增长。生物医药产业总体稳定，作为经济新增长点将释放更大发展潜能，有望达到 10% 左右的增速。在《关于进一步促进集成电路产业高质量发展的若干政策》和《关于促进经济持续回升向好的若干政策措施》等政策的支持下，预计江苏省新兴产业发展 2024 年将继续保持增长势头。

重点企业引领工业增长。江苏有着数量多且实力强的工业重点企业、龙头企业。中国制造企业协会发布的 2023 年中国制造业综合实力 200 强榜单中有 20 家江苏企业入围，全国工商联发布的制造业 500 强民企中，82 家江苏企业入围。③ 这些头部企业的发展韧性强，潜力大，能有力支撑全省工业经济较快发展。

制造业投资助力工业增长。2023 年前三季度，全省制造业投资同比增长 10.7%，增速高于全部投资增速 5.0 个百分点，有效提振了市场信心，且有望保持扩张态势，增强经济恢复内生动力，为全省工业经济平稳运行提供有力支撑。2023~2024 年，工业实现从恢复性增长向扩张性增长转变还面临着诸多风险挑战，也将面临相关指标的浮动，各项工业利好政策的逐步落地，将进一步促进江苏工业经济加快恢复。

2. 先进制造业集群引领作用将进一步强化

培育发展先进制造业集群是提升制造业竞争力、促进我国制造业迈向价

① 许雯斐、徐晋：《世界半导体大会在宁开幕》，中国江苏网，2023 年 7 月 21 日，https://jsnews.jschina.com.cn/jsyw/202307/t20230721_3252561.shtml。
② 集微网：《今年 Q1 江苏省 IC 产业销售总收入为 816.68 亿元，同比下降 2.24%》，集微网百家号，2023 年 7 月 23 日，https://baijiahao.baidu.com/s?id=1772115728814071602&wfr=spider&for=pc。
③ 付奇、许愿：《透过两张榜单，看江苏制造企业的"守"与"进"》，新华报业网，2023 年 9 月 15 日，https://www.xhby.net/js/jj/202309/t20230915_8087798.shtml。

值链高端的重要一环。集群式发展有利于降本增效，形成行业和区域竞争优势，进一步提升产业链供应链韧性和安全水平。同时，先进制造业集群在技术创新、培育单项冠军企业、"专精特新"企业等方面可以发挥重大引领示范作用。随着江苏 16 个先进制造业集群的建设加速，研发投入不断加大，"专精特新"企业有望持续增长，激发工业发展新动能和新活力。

集群成为产业创新"策源地"。产业集群的发展壮大离不开技术创新的支持，江苏已建成 14 家省级以上制造业创新中心，这些创新高地整合集群企业的创新能力，已累计获授权专利 1282 件，其中发明专利 854 件，主导和参与制定修订国家、行业等标准 95 项。这些创新中心整合了联盟单位的技术力量，能够促进跨地区协作发展，有效地推动了行业整体研发水平和工程化应用技术的提升，在未来将在产业技术创新攻坚克难中发挥更大作用。

集群吸引产业链上下游投资。2023 年，江苏 500 个省级工业大项目中有 487 个是先进制造业集群项目，其中 150 项有望在 2023 年竣工投产，在推动全省先进制造业迈上新台阶的同时将有力带动江苏省工业高质量发展。由于产业集群中龙头企业的带动，下游产业链的项目有序推进，同时提升了产业集群的能级，例如连云港的盛虹石化等石化产业集群的大项目，带动包括韩国 SK 新材料、美国奥升德等新项目的案例有望持续增加。

3. 工业数字化的发展趋势将更加明显

企业数字化转型成功率越来越高。《江苏省制造业智能化改造和数字化转型三年行动计划（2022—2024 年）》提出江苏规模以上工业企业将在2024 年底全面实施"智改数转"的目标，随着时间的推移，2023~2024 年作为攻关期也将大幅提升企业智能化数字化转型数量的增长。随着数字化转型成本的下降和共性方案的增长，将有越来越多原来由于缺乏资金和技术而尚未推广数字化的中小企业走上数字化工业的快车道。

产业园区数字化转型提速。智慧园区能够提升园区的生产安全与运行安全，数字化提升了园区运营的全面感知、实时监测全线调度、科学决策，有利于提升园区管理能力现代化水平。江苏积极推动智慧园区建设，特别是智慧化工业园区建设，有效提升了化工生产安全保障。园区的数字化转型将进一步促进制造、创新、服务等多类资源共享协作，为产业转型升级赋能。

工业机器人产业发展加快。工业机器人是企业实现数字化转型和智能化生产的重要工具。江苏已经形成了以南京、苏州、无锡、常州、徐州为主要集聚地的工业机器人产业集群，18个特色工业机器人集聚园区，截至2022年12月5日，江苏省内已有工业机器人企业28866家，位居全国第一，其中上市企业47家。[①] 近一两年工业机器人企业数量增长加快，工业机器人产业的快速发展将为企业数字化智能化转型提供重要支撑，构建虚实融合的产业集群数字化生态。

4. 工业领域绿色转型加快

制造业绿色转型成效显著。江苏不断推动生产方式绿色转型，截至2023年3月，江苏已创建国家级绿色工厂249家、绿色园区20家、绿色产业链管理企业32家，认定省级绿色工厂584家。[②] 工业园区是碳排放最集中的地区，工业园区基础设施绿色升级改造是制造业绿色化转型的重要途径。早在2021年5月，江苏首个零碳产业园落户无锡，盐城市选择射阳港经济开发区、大丰港经济开发区、滨海港工业园区等开展零碳产业园区建设试点。2023年7月，国网江苏省电力有限公司打造的工业园区数字化碳管理体系正式运行，采用了全链条数字化碳排放管理系统，这一系统的推广应用也将推动江苏工业绿色转型。

绿色产业化进展加速。江苏绿色制造体系已初步形成，近期的数据显示，新能源相关产业正成为引领江苏工业经济增长的最重要驱动力，全省晶硅光伏组件产量占全国的比重为44.3%，"新三样"生产和出口保持加速增长态势，且有望持续增长，无疑将在未来两年持续带动工业绿色转型。全省

① 寒意：《工业机器人企业数量全国第一，江苏省工业机器人产业盘点》，36氪网，2022年12月20日，https://36kr.com/p/2051829862358018。
② 俞海、周雷、王鹏：《江苏50家企业入选国家级绿色工厂 数量全国第一》，中国江苏网，2023年4月2日，http://jsnews.jschina.com.cn/zt2023/ztgk_2023/202304/t20230402_3191526.shtml。

节能环保产业实现主营业务年收入超 8300 亿元，规模约占全国的 25%，在有效需求扩大的趋势下，有望持续获得增长。绿色产业投资方面，2023 年以来，盐城绿色低碳发展示范区的低（零）碳产业园建设启动，随着以晶硅光伏、风电装备为主的新能源产业项目逐步开工试生产，未来两年将带来快速增长。

工业用能效率提升推动节能降碳。江苏持续推进工业领域节能降碳，"十四五"以来，全省规上工业单位增加值能耗累计下降 10.3%。出台了《江苏省工业领域及重点行业碳达峰实施方案》等政策方案，支持节能技术改造，提升能源使用效率，提高绿色低碳发展水平。全省能源结构持续优化，预计"十四五"末，江苏省新能源消费量占全省能源消费总量的比重将达到 15% 以上。此外，绿电交易活跃，截至 3 月 27 日，绿电交易成交电量 3.27 亿千瓦时，相当于减少碳排放 27.6 万吨，江苏绿证交易规模位居全国第一。① 随着绿电市场的持续扩大，绿电交易电量将持续增长。

四　推动工业经济高质量发展的政策建议

（一）细化落实各项政策，保持工业经济稳步增长

一是加强顶层设计。用中长期规划指导工业发展，更好地发挥规划引领工业发展的作用。增强规划的前瞻性，瞄准全球行业竞争前沿，科学制定产业区域布局、产业发展方向，抢占未来发展制高点。增强规划的全局性，统筹发展和安全，强化科技创新战略支撑，推动重点行业、重点地区加快发展，加大财政金融政策保障力度，加强政策协同，发挥政策合力。增强规划的实用性，提出务实管用的政策措施，组织召开重点建议提案座谈会、制造业企业座谈会等，健全政企沟通交流机制，增强施政的精准度。

---

① 陶慧君：《江苏公司绿电交易成交电量创历史新高》，国家能源集团网，2023 年 3 月 29 日，https://www.chnenergy.com.cn/gjnyjtww/chnjcxw/202303/c6d5fecb780240fea9c9c8b03e3a24ee.shtml。

二是强化任务执行。扎实抓好各行业各地区"十四五"规划实施，对促进工业经济发展的各项政策措施加快落实、细化落实。特别是直接惠及企业的各类定向税费减免、制造业转型升级贷款支持计划等简化手续，让其尽快落地，加强服务保障。将重大决策战略规划进行任务分解，确定分期目标和指标，制定任务清单，在不同部门之间建立定期沟通和协调的机制，及时解决规划执行过程中的问题和矛盾，提高执行效率。

三是开展定期评估。将评估工作规范化、制度化，完善规划监测评估制度机制和评估体系。构建科学的指标体系对监测数据进行量化评价，对中长期规划进行年度监测分析，对短期任务进行跟踪监测，及时修正、完善规划编制和规划管理。发挥相关智库和专家的决策支撑作用，展开政策预评估。除加强相关职能部门的督导工作外，在规划实施过程中也要定期进行独立的第三方评估，进行动态监测推动政策妥善执行。

（二）深化供给侧结构性改革，持续推进工业转型升级

一是加快传统制造业转型升级。推动产能过剩行业加快出清，严格清理淘汰或重组优化高能耗、高污染的企业，减少无效低端供给，扩大有效中高端供给。将传统产业作为转型升级主战场，激发企业产品研发创新、技术升级改造活力，提升传统产业供给质量。培育传统产业新增长点和新动能，推动产品向高端化、精细化、差异化方向发展，如高端化工向精细化工新材料产业迈进、纺织向品牌化高端纺织服装产业转型。

二是推进工业智能化、数字化转型。深入推进信息化与工业化深度融合，应用互联网新技术对传统产业进行全方位、全链条改造。培育更多智能工厂、数字领航企业和工业互联网试点示范项目，推广试点应用。总结提炼"智改数转"经验做法，推广数字化优秀解决方案典型应用场景和案例。聚焦中小企业数字化共性需求，研发对口的数字化解决方案，提供更多精准好用、成本适宜的共性解决方案和平台，帮助降低中小企业数字化转型门槛，支撑中小企业加快转型。

三是推进工业绿色低碳转型。工业领域能源消耗是全社会总体消耗量的

2/3 左右，要把节能减排作为产业结构优化的战略要点，发挥环境规制政策作用，提升企业降耗增效内在动力。深入挖掘重点耗能行业节能潜力，加强节能技术创新和推广应用，全流程系统化提升能效水平。加强完善绿色制造体系，推进工艺技术绿色化，建设绿色工厂，构建更多绿色园区，构建绿色供应链，积极实施示范行动。大力发展环保装备制造业，开展绿色制造技术创新及集成应用。推动能源管理精细化，加强对重点行业企业能效水平执行情况的日常监测和现场检查。

（三）强化科技和人才的核心支撑作用，提升工业创新体系整体效能

一是加快关键核心技术突破。深入实施创新驱动发展战略，立足国家需求、产业动向，开发更多原创性、前沿性技术，夯实高水平科技自立自强根基。进一步发挥国家实验室、全国重点实验室、省级重点实验室在科技创新上的作用，聚焦产业链建设重点领域，围绕产业链部署创新链。整合优化科技资源配置，推动实施政府间国际科技合作项目，通过产业共性技术研发创新联合体建设等完善产业创新网络。加大科技研发投入，聚焦制造业产业链薄弱环节，对"卡脖子"技术"建档立卡"，作为重点科技攻关对象加快突破。

二是积极推进科技成果转化。发挥江苏教育资源和科创资源密集的优势，打造长三角产业科技创新中心，共建长三角国家技术创新中心，着力推动科技创新、产业创新和应用创新。发挥政府科技、人才、融资、财税等政策引导作用，提升科技成果转化机构的服务效能，围绕科技成果转化、知识产权、咨询服务、创新创业投资、金融支撑等营造全要素全链条创新生态，促进科技成果转化和产业化。

三是加强科技人才队伍建设。加大一流科技人才队伍建设力度，引进培养高层次、领军型科技创新人才，进一步完善开放共享、人才流动、人才稳定、人才激励措施。优化引才政策，拓宽招才渠道。精准制定各类人才引进政策，扩大人才政策惠及面，强化人才政策操作性，打造高水平高级别人才平台。重点推进创建综合型国家科学中心，以创新开放合作促进科技交流。

（四）强化龙头企业引领，提升先进制造业集群发展竞争力

一是加快建设世界一流企业。产业的竞争力很大程度上取决于头部企业的实力。对标国际先进水平，着力培育一批产业链龙头企业，强化链式思维，进一步强化龙头企业的引领带动作用，促进上下游企业分工协作、联动融通。积极发挥国有企业的战略引领力、创新支撑力、产业带动力。通过梳理绘制产业集群供应链图谱，对处于产业链供应链核心地位的龙头企业进行重点培育，充分发挥其在优化资源配置、推动技术创新、构建产业生态等方面的作用。

二是提升产业链供应链的韧性。聚焦先进制造业集群，着力补链强链延链，优化产业集群发展模式，综合考量区域特色要素资源、产业基础、文化基因和区位优势等因素，着力构建特色产业集群式发展。在现有的 10 个国家级先进制造业集群和 16 个省级先进制造业集群中加快培育具有国际竞争力的先进制造业集群，提升产业集群引领力，以创新链、产业链、资金链、人才链"四链"深度融合带动产业集群提档升级，深度释放产业集群效应，赋能江苏工业高质量发展。

（五）优化营商环境，助力工业经济速度与质量并进

一是营造市场化、法治化、国际化的一流营商环境。持续营造公平竞争的环境，除一些关系到国计民生的关键领域外，鼓励民营资本和外资进入，促进要素资源畅通流动。规范招标投标和政府采购，破除隐性壁垒，全面落实公平竞争审查制度。加快完善产权保护、市场准入、公平竞争、社会信用等方面的法律法规。建立政府支持，律师事务所、公证处、司法鉴定机构、仲裁机构等法律服务机构参与的全链条法律服务，为知识产权创造、保护、运用提供法律服务。研究出台更大力度吸引外资的政策措施，通过制度型开放、贸易和投资自由化便利化等措施，吸引更多国际资源要素，建设高品质宜居宜业环境，提升国际吸引力。

二是强化有利于创新发展的营商环境。加大政策支持力度，对企业科技

江苏蓝皮书

攻关、搭建技术创新平台、科技成果转化、技术合同引进输出等创新活动提供扶持与奖励。加强"专精特新"企业成长培育，加速产业链与创新链深度融合，激发制造业企业创新活力，着力营造产业发展的良好生态，为提升制造业产业链现代化水平夯实基础。对中小微企业进行精准政策扶持，加强政策协同、业务联动，健全产业链配套、畅通融资渠道，在财税、金融、社保、创业就业等多个方面出台举措，为中小微企业创新创业提供全方位支持。

三是持续优化政务服务，降低企业制度性交易成本。深化投资项目审批制度改革，进一步优化简化投资项目审批程序，探索能够简化企业申请材料、免予现场核查、缩短审批时限等便利的工作机制。提升"一网通办"的稳定性、共享性、人性化程度，优化业务流程，不断提升业务效率。由大数据中心汇聚各部门的业务数据，在各部门数据的基础上建立主题库和专题库，支撑业务部门的决策，加强数据共享。

B.4
江苏服务业发展分析与展望

杜宇玮　孟　静*

摘　要：　构建优质高效的服务业新体系是新时期推动服务业高质量发展的主要目标。2023年以来，江苏服务业成为经济平稳增长的"压舱石"，新兴服务业成为塑造经济新动能的"新引擎"，服务业集聚区成为服务业提质增效升级的"领头雁"，服务业成为推进改革开放的"重头戏"，但同时在市场主体量度、产业融合深度、改革开放力度、创新发展程度及要素支撑强度等方面仍有进一步完善的空间，且在内外需疲软不振等局势下面临较为严峻的挑战。下一阶段，江苏应遵循"四新"，即聚力产业提质升级培育新动能、聚力模式业态创新开辟新赛道、聚力全面双向开放锻造新优势、聚力市场环境优化促进新循环的总体思路，通过深化供给侧改革和强化需求侧支撑、促进产业创新应用和深度融合、统筹推进对内改革和对外开放、完善服务业基础设施和配套制度，加快构建优质高效的服务业新体系。

关键词：　服务业　服务业新体系　高质量发展

服务业作为当今世界经济增长和国际贸易的重要推动力量，是新一轮经济全球化的重要载体和全球产业竞争的战略重点。党的二十大报告指出，要"构建优质高效的服务业新体系，推动现代服务业同先进制造业、现代农业深度融合"，为推动服务业高质量发展指明了方向。江苏作为我国改革开放的先行军，服务业领域的综合实力和竞争力不断增强，服务业凭借其"就

---

* 杜宇玮，江苏省社会科学院社会政策研究所（区域现代化研究院）副所长、研究员；孟静，江苏省社会科学院社会政策研究所（区域现代化研究院）助理研究员。

业稳定器""增长加速器""产业黏合剂"等功能,逐渐成为经济健康平稳发展的生力军。2023年以来,在江苏省委省政府统筹规划和工作部署下,江苏服务业发展成效显著、亮点纷呈,但是仍然存在诸多问题,面临多重挑战。新形势下,江苏应抢抓新一轮科技革命和产业变革的时代机遇和承担新历史使命的政策机遇,加快构建服务业新体系,努力实现在高质量发展上继续走在前列、在服务全国构建新发展格局上争做示范。

一 江苏服务业发展现状及特征

2023年以来,江苏服务业发展成绩斐然,服务业综合实力和竞争力不断增强,在经济现代化进程中扮演了"四种角色",即服务业成为经济平稳增长的"压舱石"、新兴服务业成为塑造经济新动能的"新引擎"、服务业集聚区成为服务业提质增效升级的"领头雁"和服务业成为推进改革开放的"重头戏"。

(一)总量规模不断扩大,综合贡献度显著增强,服务业成为经济平稳增长的"压舱石"

江苏坚持系统协同推进服务业发展,服务业运行持续向好,总量规模、增长速度、发展质效均不断提升,对促进经济增长、增强发展活力、提升人民福祉发挥着越来越重要的作用。2023年上半年,全省实现服务业增加值32131.7亿元,同比增长6.3%,增速较2022年全年加快4.4个百分点;服务业增加值占GDP的比重为53.1%,较2022年提高2.6个百分点;拉动GDP增长3.4个百分点,对经济增长的贡献率达50.8%,综合贡献度显著增强(见表1)。服务业企业经营稳中有进,2023年1~8月,全省规模以上服务业企业营业收入同比增长8.3%,增速回升,较2022年提高2.1个百分点,发展前景持续向好。2023年1~8月,全省服务业固定资产投资增长2.2%,尤其是居民服务、修理和其他服务业,住宿和餐饮业,租赁和商务服务业,科学研究和技术服务业以及交通运输、仓储和邮政业等投资增长较快，行业投资结构更趋合理（见表2）。服务业发展显著提升了全社会生产生活活力，为江苏经济发展注入强劲动力。

表1 2022~2023年江苏地区生产总值及增长率

单位：亿元，%

项目	2022年1~12月		2023年1~3月		2023年1~6月	
	绝对量	增长率	绝对量	增长率	绝对量	增长率
地区生产总值	122875.6	2.8	29401.8	4.7	60465.3	6.6
#第一产业	4959.4	3.1	634.4	3	1720.2	3.5
第二产业	55888.7	3.7	12570.3	4.5	26613.4	7.1
第三产业	62027.5	1.9	16197.1	5	32131.7	6.3
#批发和零售业	13350.7	−0.3	3218.5	4.2	6510.2	4.4
交通运输、仓储和邮政业	3655.6	−3.9	876.1	1.1	1841.9	11.6
住宿和餐饮业	1550.7	−5.9	367.2	12.3	776.9	15.4
金融业	9689.9	7.2	2733.6	9.9	5433.6	10.1
房地产业	7932.6	−8.7	2202.7	−0.3	4372	1.2
居民服务、修理和其他服务业	25355.3	6.2	6711.4	5.1	13004.1	6.2

资料来源：根据江苏省统计局网站数据整理。

表2 2022~2023年江苏服务业分行业固定资产投资增速

单位：%

项目	2022年1~12月	2023年1~2月	2023年1~3月	2023年1~4月	2023年1~5月	2023年1~6月	2023年1~7月	2023年1~8月
服务业	0	2.0	2.8	4.0	1.6	2.6	2.4	2.2
#农、林、牧、渔专业及辅助性活动	31.0	56.4	13.7	14.4	32.0	42.8	23.2	18.9
金属制品、机械和设备修理业	16.4	29.6	54.0	−23.3	−15.6	−2.7	−13.2	−8.6
批发和零售业	−12.7	13.9	−12.1	1.2	−2.0	−1.5	0.8	0
交通运输、仓储和邮政业	29.5	54.6	48.9	36.1	1.6	20.1	18.5	22.2

续表

项目	2022年 1~12月	2023年 1~2月	2023年 1~3月	2023年 1~4月	2023年 1~5月	2023年 1~6月	2023年 1~7月	2023年 1~8月
住宿和餐饮业	29.8	17.1	74.2	62.7	43.1	42.1	35.5	34.8
信息传输、软件和信息技术服务业	3.6	-18.6	17.5	15.5	7.6	3.2	-1.4	-4.7
金融业	33.0	26.8	0.6	-3.6	22.1	13.5	-6.9	-10.3
房地产业	-5.6	-2.5	-1.5	-0.7	-1.6	-1.8	-1.6	-1.8
租赁和商务服务业	4.4	11.3	12.9	12.6	27.7	28.5	29.1	26.9
科学研究和技术服务业	21.1	49.2	42.5	27.7	27.3	22.4	18.1	10.4
水利、环境和公共设施管理业	-5.6	-9.6	-13.1	-4.2	-0.9	-3.0	-2.0	-4.6
居民服务、修理和其他服务业	9.4	53.0	60.5	48.6	49.5	62.9	63.5	53.0
教育	8.4	4.1	-5.7	8.3	11.6	11.7	6.3	7.5
卫生和社会工作	29.4	-8.8	0.6	8.9	6.1	3.9	6.8	12.0
文化、体育和娱乐业	24.5	1.0	-13.3	-10.5	-10.9	-5.1	-11.5	-7.7
公共管理、社会保障和社会组织	2.4	-1.3	-6.5	-7.3	1.5	-3.3	-7.7	-1.0

资料来源：根据江苏省统计局网站数据整理。

（二）内部结构持续优化，新业态新模式加快发展，新兴服务业成为塑造经济新动能的"新引擎"

近年来，江苏深入推进服务业高质量发展，坚持科创引领、数智赋能、绿色低碳和融合发展，聚焦科技服务、现代物流、软件和信息服务、健康服务等重点领域，不断优化投资结构，服务业新业态新模式加速发展，初步形成具有江苏特色和国际竞争力的"775"现代服务业产业体系。①

其一，生产性服务业快速发展，先进制造业和现代服务业融合（简称"两业融合"）发展成效显著。2023年1~6月，江苏金融业实现增加值5433.6亿元，同比增长10.1%，全省社会融资规模增量达2.86万亿元，位居全国第一；交通运输、仓储和邮政业实现增加值1841.9亿元，同比增长11.6%，营业收入增长4.2%，投资增长20.1%；租赁和商务服务业增长10.6%，营业收入增长17.9%，会展经济、法律服务、咨询评估等成为商务服务业发展新亮点。

2019年，江苏在全国率先启动两业融合试点工作，先后遴选两批共计247家企业、21个产业集群、43个集聚区域作为全省两业深度融合试点单位。2020~2022年，江苏省共支持近150个两业融合项目，安排扶持资金3.3亿元，并对51家省级两业融合优秀试点单位各奖励100万元。② 探索出了"数字+制造+服务"、总集成总承包、全流程供应链管理、基于需求的整体解决方案等融合模式，③ 形成了重点项目示范、龙头企业引领、制造业智能化和信息服务业发展联动、平台共建等两业融合创新经验，两业融合走在全国前列。科技服务、信息服务、金融服务、物流服务、商务服务等为制造业发展提供了有力支撑，直接提升了两业融合水平。此外，农业与服务业的融合发展也在有序推进，探索出农业经营联盟、产业联合体等融合形式，积极推动农业社会化服务，以及农业科技、农产品电商、乡村旅游、休闲农业、农业金融等迅速发展，"苏农云"成为推进融合发展的重要平台。

其二，高技术服务业投资显著增长，科技服务业作为优势型服务产业的地位逐渐巩固，为制造业转型升级提供了有力支撑。2023年上半年，高技术服务业投资增长10.6%，其中科学研究和技术服务业投资增长22.4%，分别

① "775"现代服务业产业体系包括7个具有竞争力的优势型服务产业、7个具有高成长性的成长型服务产业、5个具有前瞻性的先导型服务产业。
② 高清：《两业融合拓新局转型升级强动力》，《群众》2022年第15期。
③ 《我省"两业融合"试点工作已初见成效》，江苏省人民政府网站，2023年5月26日，https://www.jiangsu.gov.cn/art/2023/5/26/art_60095_10904371.html。

比同期固定资产投资增速高 5.1 个和 16.9 个百分点。2022 年，高技术服务业营业收入同比增长 10.1%，对规模以上服务业增长贡献率达 62.2%。①

其三，信息服务需求激增推动软件和信息服务、大数据服务、人工智能服务等迅速发展，数字化、智能化推动生活性服务业不断升级，数字产业化与产业数字化同步推进。2022 年，全省数字经济规模超过 5 万亿元，信息传输、软件和信息技术服务业及互联网和相关服务营业收入分别增长 10.6% 和 14.2%。2023 年 1~8 月，信息传输、软件和信息技术服务业营业收入增长 8.8%。作为先导型服务产业，江苏的大数据服务全国领先，初步形成"双核三区四基地"的省级数据中心布局，11 个项目入选全国"2022年大数据产业发展试点示范项目"；工业互联网应用服务竞争力强，2019~2022 年全省共遴选 4 批 40 个"互联网+先进制造业"基地；人工智能服务量质双增，苏州、南京跻身全国人工智能发展第一方阵，分别列第六、第七位。②"互联网+"极大开拓了生活性服务业的发展空间，线上交易、互联网教育医疗等新消费行为和新业态迅速发展。2023 年上半年，全省网上零售额为 6198.8 亿元，同比增长 18.5%；其中，实物商品网上零售额为 5319.3亿元，同比增长 15.9%，占社会消费品零售总额的比重为 23.1%。③

其四，服务业细分领域增长速度、投资情况等出现一定分化，需要"面对面"提供的接触型服务业增长迅速。2023 年上半年，住宿和餐饮业增加值为 776.9 亿元，同比增长 15.4%；规模以上文化、体育和娱乐业及居民服务、修理和其他服务业营业收入分别增长 21.9% 及 22.0%，远高于服务业整体增速（见表 3）；社会消费品零售总额为 23049.6 亿元，较上年同期增加 2097.9 亿元，增长 10%，较 2019 年同期（17479.20 亿元）增长31.87%。④ 旅游业同样迅速恢复。2023 年上半年，全省接待境内外游客

---

① 《2022 年江苏"三新"经济稳步发展》，江苏省人民政府网站，2023 年 8 月 2 日，http：// www. jiangsu. gov. cn/art/2023/8/2/art_ 88350_ 10969955. html。

② 孟旭、王俊杰：《江苏人工智能产业"大风起兮"》，《新华日报》2023 年 6 月 26 日。

③ 龙昊：《上半年江苏经济持续恢复向好》，《中国经济时报》2023 年 7 月 27 日。

④ 《2019 年 1~6 月份社会消费品零售总额》，江苏省统计局网站，2019 年 8 月 12 日，http：// tj. jiangsu. gov. cn/art/2019/8/12/art_ 85898_ 10487336. html。

4.78 亿人次，实现旅游业收入 6100 亿元，分别较 2019 年同期增长 10.7%、2.3%，文旅消费总额虽然位居全国第一，^①但人均消费金额下降了 7.59%，体现出居民消费能力减弱，存在消费降级的潜在隐忧。房地产业正在经历调整，2023 年上半年，实现增加值 4372 亿元，增长 1.2%；完成投资额 6654.7 亿元，增长-2.3%，2022 年 1~2 月以来连续呈现负增长；商品房施工面积、竣工面积、销售面积分别为 52876.8 万平方米、3998 万平方米、5292.5 万平方米，分别增长-9.4%、27.9%、-2.5%，在"保交楼"政策背景下竣工面积维持增长，但市场依然呈现明显萎缩。

表3 2022~2023 年江苏规模以上服务业分行业营业收入增速

单位：%

项目	2022年1~12月	2023年1~2月	2023年1~3月	2023年1~4月	2023年1~5月	2023年1~6月	2023年1~7月	2023年1~8月
服务业总计	6.2	9.2	9.5	10.0	9.9	8.9	8.6	8.3
#交通运输、仓储和邮政业	2.5	-0.8	3.8	6.0	5.4	4.2	3.8	3.3
信息传输、软件和信息技术服务业	10.6	10.9	9.4	8.5	9.5	9.0	8.4	8.8
租赁和商务服务业	9.3	22.6	19.6	19.3	18.0	17.9	18.0	18.1
科学研究和技术服务业	10.0	6.6	5.2	4.7	5.3	5.3	5.6	4.9
水利、环境和公共设施管理业	-7.7	-0.8	-0.3	1.3	3.4	-2.7	-1.8	-6.6
居民服务、修理和其他服务业	11.0	26.3	27.5	25.7	23.4	22.0	19.6	17.2
文化、体育和娱乐业	0.7	23.7	21.9	25.4	26.0	21.9	20.7	18.4

资料来源：根据江苏省统计局网站数据整理。

---

① 《上半年我省旅游业总收入 6100 亿元》，江苏省人民政府网站，2023 年 7 月 18 日，http://www.jiangsu.gov.cn/art/2023/7/18/art_60096_10954272.html。

（三）空间格局不断优化，载体建设稳步推进，服务业集聚区成为服务业提质增效升级的"领头雁"

江苏深入实施现代服务业高质量发展"331"工程，以先进制造业集群为依托推进现代服务业集聚示范区建设，推动延链强链。集聚区内龙头企业引领作用增强，平台载体提档升级，企业间形成发展共同体，服务业发展的规模化、集群化、品牌化优势不断凸显（见表4）。2021年，全省有178个现代服务业集聚示范区，入区企业约有21.3万家，吸纳就业约289万人，实现营业收入约4.9万亿元，税收约为1022亿元，① 初步形成"三核、四带、多极"的空间结构。

表4 江苏省各地级市服务业发展情况

项目	服务业增加值（亿元）	服务业增加值增速（%）	规模以上服务业企业营业收入增速（%）	省级现代服务业集聚示范区数量（个）	现代服务业高质量发展集聚示范区数量（个）
全省	32131.70	6.3	8.9	178	209
南京市	5387.77	5.8	4.2	22	23
无锡市	3733.36	5.8	9.8	17	19
徐州市	2174.22	8.8	6.7	11	13
常州市	2243.50	6.3	9.7	15	18
苏州市	6322.29	5.2	15.9	32	36
南通市	2868.10	6.2	2.3	18	24
连云港市	892.80	6.4	0.1	6	7
淮安市	1275.61	9.8	27.9	6	6
盐城市	1718.21	5.9	2.2	12	17
扬州市	1730.82	5.7	7.5	14	16
镇江市	1295.91	7.4	8.9	7	6
泰州市	1515.73	5.9	4.2	10	15
宿迁市	931.81	7.3	40.6	8	9

注：服务业增加值及增速、规模以上服务业企业营业收入增速为2023年1~6月数据。第5列中"省级现代服务业集聚示范区"为江苏"十三五"时期的概念；第6列中"现代服务业高质量发展集聚示范区"则为"十四五"时期的概念，数据截至2023年3月；集聚区数据由江苏省发改委服务业处提供。

———————

① 从江苏省发改委获悉，2022年数据尚未公开。

其一，南京都市圈、苏锡常通都市圈、徐州都市圈的中心城市南京、苏州、徐州成为江苏服务业发展的三大核心，初步形成了面向长三角城市群甚至全国的服务带动能力。其中，南京拥有现代服务业高质量发展集聚示范区 23 个，产业结构以科技服务、软件信息、创意、金融、生物医药和智能制造服务为主，发挥了科研能力强和大数据平台相对成熟的优势，形成支持苏皖两省的生产和生活服务能力。2023 年 1~6 月，南京实现服务业增加值 5387.77 亿元，位居全省第二，服务业增加值占 GDP 的比重为64.8%，比全省平均值高 11.6 个百分点。苏州拥有现代服务业高质量发展集聚示范区 36 个，服务业增加值为 6322.29 亿元，均居全省首位。产业结构以科技研发、软件信息、大数据、国际商务、交易物流、检验检测、人力资源和先进制造业配套服务为主，服务业开放发展水平高、生产性服务业发达、两业融合发展水平高，苏州入选首批国家级服务型制造示范城市。徐州拥有现代服务业高质量发展集聚示范区 13 个，服务业增加值为2174.22 亿元，同比增长 8.8%。虽然其服务业增加值仍低于苏南各市，但增速在全省领先；而且跳出江苏来看，其服务业增加值显著高于苏鲁豫皖交界各市。加之徐州现代物流业发达，是全国综合物流枢纽城市之一，其作为资源型城市的成功转型带动了科技创业和软件、互联网、电子商务服务迅速发展，因而已经具备了区域性服务中心的地位。徐州所属的苏北地区服务业虽然增长迅速，但是总量仍然相对较低。

其二，服务业核心城市辐射能力不断增强，无锡、常州、南通等次级中心迅速发展，催生了城市间更紧密的联系，沿交通轴和产业带形成了"沿江、沿海、沿河、沿湖"四大服务业发展带。沿江服务业发展带与扬子江城市群基本重合，是江苏的科技创新主轴，也是长三角制造业和服务业发展的隆起带和引领带。沿海服务业发展带以海洋特色服务业和海港物流业为特色，其中南通迅速崛起，积极承接上海辐射，推进跨江融合，与上海合作共建上海市北高新（南通）科技城，增强了我国沿海发展轴的韧性。沿河服务业发展带以大运河的自然、人文资源为依托，文创、旅游、科教、休闲服务迅速发展，形成宿迁古黄河滨水休闲消费集聚区、常州运

河五号创意产业集聚区、无锡运河古城文创旅游产业集聚区等一系列服务业集聚区，串珠成链，成为江苏文化旅游主轴。沿湖服务业发展带是江苏经济发展水平最高、科技创新能力最强的区域，拥有苏州（太湖）软件和信息服务业集聚区、无锡太湖新城科教产业集聚区、常州太湖湾数字文化服务业集聚区等，苏锡常三市服务业增加值占江苏的 38.3%，是江苏的产业科创走廊和创新湖区。

其三，国家级载体引领创新发展，成为服务业发展的"多极"。其中，南京江北新区是江苏省唯一的国家级新区，区内现代物流、智能设计、新金融、商务会展及为集成电路和生物医药提供科技服务、检验检测的服务业新业态发展成熟，2022 年江北新区直管区实现地区生产总值 2628.5 亿元，占南京市的 15.5%。通州湾江海联动开发示范区是港产城融合发展、陆海一体化规划的典范，发挥上海一小时交通圈、江海铁汇聚、滨海风光优势，主动承接上海产业转移，现代物流业、生态旅游业、商务商贸服务业发展迅速。江苏新出海口建设不断推进。徐连淮物流"金三角"枢纽组团集徐州陆港、连云港海港、淮安空港优势于一体，国家东中西区域合作示范区位于连云港市连云区，拥有港区和保税物流中心的发展优势，是苏北崛起的重要支点、服务中西部地区的物流枢纽和重要开放门户。2020 年底，昆山深化两岸产业合作试验区范围扩展至昆山全市，重在深化两岸合作、促进"台企生根"。2023 年 1~5 月，昆山新设台资企业 69 家，同比增长 19%，1~6 月实现服务业增加值 1227.68 亿元，同比增长 6.5%，占 GDP 的比重为51.7%，较 2022 年同期提升 2.4 个百分点。

（四）改革创新持续深化，开放水平明显提升，服务业成为推进改革开放的"重头戏"

其一，服务业改革创新持续深化。一方面，持续推进两业融合、市场主体培育、服务业集聚区建设等重点领域改革创新。先后出台《关于推动先进制造业和现代服务业深度融合发展的实施意见》（2019 年）、《江苏省先进制造业和现代服务业融合发展标杆引领工程实施方案》、《江苏省现代服务业高质量发展集聚示范工程实施方案》、《江苏省现代服务业高质量发展领军企业培育工程实施方案》（2021 年）、《江苏省生产性服务业十年倍增计划实施方案》（2022 年）等改革性政策，在领军企业、重点项目和重点集聚区培育等方面提出了一系列改革创新举措。另一方面，持续为服务业改革创新提供有力的财政金融支持。2022 年安排省级现代服务业发展专项资金 3.6 亿元，预计拉动社会投资 280 亿元，"杠杆效应"凸显。2023 年遴选了 170 个服务业重点项目，年度计划投资 1015 亿元，其中生产性服务业项目 110 个，占比近七成，科技服务类项目 46 个，占比近三成。省财政创新推出"苏服贷"产品以支持现代服务业发展，2022 年协调多家银行对 143 家现代服务业中小微企业发放贷款 3.9 亿元。①

其二，服务业对外开放取得一定突破。一是服务贸易基本盘逐渐企稳，贸易结构不断调优。2023 年上半年，在进出口总额同比下降的情况下，软件业务出口依然同比增长 2.7%，其中软件外包服务出口同比增长 32.2%。二是"引进来"和"走出去"并重，推进双向开放枢纽建设。开展"百展万企拓市场"行动，支持企业参加境外重点展会、开拓国际市场。2023 年 1~7 月全省境外投资新批项目 663 个，增长 50%；协议投资 712146 万美元，增长 143.31%。三是高水平建设服务业开放平台。江苏自贸试验区成立 4 年来，累计形成制度创新成果 279 项，其中 24 项在全国复制推广，聚集外贸企业 7794 家；国家跨境电商综合试验区实现了 13 个地级市全覆盖；拥有国家级服务贸易载体 17 个，居全国首位。四是南京成为 11 个国家服务业扩大开放综合试点城市之一。2023 年 1~6 月累计落地实施 50 余项试点任务，全市实现服务进出口 72.17 亿美元；其中知识密集型服务进出口 33.6 亿美元，增长 15.4%。②

---

① 《2022 年我省服务业经济呈现趋稳向好态势》，江苏省发展和改革委员会网站，2023 年 3 月 9 日，http：//fzggw. jiangsu. gov. cn/art/2023/3/9/art_ 4639_ 10820327. html；《2023 年省服务业重点项目清单印发》，江苏省人民政府网站，2023 年 3 月 2 日，http：//www. jiangsu. gov. cn/art/2023/3/2/art_ 84323_ 10832792. html。

② 《服务业扩大开放推介会上南京向全球发出"邀请函"》，中国江苏网，2023 年 9 月 6 日，https：//jsnews. jschina. com. cn/jsyw/202309/t20230906_ 3278974. shtml。

二　当前江苏服务业发展面临的问题与挑战

（一）面临的问题

1. 服务业市场主体有待进一步壮大

一方面，江苏服务业企业存在"多而不强"问题，高能级服务型企业偏少。据全国工商联发布的"2023 中国服务业民营企业 100 强"榜单，江苏共有 10 家企业上榜，低于同为经济大省的广东（19 家）和浙江（17家），且上榜企业排名较靠后，无一家企业入围前 30 强。从行业分布来看，江苏上榜企业中传统的批发业、房地产、零售业占 7 席，其余 3 席为互联网和相关服务企业，无金融类、商务服务业、软件和信息技术服务业企业上榜。近年来，江苏民营服务业企业发展情况不容乐观，苏宁、三胞等大型民营企业集团相继出现风险事件，其对江苏服务业整体发展的负面影响仍未消除。2023 年上半年，江苏规模以上信息传输、软件和信息技术服务业企业营业收入增速（9%）、科学研究和技术服务业企业营业收入增速（5.3%），均低于上海（分别为 17.9%、16.1%）和广东（分别为 16.0%、5.7%）。2022 年，江苏省服务业增加值较广东省低 8907.2 亿元，超过两省 GDP 差距（6243 亿元），差距主要来自金融业、房地产业、其他服务业，三个行业增加值分别较广东低 2136 亿元、2518 亿元、4859 亿元，特别是信息技术服务业营业收入仅为广东的 1/3。

另一方面，数字经济领域服务业领军企业偏少，数字经济和现代服务业的融合发展与京沪浙粤等省市仍有较大差距。在"2022 年中国互联网企业综合实力百强"榜单中，江苏仅有 7 家入选，与北京（32 家）、上海（18家）、广东（18 家）差距较大，且排名前十的企业在北京、上海、浙江、广东分别有 5 家、2 家、2 家、1 家，江苏则无一家进入前十。在服务业民营企业 100 强中，北京、浙江、广东分别拥有互联网和相关服务企业前三强，入围企业数量分别为 6 家、4 家、1 家，而江苏虽有 3 家企业入围，但排名仅居第 32、53、63 位；互联网和相关服务业入围企业营业收入仅为北京的 10.9%、浙江的 14.6%、广东的 32.1%。平台型领军企业缺乏。2023年上半年网络销售类、生活服务类、社交娱乐类平台企业销售收入普遍下降，增速分别为-3.1%、-13.4%、-21.2%，信息咨询类平台企业销售收入仅增长 0.7%。

2. 现代服务业与先进制造业、现代农业的融合有待进一步深化

江苏服务业发展总体仍滞后于制造业发展，2023年上半年，服务业增加值增速（6.3%）明显低于规模以上工业增加值增速（8.3%），也低于上海（8.2%）、浙江（8.4%）的增速。现代服务业供给存在一定程度"被动应对"特征，创造需求、推动制造业转型升级等引领性作用尚未充分发挥，尚未形成以现代服务业为主要枢纽的产业融合模式。

其一，虽然行业龙头企业、骨干企业依托技术、研发、数据等优势，在推动两业融合发展上取得显著成效，但其他制造业企业仍以生产型制造为主，服务环节拓展和系统集成能力不强，总集成总承包、共享生产、整体解决方案等服务供给能力有限。其二，现代服务业供给与先进制造业、现代农业需求衔接不足，限制了服务业对其他产业的渗透及牵引。虽然近年来江苏省生产性服务业比重迅速提高，2022年占 GDP 比重达到 28.03%，但相比发达国家生产性服务业占 GDP 比重50%左右的水平仍有提升空间。两业融合领域更多集中于交通运输、仓储和邮政业等行业，在金融、科技、信息等领域应用融合偏低端，尤其是工业设计、技术研发、信息服务、供应链管理等高端生产性服务业对推动产业结构转型升级的支撑作用尚未充分发挥，在一定程度上制约了制造业转型升级。

3. 服务业改革开放力度有待进一步加大

现代服务业的国际化接轨水平有待提升，高水平服务业开放与两业融合的双向促进效应有待增强。其一，全球服务贸易壁垒对江苏服务贸易的持续增长造成冲击。受对美日韩出口下降的影响，2023年以来江苏进出口总额连续呈现负增长（见图1），1~7月进出口总额、出口总额、进口总额同比分别下降 6.7%、5.1%、9.5%，其中对美、日、韩的进出口分别下降

10.5%、9.1%、18.3%。其二，服务业扩大开放仍处于探索试验阶段，现代服务业行业规则设计、行业标准和资质审核等与国际先进水平仍存在一定差距，开放水平有待进一步提高，需要以高水平服务业开放倒逼深层次、多业态产业融合改革，"以外促内"加速多业态产业融合。其三，服务业已开放领域落地程度与预期尚存差距。调研发现，江苏的研发机构、高端制造、会展、快递、演艺等服务企业所需的试剂、仪器、关键零件配套、展品、艺术品、电子商务快件等物品的口岸通关管理模式仍存在与服务贸易特点不匹配的问题，亟待建立先进的服务贸易海关监管机制。

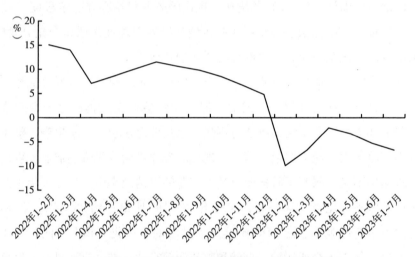

图1　2022年至2023年7月江苏进出口总额同比增速

资料来源：根据江苏省统计局网站数据整理。

4.服务业创新发展程度及要素支撑强度有待进一步提升

其一，科学研究和技术服务业出现增速放缓现象，服务业整体创新能力仍待加强。2022年以来，科学研究和技术服务业在投资增速上涨的同时，营业收入增速出现下降，2023年1~7月营业收入增速（5.6%）远低于投资增速（18.1%），表明行业投入的产出效率较低，研发投入与高技术服务业产出未出现协同增长（见图2）。2022年，全省专利授权量为56万件，下降12.6%，数量尚不足广东省（83.73万件）的7/10；PCT专利申请量为

6986件，下降2.5%，数量约为广东省（2.43万件）的1/4；技术合同成交额为3889亿元，也低于广东省（4525.42亿元）。其二，科技服务市场主体偏"国字头"，科技服务中介"小、散、弱"现象依然存在，具有国际品牌的服务机构数量偏少，也缺乏较为成熟的商业模式和服务标准。在研发设计服务、创业孵化服务、技术转移服务等科技服务核心领域内，老牌研究院所、大型国有企业数量偏多；在全省科技服务业百强机构排名中，民营科技服务机构不足三成。其三，对服务业发展所需的领军人才和复合型人才吸引力相对不足。江苏区域发展相对均衡，但首位城市能级仍待提升，与北上广深相比，江苏服务业发展的中心城市（如南京、苏州）尚未跻身一线城市行列，有高原无高峰导致对头部人才的吸引力不足；加之数字型、平台型领军企业不足，不利于设计、创意人才等服务业高端人才的集聚。

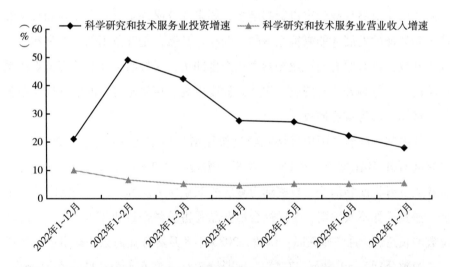

图2　2022年至2023年7月江苏科学研究和技术服务业投资与营业收入增速

资料来源：根据江苏省统计局网站数据整理。

（二）主要挑战

江苏虽然具备良好的制造业基础和较高的居民收入，但近年来受国际复杂政治经济形势影响，外需、内需均呈现疲软不振的局面，使得服务业发展

面临较为严峻的挑战。

从外部挑战看，全球经济发展趋缓、国际贸易摩擦增加等，将导致外部需求和跨国投资双双下降，对江苏服务贸易和服务业开放发展造成持续挑战。其一，全球经济增长正在放缓，据 IMF 预测，增速将从 2022 年的 3.5% 下降至 2023 年和 2024 年的 3.0%。① 被经济增长掩盖的各种矛盾逐渐凸显，全球地缘政治动荡、局部冲突时发、核心通胀居高不下、货币政策收紧等风险因素增多，使得服务业发展的不确定性增加。其二，国际贸易摩擦呈现长期化和常态化特征，跨国行业准入标准更加严格、贸易保护主义抬头，不仅会直接减少服务贸易，而且会通过影响制造业进出口进一步传导到服务业发展，导致外需下降。其三，江苏与发达国家的发展差距不断缩小，客观上导致可供学习借鉴的科技创新成果和先进管理经验越来越少。加之一些发达国家对高科技的出口管制增多，要求江苏必须依靠自主创新和数字经济等新动能的发展才能赢得竞争的主动权。其四，全球范围信息要素和数字经济开放，将对原有的产业经营模式产生冲击，做好数字经济治理监管体系顶层设计，兼顾开放与安全，构建开放度更高、更安全可靠的江苏现代服务业治理体系成为重要挑战。

从内部挑战看，国内经济在经过快速增长后增速逐步企稳。2023 年第二季度 GDP 环比增速（0.8%）较第一季度（2.2%）下降 1.4 个百分点，服务业发展将面临消费、投资动力减弱的双重压力。其一，国内需求仍显不足，消费反弹不及预期，全国社会消费品零售总额经过 2023 年 1~5 月的两位数增长后，6 月增速跌回一位数，2023 年 8 月服务业商务活动指数、新增订单指数分别为 50.5%、47.4%，分别较 3 月下降 6.4 个、11.1 个百分点，服务业发展的内生动力尚不牢固。其二，税收数据反映出企业盈利能力和居民收入增长前景堪忧。2022 年江苏税收下降 5.4%，2023 年 1~8 月税收虽然增长了 25.1%，但主要依靠增值税增长（92.1%）带动，企业所得税、

---

① 《世界经济展望：短期韧性与持久挑战》，国际货币基金组织官网，2023 年 7 月 10 日，https://www.imf.org/zh/Publications/WEO/Issues/2023/07/10/world-economic-outlook-update-july-2023。

个人所得税、土地增值税分别下降 5.4%、1.7%、41.3%。① 这表明，企业增收不增利，居民收入的增长堪忧，不动产交易金额下滑。地方财政收入不足、民间投资信心下降导致投资不足。2023 年上半年江苏服务业投资同比仅增长 2.6%，受房地产市场下行、金融市场低迷、民间投资积极性减弱等因素影响，预计投资将持续低迷。其三，人口结构变化将对服务业要素供给和生活服务业结构调整产生持续冲击。2022 年江苏人口自然增长率为-1.81‰，适龄劳动力这一支撑服务业增长的重要动力继续减弱。人口红利的逐渐消失直接影响了服务业发展所需的人才供给，各省市对人才的争夺更加激烈，吸引人才、留住人才需要付出更大努力。

三 江苏服务业发展前景展望和总体思路

（一）2024年江苏服务业发展前景展望

1.服务业增速放缓，开始进入常态化增长期

江苏服务业经历了 2023 年较快恢复好转后，2024 年运行持续向好的态势不变，服务业增加值将保持增长。但是不同于 2023 年上半年消费需求集中释放导致服务业快速扩张、增速大幅提升的恢复式增长，2024 年居民消费将回归理性、适度的新常态，加之投资不足及全球经济不景气导致外需不足的共同影响，服务业增速较 2023 年将有所下降，进入常态化平稳增长时期。预计 2024 年服务业增加值增速有望达 5.5%左右，稳增长依然是首要任务。同时，保障和改善民生、稳就业、支持小微企业等一系列政策对就业的正向激励作用将持续增强，服务业从业人员将改变 2023 年上半年的收缩趋势，实现正增长。

2.服务业质量不断提升，开始进入高质量发展期

江苏服务业在增速放缓的同时，发展质量将不断提升。2024 年，江苏

---

① 《2023 年 1～8 月江苏省一般公共预算收支完成情况》，江苏省财政厅网站，http://czt.jiangsu.gov.cn/art/2023/9/12/art_79615_11012852.html。

服务业将实现四个显著提升——创新能力显著提升、结构水平显著提升、信息化水平显著提升、对经济发展的贡献度显著提升，成为江苏实现经济现代化的重要支撑。服务业高质量发展的动力主要来自三个方面：一是从全球来看，新一轮科技革命叠加江苏服务业基础好、先进制造业支撑力强、人才富集等优势，将推动江苏服务业不断实现新突破、新跨越，科技创新成为江苏服务业高质量发展的核心动力；二是从全国来看，扎实推动共同富裕、推进供给侧结构性改革等国家战略的实施，将从供需两方面为江苏服务业高质量发展提供基础支撑；三是从省内来看，多重国家战略在江苏叠加、"争当表率、争做示范、走在前列"新历史使命将推动江苏进行更高水平的改革开放，不断优化营商环境，政策创新成为江苏服务业高质量发展的关键动力。

3. 生产性服务业向专业化和价值链高端延伸

江苏拥有全国最大的制造业集群，制造业在转型升级和高质量发展过程中必然产生大量高端生产性服务需求；而且服务业经过较长周期的增长，已经积累了资金、相对完备的产业体系及人才、科技等创新资源优势，强大的需求动力和较强的要素支撑能力将共同推动江苏的生产性服务业实现增速、规模和质量的持续攀升。

2024年，江苏的生产性服务业将实现又好又快发展。其一，预计生产性服务业增加值占服务业增加值比重将逐步接近60%。其二，不断向价值链高端延伸，对制造业发展的引领带动作用显著增强，预计生产性服务业重点领域增速达12%左右，其中规模以上科技服务业、软件和信息服务业营业收入增速均超过12%，金融服务业、节能环保服务取得突破性发展。其三，工业互联网成为信息服务业发展的重点，规模、增速均超过消费互联网，以制造业领军企业为主体初步建成覆盖各行业的工业互联网平台，两业融合水平显著提高。

4. 生活性服务业向高品质和多样化升级

江苏的生活性服务业发展主要受三方面影响。一是居民收入较高，2022年全省居民人均可支配收入为49862元，居全国前列，且城乡之间、城市之间发展相对均衡，中等收入群体规模较大，从中长期看，人民对美好生活的需要将支撑起服务业的高品质发展。二是居民收入增速下降明显，2022 年、2023 年上半年，全省居民人均可支配收入同比分别增长 5.0%、5.6%，远低于 2021 年 9.5% 的增速，也低于 2012~2021 年的年均增速（8.7%），2023 年上半年城镇调查失业率达 4.7%，短期内将对居民的消费能力产生较大影响。三是人口"深度老龄化""严重少子化"成为新常态，2022 年 65 岁及以上人口比重为 17.87%、0~14 岁人口占比 14.15%，人口结构变化将导致生活性服务业结构调整。

在上述因素作用下，预计 2024 年江苏的生活性服务业将出现差异化、多样化发展。其一，需求不足将传导到住宿、餐饮等领域，住宿和餐饮业增速放缓。其二，随着文化强省战略的推进和人口结构的变化，文化旅游业将保持平稳发展，健康服务、养老服务、家庭服务、体育服务等服务业将取得突破性发展，初步形成面向需求的全过程服务能力。

（二）江苏构建服务业新体系的总体思路

党中央赋予江苏"两争一前列"的新历史使命，多重国家战略叠加交汇的机遇，以及实体经济发达、创新资源富集、产业体系完备、对外开放基础较好等先发先行优势，为江苏推动生产性服务业向专业化和价值链高端延伸，推动生活性服务业向高品质和多样化升级，推动现代服务业与先进制造业、现代农业深度融合发展，从而助力"一中心、一基地、一枢纽"建设提供了有力支撑。① 根据《江苏省"十四五"现代服务业发展规划》的重点任务，着力补短板、锻长板，提出"四新"，即"培育新动能、开辟新赛道、锻造新优势、促进新循环"作为构建服务业新体系的总体思路。

1. 聚力产业提质升级，培育新动能

围绕构建"775"现代服务产业体系促进产业提质升级，建设具有世界影响力的现代服务业高地。一是加快推动生产性服务业提质增效。大力发展

---

① 江苏省人民政府办公厅：《关于印发江苏省"十四五"现代服务业发展规划的通知》，江苏省人民政府网站，http：//www.jiangsu.gov.cn/art/2021/7/26/art_ 84418_ 10235934.html。

科技服务、金融服务、现代物流、人力资源服务、法律服务等重点领域生产性服务业，着力提高要素配置效率，增强全产业链优势。发展壮大高技术服务业，促进生产性服务业向专业化和价值链高端延伸，提升其对先进制造业和现代农业的支撑带动能力。巩固提升科技服务、软件和信息服务、商务服务的规模化、专业化水平和国际竞争力，培育壮大工业设计、节能环保服务、文化创意等服务经济新动能。二是加快提升生活性服务业有效供给。围绕满足人民群众日益增长的多样化高品质需求，顺应生活方式转变和消费升级趋势，扩大社会服务有效供给，鼓励发展夜间经济、体育经济、演唱会经济等，全面提升家庭服务、教育服务、康养服务、托幼服务、体育服务等生活性服务业质量和效益，促进生活性服务业向精细和高品质转变。

2. 聚力模式业态创新，开辟新赛道

加快新兴技术在服务业中的应用与融合，培育服务供给新模式、新业态。一是推动服务业数字化、智能化、绿色化协同发展。利用数字技术对服务业进行全方位、多角度和全链条的改造，提升企业数字化转型的意愿和能力，提高服务业数字生产力。促进人工智能、物联网、区块链等新技术研发及其在服务业领域的转化应用，提高服务业技术含量和服务效率。提升绿色低碳发展水平，突出标准引领作用，深挖节能降碳技术改造潜力，加快信息服务、商贸流通等服务业重点领域绿色转型。二是增加新型基础设施和新场景供给，积极支持新业态、新模式、新消费迭代升级。建设必要的应用场景和高水平的数字基础设施，持续推动服务业与"互联网+"、大数据、平台经济等数字化产业融合发展，以"服务业+"思维促进服务业与其他业态的融合发展，不断拓宽服务业数字技术打造的新场景。

3. 聚力全面双向开放，锻造新优势

坚持"走出去"与"引进来"并重，推动服务业开放转型升级。一是推动服务贸易转型升级。全方位对接国际经贸规则，推进服务贸易便利化。巩固提升传统服务贸易，积极拓宽服务贸易领域，培育新兴服务贸易，运用数字技术和智能技术提升服务的可贸易性，催生更多服务贸易新模式新业态，构建服务贸易发展新优势。二是提升服务业利用外资质量与水平。从

"引资"向"选资""引智"转变，引导外资投向研发设计、节能环保、新能源等高端服务业和新兴服务业领域，不断优化服务业外资结构。同时，也要注意服务业市场对外开放的针对性、渐进性和差异性，坚持分类开放、有序开放。三是创新国际服务外包方式。积极发展知识流程外包（KPO），逐步提升服务接包业务水平，促进从国际制造业基地向国际服务外包基地的转型。推动服务外包数字化转型，打造境内外、线上线下相结合的自主服务平台。四是深化对外投资和国际合作。支持服务业企业"走出去"，开展海外投资、海外并购，为制造业企业海外投资和经营提供商务、法律、信息、金融等服务，打造"江苏服务"的国际品牌。通过共建国际科技合作载体、建设高水平离岸创新中心等创新国际化方式，实现与全球创新链、人才链的多触点式的互联互动，打造集聚全球创新资源的强磁场。

4.聚力市场环境优化，促进新循环

深入开展服务业市场化改革，加快统一开放、竞争有序的服务业市场体系建设，为服务业发展营造公平、稳定、统一的市场环境。一是实行统一的市场准入制度。取消对民营资本投资的各种限制，推动垄断服务行业逐步向民营经济开放，释放更多市场活力。[1] 二是完善市场准入和退出机制。进一步放宽制造企业开展服务业务和涉足生产性服务领域的准入门槛，减少不必要的前置审批和资质认定条件，减少结构性政策。[2] 建立健全市场退出机制，畅通市场主体退出渠道，推进简易注销登记改革。[3] 三是创新行业监管方式方法。建立协同监管统筹制度，组建事中事后监管专项工作小组，打通准入、生产、流通、消费等监管环节，构建监管架构，出台市场主体监管计划，与相关部门全流程协同监管。

---

[1] 顾学明：《加速推动服务业扩大开放》，《对外经贸实务》2021年第1期；顾学明：《推动服务业扩大开放汇聚开放新动能》，《光明日报》2020年9月7日。

[2] 国家税务总局广东省税务局课题组、朱江涛、吴健：《制造业税负水平与结构研究——以广东省为例》，《税收经济研究》2018年第4期。

[3] 江苏省人民政府办公厅：《关于印发江苏省"十四五"现代服务业发展规划的通知》，江苏省人民政府网站，http://www.jiangsu.gov.cn/art/2021/7/26/art_84418_10235934.html。

四　江苏加快构建服务业新体系的对策建议

（一）深化供给侧改革和强化需求侧支撑，推动服务业优质高效发展

一是深化供给侧改革，降低服务业发展成本。一方面，落实助企纾困政策，切实降低企业生产经营成本。抓好税收减免、专项补贴、国有房屋租金减免、社保费用缓缴等中央、省、市各级帮扶措施落地落实落细。加大就业优先政策力度，针对消费市场萎缩、经营成本上升、人工租金上涨、融资难融资贵等服务业面临的难题，推动制定实施和滚动更新配套政策，及时疏通政策落地堵点。另一方面，深化"放管服"改革，降低制度性交易成本。全面实施负面清单管理，加快清理不符合服务业高质量发展的市场准入规则，构建完善清单信息公开机制和清单动态调整机制。加快实施普惠性和竞争中性的功能性产业政策，对服务业全行业采取消除所有制歧视、提高科技创新服务水平、加大产权保护力度等改革举措，促进国内市场的更大开放和公平竞争。①

二是强化需求侧支撑，做优服务消费环境。持续开展服务业重点领域消费促进活动，支持线上线下服务消费融合发展，全面推进城市一刻钟便民生活圈建设，使得生产、流通、消费等各环节更加顺畅。营造安全放心诚信消费环境，提升服务消费热度，改革优化政府购买服务制度，积极引导服务业市场主体规范有序经营和积极创新。此外，实施质量强省战略，健全服务业质量标准体系和管理体系，创新服务品牌培育模式，积极推进服务标准化、规范化和品牌化。②

---

① 杜宇玮：《以制度集成创新推动营商环境优化》，《群众》2020年第2期。
② 国家发改委：《服务业创新发展大纲（2017—2025年）》，中国政府网，https：//www.gov.
cn/xinwen/2017-06/21/5204377/files/8b5b9dfe307b456898d77ba355f71748.pdf。

（二）促进产业创新应用和深度融合，支持传统服务业转型升级和新兴服务业培育发展

一是加快统筹服务业创新资源。积极支持服务企业围绕产业链、价值链、创新链开展协作，促进群体加速创新、消费者参与创新、分工与合作创新、基于商业生态的创新。[①] 鼓励服务企业与园区、高校、科研机构共建研发和科技成果转化基金、创新型平台和新兴服务业创新中心，加快创新成果的转化、交付和应用，实现产业链与创新链的深度融合。构建由龙头企业、中小企业、科研机构组成的创新联盟，培育创新团队和创新人才，构建全链条创新服务平台。[②]

二是积极推动产业数字化转型。搭建一批集战略咨询、管理优化、方案创新、数字能力建设于一体的生产性服务业数字化转型公共服务平台，加快生产性服务业协同研发、资源共享和成果推广，促进其规模扩张和质态提升。加大新基建对生活服务业数字化转型力度，高水平建设国家健康医疗大数据中心、全民健康信息平台、"互联网+医疗健康"便民服务平台、省市两级医疗保障数据中心、垂直电商平台、农村电子商务体系和快递物流配送体系、文化大数据公共平台、旅游重点区域监测平台等数字经济基础设施，促进生活服务业提档升级。支持互联网平台型企业赋能小微服务企业、个体商户，推进中小微服务企业的数字化转型。

三是优化产业融合发展生态。培育壮大一批"链主"型企业和平台型企业，提升资源、要素、市场整合能力和共建共享水平。鼓励制造业企业基于产品和技术优势衍生出专业服务优势，由单一的生产者向"产品+服务"解决方案提供商转型。鼓励发展生产、生活、生态有机结合的功能复合型农业，[③] 积极探索智慧农业、会展农业等新业态。充分发挥以智能制造、全生

---

① 刘奕：《我国服务业高质量发展的战略思考》，《中国发展观察》2018 年第 15 期。

② 刘奕、夏杰长：《推动中国服务业高质量发展：主要任务与政策建议》，《国际贸易》2018 年第 8 期。

③ 国家发改委：《服务业创新发展大纲（2017—2025 年）》，中华人民共和国中央人民政府网，2017 年 6 月 21 日，https://www.gov.cn/xinwen/2017-06/21/5204377/files/8b5b9dfe30 7b456898 d77ba355f71748. pdf。

命周期管理、整体解决方案等为代表的两业融合典型模式示范作用，推动智能交互技术与现代生产制造、商务金融、文娱消费、教育健康和交通出行等深度融合，重点围绕数字医疗服务、数字文旅服务、数字教育服务、无人经济等领域，全力打造具有在线、智能、交互特征的新业态、新模式。

（三）统筹推进对内改革和对外开放，建设更高层次服务业开放型经济新体制

一是对内深化服务业市场化改革，健全要素市场化运行机制。大幅度放宽服务业领域市场准入，引导和支持非公有制经济进入科学研究和技术服务、物流运输、租赁和商务服务、卫生和社会工作、教育、旅游、文化、体育和娱乐等领域。按照市场规则、市场价格、市场竞争促进要素自由流动，破除行政干预和行政壁垒，健全现代高效的监管体系，创新政府治理和市场监管方式。全面落实公平竞争审查制度，在市场准入和退出、产业发展、招商引资、招标投标、资质标准等方面全面进行公平竞争审查。发挥长三角服务贸易一体化发展联盟等区域合作机制的作用，加强区域资源共享、平台共建。

二是对外推动服务业扩大开放，提高制度型开放水平。清理取消束缚服务业对外投资的不合理限制，对标 RCEP、DEPA、CPTPP、CAI 等国际高水平贸易投资规则和通行做法，在最惠国待遇、市场准入、国民待遇等方面加强服务业市场化、国际化发展的制度供给。探索服务业开放领域由正面清单管理逐步转向负面清单管理，推动"一带一路"经贸规则、标准"软联通"，积极推进跨境投融资和技术贸易便利化改革探索。赋予自由贸易试验区更大的改革自主权，支持自由贸易试验区开展国际高标准经贸规则对接先行先试，积极探索在金融、电信等领域分层次取消或放宽服务贸易限制措施。加强在软件研发、生物医药、技术贸易、数字经济、文化等领域开展国际合作，争取开展跨境数据流动试点。在教育、医疗、养老等领域引入国际化企业，推进服务贸易企业转型升级。支持发展保税研发、国际维修、跨境电商等服务贸易新业态，推进服务外包创新发展，加快生物医药等领域研发外包与制造融合发展。

（四）完善服务业基础设施和配套制度，强化对服务业发展的要素保障和政策支撑

一是系统构建完善适应服务业发展的基础设施体系。完善满足物流、旅游、商贸等领域新模式新业态发展需要的基础设施配置，加强新技术在基础设施运营中的使用。推动建设一批集基础研发、工业设计、试验检测、计量认证等于一体的综合性公共服务平台、生产性服务功能区，支持创建一批国家级服务型制造示范城市、企业、项目、平台。支持开展养老一体化、体育消费等试点工作，建设、完善一批生活性公共服务平台。

二是着力强化人才、资金、数据等支撑服务业发展的要素保障能力。对科技研发服务、文化创意、众创空间等知识含量高的领域，以及对体育、健康养老等社会需求迫切的新兴业态，在用地用能、税收减免、项目融资、人才引育等方面参照先进制造业保障和优惠政策，取消差别化待遇。人才方面，加大服务业专业技能人才培养力度，培养一批"服务+信息"专业人才，推动职业资格国际化认证。健全人才创新成果收益分配机制，支持以知识、技能、管理等多种要素参与分配。[①] 优化服务业从业人员培训体系，增强劳动力对技术变革的适应性的支撑能力。放宽法律服务、知识产权服务等领域专业人才执业限制，促进 RCEP、DEPA、CPTPP、CAI等协议区域内服务贸易项下人员自由流动。资金方面，设立产业引导资金，加大对公共服务的政府采购力度，发挥财政资金杠杆作用，撬动金融资本、社会资本参与服务业发展。对服务业高质量发展集聚示范区、现代服务业领军企业、现代服务业与先进制造业和现代农业融合领军企业给予专项资金支持。在风险可控的原则下引导金融机构加强符合服务业发展特点的产品、服务和融资模式创新，构建有利于现代服务业发展的金融体系。数据方面，加快新一代信息基础设施建设，加强服务业数字化转型、智能化应用的高效计算和海量数据需求的保障能力。完善信息服务体系，加快传统服务业、生产

---

① 洪群联：《推动服务业创新发展的政策建议》，《开放导报》2021 年第 3 期。

性服务业数字化改造进程。开展数据交易商业模式创新试点，推动行业公共数据更大程度地开放共享，加强数据资源对服务业研发及应用场景创新的支撑作用。

三是完善服务业相关法律法规体系和标准体系建设。加快建立新业态新领域知识产权保护机制。加强对知识产权成果转化的指导，完善知识产权纠纷解决机制、海外知识产权纠纷应对指导机制，探索建立知识产权市场化定价和交易机制，以及重点产业、重点领域的知识产权快速维权机制。加强服务业标准体系建设。积极开展地方标准制定，参与或主导行业标准、国家标准和国际标准制定，开展服务业标准试点建设。在系统集成及整体解决方案提供、供应链管理以及工业软件、工业互联网、工业设计、大数据服务等生产性服务业领域制定标准化评估、质量评价等标准。参照国际标准，在养老、家政等生活性服务业健全认证制度，提升规范化、标准化、诚信化、职业化水平。健全服务业监管和风险防范机制。建立健全社会信用体系，建立跨区域、跨领域、跨部门守信激励和失信联惩机制。对涉及关键技术、公共安全、数据安全、个人隐私信息等领域的服务业投资主体、资金来源加强安全审查，提高智能化监管水平，统筹好发展和安全。

参考文献

［1］高清：《两业融合拓新局转型升级强动力》，《群众》2022 年第 15 期。

［2］杜宇玮：《以制度集成创新推动营商环境优化》，《群众》2020 年第 2 期。

［3］顾学明：《加速推动服务业扩大开放》，《对外经贸实务》2021 年第 1 期。

［4］顾学明：《推动服务业扩大开放汇聚开放新动能》，《光明日报》2020 年 9 月 7 日，第 16 版。

［5］国家税务总局广东省税务局课题组、朱江涛、吴健：《制造业税负水平与结构研究——以广东省为例》，《税收经济研究》2018 年第 4 期。

［6］洪群联：《推动服务业创新发展的政策建议》，《开放导报》2021 年第 3 期。

［7］刘奕、夏杰长：《推动中国服务业高质量发展：主要任务与政策建议》，《国际贸易》2018 年第 8 期。

［8］刘奕：《我国服务业高质量发展的战略思考》，《中国发展观察》2018 年第
　　15 期。

［9］龙昊：《上半年江苏经济持续恢复向好》，《中国经济时报》2023 年 7 月 27 日，
　　第 3 版。

［10］孟旭、王俊杰：《江苏人工智能产业"大风起兮"》，《新华日报》2023 年 6
　　月 26 日，第 6 版。

专题报告 ▷

B.5
江苏"1+3"重点功能区建设成效
与高质量发展的推进路径

李慧　徐春华*

摘　要： 区域协调发展是进入新时代我国经济建设面临的重大时代课题，
江苏提出的"1+3"重点功能区战略是促进江苏区域协调发展的重大举措。
2023年，江苏"1+3"重点功能区建设取得显著成效：扬子江城市群正在全面
转型升级、沿海经济带加快港产城联动发展、江淮生态经济区保持生态优先、
淮海经济区中心城市能级不断提升。然而，"1+3"重点功能区在发展建设中
仍然存在高质量发展水平有待进一步提升、区域发展协调性有待进一步增强、
功能区建设的政策和机制有待进一步完善等问题。未来"1+3"重点功能区建
设应把握新时代区域协调发展的战略要求，推进引领示范，提升扬子江城市
群发展质量；彰显海洋特色，推进沿海经济带高质量发展；坚持生态本底，
释放江淮生态经济区绿色动能；持续提升能级，增强淮海经济区中心城市辐
射带动作用；加强统筹协调，构建"1+3"重点功能区一体化发展格局。

---

* 李慧，江苏省社会科学院经济研究所副研究员；徐春华，江苏省社会科学院经济研究所助理
研究员。

关键词: 功能区 中国式现代化 区域协调发展

一 江苏"1+3"重点功能区战略的提出及内容

(一)"1+3"重点功能区战略的提出

区域协调发展战略是习近平新时代中国特色社会主义思想和基本方略的重要组成部分。党的十八大以来,习近平总书记提出新形势下促进区域协调发展的总思路:按照客观经济规律调整完善区域政策体系,发挥各地区比较优势,促进各类要素合理流动和高效集聚,增强创新发展动力,加快构建高质量发展的动力系统,增强中心城市和城市群等经济发展优势区域的经济和人口承载能力,增强其他地区在保障粮食安全、生态安全、边疆安全等方面的功能,形成优势互补、高质量发展的区域经济布局。京津冀协同发展、长江经济带发展、共建"一带一路"、粤港澳大湾区建设、长三角一体化发展等新的区域发展战略的提出,为我国区域协调发展提供了有力的政策支撑。

20世纪80年代初期,为了提高江苏经济在全国发展中的地位,江苏提出了"积极提高苏南,加快发展苏北"的方针,这实质上是一种区域非均衡发展战略,通过苏南地区的率先发展带动其他地区的发展。1994年,江苏省第九次党代会把区域共同发展战略列为全省经济社会发展三大战略之一。2001年,江苏提出"提升苏南发展水平,促进苏中快速崛起,发挥苏北后发优势"。2011年,江苏省第十二次党代会把区域共同发展战略深化为区域协调发展战略,构建三大区域优势互补、互动发展机制。在江苏区域发展战略的指导下,苏南、苏中、苏北三大区域呈现了优势互补、竞相发展的良好局面。

传统的苏南、苏中、苏北"三分法"是按照地理位置和行政区划来划分的,但也容易形成苏北不如苏中、苏中不如苏南,苏北只能被动接受苏南产业转移的固化意识和惯性思维。2016年底,在江苏省第十三次党代会上,时任江苏省委书记李强提出:江苏要在更高层次上统筹区域发展,重构区域

格局。2017 年 5 月，在宿迁召开的苏北发展座谈会上，李强提出：要跳出地理划分，对全省的发展格局要进行重新研究，要实施重点功能区战略。会上提出了"1+3"重点功能区战略构想，"1"即扬子江城市群，"3"包括沿海经济带、江淮生态经济区和徐州淮海经济区中心城市。"1+3"重点功能区战略，打破了之前"苏南、苏中、苏北"简单的、基于地理空间和行政区划的划分，更多地基于各个板块的自然禀赋和产业发展现状的特点，挖掘各个区域的特色、开发强度，进行差异化、协同化发展。

（二）"1+3"重点功能区战略的内容

1. 扬子江城市群

扬子江城市群包括南京、苏州、无锡、常州、镇江、扬州、南通、泰州沿江八市，位于国家"一带一路"建设和长江经济带发展融合交汇地带，地理区位优势独特，综合经济实力雄厚，文化底蕴深厚，是我国经济集聚程度高、开放程度高、城镇化程度高、社会文明程度高的地区。2017 年 10 月，江苏省委、省政府印发了《关于加快建设扬子江城市群的意见》。2021 年，江苏省第十四次党代会进一步明确："着力提升扬子江城市群发展水平，努力把沿江地区打造成现代化建设的先行带、引领带，加快培育造就高水平区域创新高地和核心竞争优势。"在江苏省内，扬子江城市群是全省经济的"发动机"和增长极，要形成高端发展的新经济板块，支撑江苏全省、带动其他区域发展；在国内，扬子江城市群是长三角城市群北翼核心区和长江经济带绿色发展示范区，通过与外部经济区域整合交流，形成更为紧密的整体；在国际上，扬子江城市群是我国对外开放的先行地区、"一带一路"交汇地带，要在更高层次上参与国际合作与竞争。

2. 沿海经济带

沿海经济带包括连云港、盐城、南通三市所辖全部行政区域，陆地面积为 3.59 万平方公里，海域面积为 3.75 万平方公里，地处中国沿海、沿长江和沿陇海兰新线三大生产力布局主轴线交会区域，是长江三角洲的重要组成部分，土地后备资源丰富，战略地位重要。2021 年 12 月，《江苏沿海地区发展规划（2021—2025 年）》获国务院批复，对沿海地区发展提出了新要求、描绘了新蓝图。沿海经济带的战略定位一是长三角区域重要发展带，协同建设长三角世界级先进制造业基地和世界级城市群，成为长三角一体化发展的重要支撑；二是海洋经济创新发展区，发挥独特区位和海洋资源优势，努力建设成为我国海洋经济创新发展的高地；三是东西双向开放新枢纽，深化与中西部地区联动协作，加强与"一带一路"国家交流合作，打造我国中西部地区便捷出海通道；四是人与自然和谐共生宜居地，营造人与自然和谐共生、居民安居乐业的宜居环境。

3. 江淮生态经济区

江淮生态经济区地处江苏中部腹地，具体包括淮安、宿迁两个设区市全域以及里下河地区的高邮、宝应、兴化、建湖、阜宁 5 个县（市），共 18 个县（市），是全省生态资源富集、水乡生态特色明显的区域，也是"1+3"重点功能区中唯一以生态功能为主体定位的区域，是江苏发展的"绿心"。2017 年，江苏省委、省政府印发了《关于加快建设江淮生态区的意见》，提出了 7 个方面共 30条主要任务。2018 年 11 月，经国务院批准，国家发展和改革委员会印发了《淮河生态经济带发展规划》。2019 年 6 月，江苏省发展和改革委员会印发了《淮河生态经济带发展规划江苏实施方案》。江淮生态经济区是淮河生态经济带在江苏的重要组成部分，重在展现江苏发展的生态价值、生态优势、生态竞争力。

4. 徐州淮海经济区中心城市

徐州地处苏鲁豫皖四省交界处，是全国重要的综合交通枢纽。2017 年 6月，国务院批复了徐州城市总体规划，首次在国家层面明确徐州淮海经济区中心城市的定位。2018 年 11 月，淮海经济区正式上升为国家战略。江苏省委、省政府高度重视并积极支持徐州淮海经济区中心城市建设，2017 年 8月，江苏省委、省政府出台了《关于支持徐州建设淮海经济区中心城市的意见》，提出支持徐州提升淮海经济区中心城市地位，增强吸纳要素、资源和人口集聚的能力。2021 年，江苏省第十四次党代会提出，深入推进淮海经济区建设，支持徐州加快建设淮海经济区中心城市。2023 年 8 月，江苏省政府正式批复了《徐州市国土空间总体规划（2021—2035 年）》。该规划明确，徐州将构建"一核四通道"的淮海经济区核心区空间发展格局。在"1+3"重点功能区中，徐州是唯一以城市进行功能定位的独立板块，充分体现了其重要的战略地位。作为淮海经济区中心城市，徐州承担着拓展江苏发展纵深、带动省际接壤地区协同发展的重要使命。

二 2023年江苏"1+3"重点功能区建设取得显著成效

（一）扬子江城市群全面转型升级

1. 经济实力显著增强

扬子江城市群土地面积约为50970平方公里，约占江苏总面积的47.8%。截至2022年底常住人口为5531.4万人，约占江苏总人口的65.0%。而扬子江城市群2023年上半年GDP累计达到46700亿元，约占江苏的77.2%，其中第二产业占江苏的比重高达78.4%。从更大范围的比重来看，2023年上半年扬子江城市群GDP占长三角地区（苏沪浙皖四省市）的32.5%，占全国的7.9%。截至2022年底，苏州、南京、无锡、南通已成为万亿元经济规模城市。

纵向比较，从经济总量而言，2016~2022年，扬子江城市群经济总量显著提升，由2016年的60115.19亿元提高到2022年的95170.5亿元（见图1）。

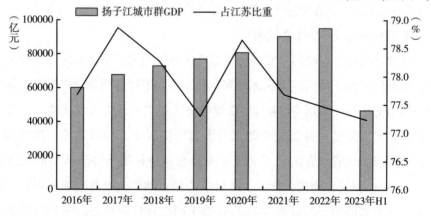

图1 扬子江城市群地区生产总值及占江苏的比重

资料来源：Wind数据库及相关城市统计局网站。

从占江苏的比重来看，2016 年至 2023 年上半年，扬子江城市群 GDP 占江苏的比重由 77.7%降至 77.2%。

2. 二、三产业实现较快增长

从三次产业比重来看，2016 年以来扬子江城市群产业结构呈现不断升级的趋势，第三产业比重由 2016 年的 51.2%提高到 2023 年上半年的 53.7%（见表 1）。

表 1　扬子江城市群三大产业产值及其占全部产业产值的比重

单位：亿元，%

时间	第一产业产值	第一产业比重	第二产业产值	第二产业比重	第三产业产值	第三产业比重
2016 年	1758.04	2.9	27596.24	45.9	30760.91	51.2
2017 年	1828.49	2.7	31085.67	45.9	34805.13	51.4
2018 年	1858.29	2.5	33363.92	45.7	37735.35	51.7
2019 年	1918.62	2.5	35239.66	45.8	39856.40	51.8
2020 年	2008.00	2.5	36049.21	44.6	42724.50	52.9
2021 年	2068.28	2.3	41488.86	45.9	46840.07	51.8
2022 年	2149.49	2.3	44143.68	46.4	48877.33	51.4
2023 年上半年	741.54	1.6	20860.99	44.7	25097.48	53.7

资料来源：Wind 数据库及相关城市统计局网站。

第二产业方面，2023 年扬子江城市群先进制造业和战略性新兴产业蓬勃发展。上半年苏州装备制造业实现产值 6910.4 亿元，同比增长 9.3%；无锡医药制造业增加值增速高达 34.1%；南京规模以上高新技术产业企业实现产值 4196.29 亿元，同比增长 6.5%；常州新能源制造领域产值增长 24.8%。

第三产业方面，2023 年扬子江城市群软件和信息服务、金融服务等生产性服务业加速发展。上半年南京金融业，信息传输、软件和信息技术服务业增加值分别增长 10.0%、7.5%；苏州信息传输、软件和信息技术服务业增加值增长 9.8%；无锡信息传输、软件和信息技术服务业，金融业增加值

分别增长 12.9%和 9.9%。

3. 创新动能进一步提升

2023 年，扬子江城市群全力推进创新发展。作为全国唯一的科技体制综合改革试点城市，南京聚焦高新园区、科技金融、营商环境等领域，深化体制机制改革；推行"揭榜挂帅""赛马制"等新机制，优化科技计划项目管理体系，激发科研人员创新创造活力。无锡聚焦产业链、供应链自主可控，部署实施了 100 项以上市级"太湖之光"科技攻关项目。苏州围绕 25个细分领域的产业集群，加快布局创新体系，大量极具活力潜力、能挑大梁的"小巨人"企业成为向上突破的利器。扬子江城市群已成为江苏全省乃至全国创新资源最为密集、创新活动最为活跃、创新成果最为丰硕、创新氛围最为浓厚的区域之一。

4. 基础设施建设成果显著

扬子江城市群基础设施互联互通不断加强。一是铁路建设。沿江国家级高铁主通道建设实现新突破，沪宁沿江高速铁路（南沿江城际铁路）2023 年 5 月开始静态验收，并进入运行试验阶段，9 月 28 日正式开通运营。沪渝蓉高速铁路（北沿江高速铁路）江苏段、通苏嘉甬铁路加速建设。二是过江通道。截至 2023 年 5 月，江苏累计建成 18 座过江通道，隔江相望的设区市之间实现过江通道直通。开工建设张靖皋、海太、通沪、上元门 4 座过江通道，在建过江通道规模达到 10 座。三是港口建设。2023 年上半年，镇江港、泰州港、南京港外贸吞吐量同比分别增长40.9%、27.9%、21.9%；沿江港口完成集装箱吞吐量 809.6 万标箱，同比增长 1.9%。

5. 对外开放稳步发展

扬子江城市群外向型经济优势突出。尽管 2017 年以来沿江八市外向型经济占江苏全省的比重有所下降，但 2023 年上半年进出口总额、出口仍占据江苏的 88.5%、87.5%，2022 年实际使用外资占江苏的 80.5%（见表 2）。

表2 扬子江城市群外向型经济情况

单位：亿美元，%

时间	进出口总额	占江苏比重	出口	占江苏比重	实际使用外资	占江苏比重
2017年	5588.89	94.5	3420.40	94.1	205.17	81.6
2018年	6245.88	94.1	3780.69	93.6	206.68	80.8
2019年	5888.60	93.5	3669.27	92.9	211.63	92.9
2020年	5963.43	92.8	3657.19	91.9	228.95	97.3
2021年	7438.42	92.0	4607.53	91.4	263.73	91.4
2022年	7236.48	89.4	4574.89	88.4	245.43	80.5
2023年上半年	3189.23	88.5	2035.70	87.5	—	—

资料来源：Wind数据库、各年江苏统计年鉴、南京海关及相关城市统计局网站。

6. 城镇化进入高质量发展阶段

2022年，扬子江城市群城镇化率已经达到79.2%，超过全省平均水平（74.4%），其中南京、无锡、苏州、镇江四市已超过80%，除泰州外其他城市城镇化率均已超过70%，按照美国城市地理学家纳瑟姆总结的城市化发展规律，当前扬子江城市群城镇化水平已经属于城市化成熟阶段。

判断城镇化水平是否进入高质量发展阶段不仅仅要看城镇化率，还要看城镇化发展是否以人为核心、公共服务水平是否得到提升、城市环境是否得到改善、大中小城市是否协调发展等。从扬子江城市群的城镇化发展看，户籍制度改革持续深化，南京、苏州调整完善积分落户政策，其他设区市落户限制全面取消。城镇化空间布局不断优化，以都市圈城市群为主体形态、大中小城市和小城镇协调发展的格局基本建立。《南京都市圈发展规划》获批国家首个都市圈发展规划，南京首位度提升取得实质进展，宁镇扬、苏锡常一体化有效推进。城市综合竞争力显著增强，《2023中国县域经济百强研究》报告显示，江苏23个县（市）入围2023中国县域经济百强，数量全国第一，其中17个县（市）属于扬子江城市群；前十名榜单中，昆山、江阴、张家港、常熟、太仓、宜兴均属于扬子江城市群。美丽宜居城市建设有序推进。全省累计获得"联合国人居奖"城市5个，其中4个属于扬子江城市群；国家森林城市9个，其中6个属于扬子江城市群。对长江、太湖的

保护持续推动。作为全国首部针对长江船舶污染防治的地方性法规，《江苏省长江船舶污染防治条例》2023 年 3 月 1 日正式实施，为保护长江水域环境提供了法律保障。2023 年 1~5 月，长江经济带水质优良断面（Ⅰ~Ⅲ类）比例为 94.0%，同比提高 0.5 个百分点，长江干流国控断面连续 3 年全线达到Ⅱ类水质。太湖连续 15 年实现"两个确保"。

（二）沿海经济带港产城联动发展

1. 港口建设速度加快

江苏是港口大省，沿江沿海地区拥有港口 10 个，内河有港口 13 个。沿海经济带共有港口 3 个，其中连云港港、南通港为国家主要港口，盐城港为地区性重要港口。

南通港是国家一类对外开放口岸、国家主枢纽港，也是上海国际航运中心组合港的主要成员。2022 年，《南通港总体规划（2035 年）》获得批复，明确了南通港"一港四区"的总体规划格局。截至 2023 年 8 月，南通通州湾新出海口建设已全面开局，吕四起步港区 2 个 10 万吨级通用泊位和 2 个 10 万吨级集装箱泊位实现开港运营，南通港首个 20 万吨级码头——南通港通州湾新出海口主体港区的起步码头工程土建部分已实现进度过半。2023 年上半年，南通港口完成货物吞吐量 16128 万吨，同比增长 4.9%。其中沿海集装箱吞吐量同比增长 468.1%，内河集装箱吞吐量同比增长 39.8%。

连云港港是国家沿海主要港口及国际枢纽海港。连云港港拥有生产性码头泊位 83 个，其中万吨级以上 77 个；共开通集装箱航线 85 条，其中外贸航线 50 条，含远洋航线 2 条（美东、中东航线）、近洋航线 39 条、外贸内支线 9 条；内贸航线 35 条，含沿海航线 23 条、内河航线 12 条。2023 年上半年，连云港港累计完成货物吞吐量 14989 万，同比增长 11.7%，其中集装箱完成 284.36 万标箱，同比增长 15.4%。

盐城港海岸线全长 582 公里，约占全省的 60%，盐城港是上海国际航运中心的喂给港和连云港港的组合港。2023 年 7 月，盐城港口岸响水港区和射阳港区通过国家验收，至此，盐城港"一港四区"全部正式对外开放，盐城实现了海运口岸南北开放全贯通。2022 年，盐城港海运口岸货物吞吐量增速、集装箱吞吐量增速分别列全国沿海 54 个港口第 1 位、第 2 位。2023 年上半年，盐城港累计完成货物吞吐量 7692.3 万吨，同比增长 8%；其中外贸吞吐量 1166.5 万吨，同比增长 36.5%。货物吞吐量在全国主要港口中排第 20 位。

2.产业结构优化升级

从三次产业比重来看，2011 年以来沿海经济带产业结构呈现不断优化升级的趋势，第一产业、第二产业比重分别由 2011 年的 11.0%、50.6%降至 2023 年上半年的 5.5%、46.4%，第三产业比重由 2011 年的 38.4%提高至 2023 年上半年的 48.1%（见表 3）。

表 3　沿海经济带产业结构变动情况

单位：%

时间	第一产业比重	第二产业比重	第三产业比重
2011 年	11.0	50.6	38.4
2012 年	10.9	49.8	39.3
2013 年	10.6	49.2	40.2
2014 年	9.5	47.9	42.6
2015 年	9.2	46.8	44.0
2016 年	8.8	45.7	45.5
2017 年	8.2	45.8	46.1
2018 年	7.8	45.5	46.7
2019 年	7.7	45.7	46.5
2020 年	7.8	44.2	48.0
2021 年	7.6	45.2	47.2
2022 年	7.7	46.1	46.2
2023 年上半年	5.5	46.4	48.1

资料来源：历年江苏统计年鉴及相关城市统计局网站。

同时，沿海经济带海洋经济逐步壮大升级。2023 年上半年江苏海洋生产总值约为 4830 亿元，同比增长 6.8%，增速比第一季度提高 0.6 个百分点，占全省 GDP 的比重为 8%。其中，海洋交通运输业、海洋船舶工业、海洋旅游业等主导海洋产业持续恢复。上半年全省沿海沿江港口完成货物吞吐量 13.5 亿吨，同比增长 4.7%；集装箱吞吐量 1127.0 万标箱，同比增长 5.6%。江苏造船行业三大指标实现全面增长，造船完工量、新接订单量、手持订单量同比分别增长 50.4%、140.3%、26.2%；三大指标均占全国份额的四成以上。沿海三市上半年接待入境过夜旅游者 5.1 万人次，同比增长 200.7%，旅游外汇收入为 8610.7 万美元，同比增长 197.3%。同时，海洋新兴产业也在有力复苏。上半年，全省海洋风力发电量为 226.8 亿千瓦时，同比增长 0.9%；海洋风力发电累计装机容量总计达 1764.5 万千瓦，同比增长 8.7%，约占全国的 56.1%。以南通为代表的江苏海洋工程装备制造产业迎来爆发式增长。1~6 月，南通共交付 35 个船舶及海工订单，行业产值同比增长 19.2%。

3. 城乡建设水平明显提升

2022 年，沿海经济带城镇化率为 67.4%，较 2011 年提高 12.3 个百分点。城乡建设方面，沿海三市各自发力，彰显自己的城市特色。南通致力于建设富有江海特色的海洋中心城市，南通与上海、苏州、无锡等地有多条高速公路相连，还有苏通长江大桥、崇明长江大桥等过江通道。南通共有文化馆、群众艺术馆 9 个，公共图书馆 11 个，博物馆（纪念馆）31 个，公共美术馆 4 个。先后创成国家森林城市、国家生态园林城市。在最新发布的 2023 赛迪全国百强区名单中，崇川、通州、海门全部入选，南通也成为全省唯一一个市辖区全部上榜的设区市。作为全国唯一拥有"世界自然遗产""国际湿地城市"两张国际名片的生态城市，盐城已成为全国唯一同时拥有 2 处国家级湿地自然保护区、2 处国际重要湿地、1 处世界自然遗产地的地级市，创成国际湿地城市、国家森林城市、国家生态文明建设示范区。依托山海特色资源禀赋，连云港加快构建滨海特色城镇带，推动城乡融合发展。2023 年 2 月，江苏省发改委发布了《关于命名第一批江苏省级特色小镇的通知》，连云港市连岛海滨风情小镇榜上有名。连云港还深入实施乡村建设行动，加快建设宜居宜业和美乡村。目前已经建设了一批市级样板，培育市级生态宜居美丽示范镇 6 个、示范村 52 个，市级乡村振兴样板村 19 个。

（三）江淮生态经济区生态优先

1. 始终坚持生态优先

江淮生态经济区土地面积达 26929 平方公里，占全省土地面积的 25.1%；2022 年常住人口为 1343.9 万人，占全省的 15.8%；区域内有洪泽湖、骆马湖、高邮湖、淮河、京杭运河等多个中大型湖泊和河流流经区域，水域面积占区域总面积的 21.4%，占全省水域总面积的 32.7%；湿地面积占全省的 20%；林木覆盖面积占全省的 37%；拥有 10 个自然保护区，面积占全省的 33.7%，是全省生态资源富集、水乡生态特色明显的区域。江淮生态经济区始终坚持生态优先，淮安先后成为全国黑臭水体治理示范市、水生态文明试点市，继白马湖生态保护成为"江苏样板"工程、白马湖成功入选全国 15 个重点保护湖泊、获批国家湿地公园（试点）之后，2023 年 2 月，又成功入选国际重要湿地。宿迁市持续推进骆马湖东岸和大运河、古黄河沿线生态修复，高质量推进黄河故道生态富民廊道建设，积极推进"绿盾"行动和国土绿化行动，宿迁市生态质量指数（EQI）连续三年排名江苏省第二。

2. 绿色发展成效显著

江淮生态经济区依靠土地开放强度小、污染负荷低、生态本底好的优势，走出了一条绿色发展的新路。持续推动产业结构转型升级。建立完善淘汰落后产能工作协调推进机制，突出重点行业领域，加强能耗、环保、安全、质量等执法监管和强制性标准实施，依法依规推动落后产能关停退出；开展"地条钢"清查整治，防范违法违规钢铁冶炼产能；推进"散乱污"企业综合整治，完成问题整改销号；组织开展烧结砖瓦行业专项整治，关停退出了一批落后烧结砖瓦企业；开展工业企业资源集约利用综合评价，并依据评价结果推动低质低效企业加快转型。稳步推进发展绿色产业。2018 年以来，江苏省财政累计安排专项资金近 1.16 亿元，支持 71 个项目开展绿色化改造升级；江海生态经济区累计创建国家级绿色工厂 199 家、绿色园区

17 家、绿色供应链管理企业 23 家，10 亿元以上县域优势特色产业超过 50 个。

（四）徐州淮海经济区中心城市能级提升

1. 综合实力显著提高

2023 年上半年，徐州 GDP 为 4009.09 亿元，居全省第 6 位，GDP 同比增长 8.0%，高于全省 1.4 个百分点，增速居全省第 3 位；规模以上工业增加值同比增长 9.3%，高于全省 1 个百分点；社会消费品零售总额为 2210.65 亿元，居全省第 3 位，社会消费品零售总额同比增长 11.7%，高于全省 1.7 个百分点，增速居全省第 2 位；进出口总额同比增长 16.9%，高于全省 22.2 个百分点，增速居全省第 1 位。除进出口总额低于临沂外，无论 GDP、规模以上工业增加值，还是社会消费品零售总额，徐州均高于淮海经济区其他 24 个城市（见表 4）。

表 4　徐州市相关经济数据

单位：亿元，%

时间	GDP		规模以上工业增加值	社会消费品零售总额		进出口	
	总额	增速	增速	总额	增速	总额	增速
2016 年	5809.81	7.6	9.8	2790.67	12.6	413.80	23.0
2017 年	6333.50	7.2	9.0	3132.71	12.3	527.15	27.4
2018 年	6710.36	4.6	−9.9	3373.52	7.7	773.69	46.8
2019 年	7053.35	6.8	8.2	3533.19	4.7	931.88	20.4
2020 年	7284.77	3.4	6.3	3286.09	−7.0	1067.16	14.2
2021 年	8117.44	8.0	13.0	4038.02	22.9	1254.23	18.3
2022 年	8457.84	3.2	5.9	4102.73	1.6	1291.09	2.9
2023 年上半年	4009.09	8.0	9.3	2210.65	11.7	652.49	16.9

资料来源：2022 年以前数据来源于《徐州统计年鉴 2022》、Wind 数据库；2022 年数据来源于《2022 年徐州市国民经济和社会发展统计公报》，2023 年数据来源于徐州市统计局网站。

2. 创新驱动促进发展

作为曾经的老工业基地、资源型城市，徐州坚持以创新驱动发展，推动经济转型。在 2023 年中国资源型老工业城市转型综合表现 TOP20 中，徐州位居第一。依托现有产业基础优势，徐州着力培育"343"创新产业集群。2023 年上半年，徐州绿色低碳能源、新材料产业产值分别增长 19.0%、1.5%，集成电路与 ICT、安全应急、数字经济核心产业产值分别增长 12.4%、20.6%、26.4%，精品钢材、高端纺织、食品及农副产品加工产业产值分别增长 4.2%、30.7%、11.6%。在科创平台体系打造上，徐州积极打造"1+3+100"科研平台体系，成立深地科学与工程云龙湖实验室，建设安全应急装备技术创新中心、江苏省产业技术研究院细胞治疗药物研究所，支持徐工集团整合高端工程机械智能制造全国重点实验室、创新中心等平台资源。徐州智能制造、工程机械分别入选国家战略性新兴产业集群、先进制造业集群，徐州跃居中国先进制造业百强市第 23 位。

3. 枢纽优势提升明显

徐州着力巩固枢纽优势，轨道交通 1、2、3 号线建成运营，成为淮海经济区首个地铁城市；徐州至宿州、淮北、枣庄城际公共交通相继开通运行；郑徐、徐宿淮盐铁路、徐连高铁等一批重大交通基础设施项目相继建成；内河航道为 1058 公里，其中四级及以上航道里程达 268 公里，内畅外联立体化交通网络加速形成。依托交通枢纽优势，徐州运输服务水平显著提升：水运集装箱开通至上海、连云港、武汉等方向班轮航线，吞吐量达 20.2 万标箱；徐州观音国际机场先后开通至韩国仁川、越南河内、泰国曼谷等全货机航线。

4. 城市品质全面改善

聚焦高质量建设淮海经济区中心城市这一目标，徐州以建设高能级城市为战略牵引，把做强城市功能、做优城市品质作为重中之重。2023 年，徐州计划安排城建重点工程五大类、100 项。截至 2023 年上半年，方特乐园如期开园，地铁 6 号线一期工程全线 16 座车站已封顶 13 座，老旧小区改造全面开工。2023 年 4 月，生态环境部确定 11 个城市为"无废城市"建设试点城市，徐州市入选，是江苏省唯一入选城市。作为全省四个国际消费中心创建城市之一，徐州加快商圈建设，彭城苏宁广场、徐州金鹰、云龙万达、经开区环球港等辐射力不断增强，有力促进了居民消费需求的释放。

三 当前江苏"1+3"重点功能区建设存在的主要问题

（一）高质量发展水平有待进一步提升

尽管"1+3"重点功能区战略对于各大功能区板块的功能定位提出了要求，但各功能区的发展现状与省里寄予它们的高质量发展期望仍有一定的距离。

一是扬子江城市群协同发展质量不高。创新方面，扬子江城市群在科技成果转化上还存在明显不足；产业发展方面，面临开发强度过高、产业同质化竞争加剧等问题；对外开放方面，城市国际化水平有待提升；硬件方面，城市之间交通的互联互通、多式联运仍有待加强；软环境方面，在市场化、法治化、国际化等方面与国内国际一流营商环境城市还有一定差距。

二是沿海经济带发展相对滞后。沿海经济带土地面积占全省的比重接近1/3，人口接近全省的1/4，而创造的 GDP 仅占全省的18.3%（2022年数据），总体上滞后于全省的经济发展。同时沿海经济带还面临海洋经济发展滞后、港口竞争力不强、海洋生态环境压力较大等问题。

三是江淮生态经济区生态优势尚未完全转化为发展优势。江淮生态经济区具有明显的生态优势，但仍然存在发展不够充分、增长不可持续、群众不够富裕的问题。

四是徐州淮海经济区中心城市的城市能级不高。作为淮海经济区中心城市，徐州市的经济首位度还不够高，综合承载力仍有待增强，对淮海经济区其他城市的辐射带动力仍然不足。

（二）区域发展协调性有待进一步增强

实施"1+3"重点功能区战略的初衷是为了促进区域协调发展，各大功能区板块既要各有侧重，更要形成一个协同发展的统一整体，经过近几年的发展，"1+3"重点功能区战略取得了显著的成就。尽管如此，江苏区域经济发展仍存在一定的分化，区域发展不协调性依然较大，部分落后地区的比较优势有待发挥，这些问题制约了江苏省内全域一体化和江海河湖联动发展格局的推进。

一是区际交通等基础设施互联互通仍有待加强。不同地区间的基础设施互联互通及基础支撑功能尚需加强，跨区域的资源整合、功能分工、业务合作、信息共享等协同机制需进一步优化。

二是区际产业分工协作水平有待提升。不同区域之间还没有形成产业联动发展格局，产业分工协作水平还有待提升，产业链供应链的分工协作层次还不够深。

三是区际要素流动还不够畅通。不同地区之间仍然存在地方保护和区域壁垒，不同区域之间不平衡性依然存在，这些因素都阻碍了人才、资金、技术、数据等高端要素自由流动。

四是区际公共服务共建共享有待增强。区域间公共服务供给分布还不均衡，区际共建能力和共享水平仍有待提高。

（三）"1+3"重点功能区建设的政策和机制有待进一步完善

一是发展规划出台滞后。"1+3"重点功能区战略构想提出后，关于"1+3"重点功能区的具体规划并未出台，对具体的发展要求、具体目标等并未十分明确，规划指导性需要进一步加强。

二是体制机制不够完善。由于不同功能区之间不平衡发展的区域壁垒依然存在，亟须创新促进不同功能区协调发展的体制机制。而目前关于功能区建设的政策支撑机制、要素流动机制、区域治理机制、考核评价机制等都有待进一步完善。

四　未来"1+3"重点功能区建设应把握新时代区域协调发展的战略要求

（一）在推进中国式现代化中推进江苏"1+3"重点功能区建设

促进区域协调发展是推进高质量发展的重要内容，也是中国式现代化的

必然要求。基于中国式现代化的特征，区域协调发展必须坚持中国共产党的领导；区域协调发展应以共同富裕为最终目标；追求物质文明与精神文明共同进步，需要促进协调发展；区域协调发展需要坚持人与自然和谐共生。江苏在推进"1+3"重点功能区建设过程中，首先，应坚持和加强党的领导，发挥各级党组织的领导作用，强化地方主体责任，广泛动员全社会力量，建立更加有效的"1+3"重点功能区建设机制，为"1+3"重点功能区战略实施提供强有力的保障。其次，实施"1+3"重点功能区战略的最终目的是实现全体人民的共同富裕。尽管江苏在推动区域协调发展上已经取得了显著成就，但实现共同富裕是长期目标，必须统筹发力，兼顾效率与公平，通过促进区域协调发展不断推动实现全体人民共同富裕。再次，"1+3"重点功能区建设不仅要探索地区经济发展新路径，促进物质文明发展，还要扎实推进新时代文明实践中心建设，引导人们坚定理想信念，践行社会主义核心价值观，传承优秀传统文化，推动物质文明和精神文明协调发展。最后，"绿水青山就是金山银山"，"1+3"重点功能区建设应提升经济发展的"含绿量"，继续巩固新时代江苏生态文明建设成果，努力建设经济强、百姓富、环境美、社会文明程度高的新江苏。

（二）推进江苏"1+3"重点功能区建设应坚持贯彻新发展理念

习近平总书记提出创新、协调、绿色、开放、共享的新发展理念，为新发展阶段江苏"1+3"重点功能区建设指明了方向。创新发展注重解决发展动力问题，协调发展注重解决发展不平衡问题，绿色发展注重解决人与自然和谐共生问题，开放发展主张解决发展内外联动问题，共享发展注重解决社会公平正义问题。在"1+3"重点功能区建设过程中必须坚持创新驱动，增强发展的整体性、协调性，实现经济社会发展和生态环境保护协调统一，坚持内外联动，实现共同富裕。

（三）在构建新发展格局中推进江苏"1+3"重点功能区建设

构建以国内大循环为主体、国内国际双循环相互促进的新发展格局，是根据我国发展阶段、环境、条件变化，特别是基于我国比较优势变化，审时度势做出的重大决策。推进"1+3"重点功能区建设，有助于形成强大的国内市场，缩小江苏不同地区之间在内需发展上的差距，夯实经济稳定运行的内需体系基础；可以通过需求牵引供给，促进江苏不同区域间的产业结构的互补转移，提升产业链水平，稳固国内大循环的主体地位，增强在国际大循环中的带动能力。因此，推进"1+3"重点功能区建设是加快构建新发展格局，实现江苏高质量发展的必由之路。

五　江苏"1+3"重点功能区高质量发展的推进路径

（一）推进引领示范，提升扬子江城市群发展质量

1. 加强创新驱动，打造高水平创新城市群

充分发挥扬子江城市群科教优势，加强大院大所与企业对接，建立一批多元化投资、市场化运行、企业化管理的新型研发机构，实施"揭榜挂帅"等科研攻关新模式，支持承担国家重大战略科研任务、"卡脖子"关键核心技术攻关、产业技术标准研制等。全力服务保障苏州实验室建设成为具有突出国际影响力的全球材料创新高地，支持紫金山实验室、太湖实验室、钟山实验室承担更多国家战略任务，积极争创国家技术创新中心和全国重点实验室，充分发挥苏南国家自主创新示范区引领作用，将扬子江城市群打造成为具有全球影响力的重要创新高地。

2. 集聚高端要素，建设现代化产业体系

充分发挥市场机制，不断促进全球高端要素向扬子江城市群集聚。面向未来，加快发展新一代信息技术、新材料、新能源、生物医药、智能装备制造等具有比较优势的战略性新兴产业。同时，还要促进产业分工协作，引导产业跨江融合、江海联动，重点打造沿沪宁高端服务业和高技术产业集聚带、沿江智能制造绿色制造产业集聚带、里下河和宁杭沿线地区绿色生态产业带等，建设一批具有世界影响力、竞争力的地标性产业。发展现代金融、

软件和信息服务、电子商务、现代物流、科技服务、大健康、文化创意和工业设计等现代服务业，培育一批在全国有较强影响力和示范作用的现代服务业集聚区。将扬子江城市群建设成为具有国际水平的战略性新兴产业、先进制造业基地和现代服务业高地。

3. **深化双向开放，构建双循环发展新格局**

紧扣推动高质量发展、构建双循环新发展格局，在更高起点上推进改革开放。对接 CPTPP、DEPA 等高标准国际经贸规则，融入我国多边贸易投资开放新格局。按照《中国（江苏）自由贸易试验区实施提升战略三年行动方案（2023—2025 年）》要求，推动南京片区、苏州片区建成特色鲜明的改革开放综合试验平台，推动国内、国际市场更好地连通。充分发挥南京、苏州、南通等综合交通枢纽优势，完善多式联运的海陆空运输系统，加强与长三角城市群、长江经济带等国内其他地区的陆海直达连通，充分利用国内国际两个市场、两种资源，实施更大范围、更宽领域、更深层次的对外开放。

4. **推动跨江融合，提升沿江两岸一体化水平**

以多种交通方式串联沿江城市，打造更加密集的跨江交通网络，形成安全、便捷、高效的"0.5～1 小时城市通勤圈"；充分发挥扬子江城市群通江达海的独特优势，织就水陆空城际"一张网"，打造双向开放的国际大通道。对标国际国内一流城市，消除市场壁垒，减少行政干预，提供更多优质公共服务，持续打造国际一流营商环境，努力把沿江地区打造成全省现代化建设先行带、引领带。

（二）彰显海洋特色，推进沿海经济带高质量发展

1. **推动产业升级，提高海洋经济发展质量**

学习借鉴广东、山东海洋强省发展经验，优化升级海洋渔业、海洋交通运输、滨海文旅休闲等传统产业，做大做强海洋装备制造、海洋船舶、海洋电力等海洋优势产业，培育壮大海洋技术服务、海洋信息服务、高端航运服务、海洋新材料、海洋药物与生物制品等海洋新兴产业，形成产业结构合

理、创新能力突出的现代海洋产业体系。发挥沿海三市海洋资源比较优势，主动承接国内外先进制造业和高端产业转移，规划建设一批海洋产业特色园区，形成我国东部沿海地区海洋经济发展新高地。

2. 深化陆海统筹，提升港口群整体竞争力

统筹沿海港口布局，加强联动协作，健全一体化发展机制。充分发挥江苏省港口集团在统筹沿海港口建设、推动港口一体化发展中的重要作用，通过资本运作、项目合作、混合所有制改革等方式，推进沿海港口及相关资源整合，加强港口资源综合开发、集约利用，实现规模和效益的双提升。促进港产城进一步融合发展，加强港口规划与城市规划、产业规划衔接，推动港口功能延伸、现代产业集聚、城市生态宜居。

3. 加强生态治理，优化海洋生态环境质量

深入开展沿海污染源和污染情况调查，全面清查所有入海排放口，强化对入海排污口的日常水质监测和执法监管，从源头减少陆源污染入河下海。加强港口船舶水污染物治理，推进船舶防污染设施改造，加强船舶水污染物港口接收能力建设，严格港口与船舶生活垃圾、生活污水处理。加大沿海滩涂保护力度，实施湿地保护与恢复工程，严控自然岸线保有率，建设海域无人机监管应用基地，常态化监测沿海滩涂湿地。

（三）坚持生态本底，释放江淮生态经济区绿色动能

1. 坚守生态文明，促进人与自然和谐共生

牢固树立"绿水青山就是金山银山"的发展理念，构建人与自然和谐共生的生态经济区。依托洪泽湖、骆马湖、高邮湖等重要湖泊水体，统筹水资源、水环境、水生态治理，推进幸福河湖建设。加强土壤污染管控和修复，优先保护耕地土壤环境，推进化肥农药减量化和土壤污染治理。扎实开展农村环境综合整治，深化特色田园乡村建设，推进绿色交通、绿色社区、绿色建筑建设，建设宜居城市和美丽乡村，打造淮河流域生态文明建设样板、新型城镇化建设示范区以及全国可持续发展示范区。

2.优化产业结构，发展绿色低碳现代产业

将碳达峰、碳中和目标全面融入江淮生态经济区经济社会发展布局。推进农业绿色发展，引导使用低氮、低挥发性有机污染物排放的农药、化肥，加强绿色生产技术研发与推广，发挥生态资源优势，推动生态产业园、田园综合体等多元化发展。构建绿色产业链供应链，以高耗能行业为重点，推进产品设计、生产工艺、产品分销、运营维护和回收处置利用全过程绿色化。培育壮大节能环保、循环经济、清洁生产、清洁能源等绿色新产业新业态，提升现代服务业绿色发展水平。

3.发挥生态优势，推动"生态+"富民产业

大力推进富民方式调整，促进自然资源资产和经济物质财富的双丰收。依靠科技发展现代农业、创意农业、特色农业，同时推动生态休闲、文旅康养融合，进一步拓展产业功能和市场空间，拓展文化旅游富民、特色农业富民、精准创业富民等致富渠道，探索依靠绿色发展实现共同富裕的路径。

（四）持续提升能级，增强淮海经济区中心城市辐射带动作用

1.升级产业体系，提高城市经济首位度

依托徐州现有产业优势，推进"343"创新产业集群做大做强，打造以工程机械为重点的世界级装备制造产业中心，建设新能源、新一代信息技术等战略性新兴产业基地；促进现代物流、商务、软件和信息技术、金融等现代服务业提质增效，加快推动先进制造业与现代服务业融合发展；前瞻性谋划布局未来产业，加快传统产业转型升级步伐。

2.完善服务功能，提升城市综合承载力

聚焦提升城市能级，统筹城市规划建设管理，提高城市治理水平，深入推进新型城镇化战略，持续优化城市功能布局和发展空间，形成统筹协调、功能鲜明、互动融合的现代化城市核心区，全面增强跨省域集聚承载力，打造服务支撑国家重大战略的区域支点。加快徐州都市圈规划建设，坚持同城化理念，在交通、产业、生态环境、公共服务、科技创新、统一市场、数据资源等重点领域和关键环节率先探路、实现突破，打造策应国家区域重大战

略的新兴增长极。

3. 推进交通互联，增强城市辐射带动能力

加快推进徐州与淮海经济区其他城市公路、铁路、航空、港口航道等交通基础设施互联互通，构建以徐州为中心的放射状立体化交通网络，共建"1小时通勤圈""一日生活圈"，完善集疏运条件，降低区域物流成本，提升一体化服务功能，实现交通枢纽建设与城市空间、产业布局的有机融合，提升徐州作为淮海经济区中心城市的辐射带动能力。

（五）加强统筹协调，构建"1+3"重点功能区一体化发展格局

1. 融入国家战略，明确各功能区发展目标和路径

充分利用"一带一路"、长江经济带、长三角一体化等国家战略叠加的机遇，立足全省一体化发展，制定"1+3"重点功能区发展规划和实施方案，明确各功能区发展目标和实施路径。把"1+3"重点功能区发展规划与江苏"十四五"规划、江苏各专项规划、各城市发展规划有机结合，同时积极争取国家政策支持，力争将更多发展诉求纳入国家专项规划、配套政策和综合改革举措，在服务国家战略与推动江苏发展中发挥优势，增强能级。

2. 推动联动发展，实现各功能区一体化协同发展

加强功能区之间的一体化协同发展，实现优势互补、合作共赢。建设全省一体化的交通网络体系，构建包括高铁、高速公路、轨道交通等在内的"1+3"重点功能区互联互通交通体系，利用大数据和"互联网+"技术提升各功能区之间的交通物流体系的智能化水平，提高功能区之间的要素流动效率。根据各功能区不同的资源禀赋进行合理分工，进一步优化产业布局，避免重复建设和恶性竞争，推动产业协同。加速推进公共服务共建共享，加快公共服务领域互认互通，推动各功能区基本公共服务均等化水平持续提高。

3. 加强机制创新，推动各功能区高质量发展

加强省级统筹，通过创新要素流动机制、区域治理机制、考核评价机制等，推动功能区高质量发展。建设统一开放、竞争有序、制度完备、治理完善的高标准市场体系，有效破除行政壁垒、市场分割和行业垄断，促进各类

要素资源顺畅流动、高效配置。加强城市间就业、卫生、应急、环保、气象、安全预警等信息系统对接和信息资源共享，建立城市间重大事项、重大项目共商共建机制。针对功能区的不同定位，制定差异化的考核评价机制，形成与功能区高质量发展目标相适应的评价取向。

参考文献

［1］王朝科、吴家莉、刘泮：《习近平总书记关于促进区域协调发展的若干重要论断》，《上海经济研究》2023 年第 2 期。

［2］本书编写组：《全面建成小康社会江苏全景录》，江苏人民出版社，2022。

［3］刘西忠：《省域主体功能区格局塑造与空间治理——以江苏"1+3"重点功能区战略为例》，《南京社会科学》2018 年第 5 期。

［4］《"走在前、做示范"的苏南担当》，《江苏经济报》2023 年 7 月 20 日，第 1 版。

［5］江苏省人民政府新闻办公室：《江苏举行"努力推动江苏在高质量发展中继续走在前列"系列主题新闻会（第六场）》，中国国务院新闻办公室网站，2023 年 8 月 16 日，http：//www.scio.gov.cn/xwfb/dfxwfb/gssfbh/js_ 13835/202308/t20230824_ 766235.html。

［6］赛迪顾问：《2023 中国县域经济百强研究重磅发布！》，2023 年 7 月 25 日，http：//www.ccidconsulting.com/detail/newdetail？id＝2232。

［7］张涛、王岩：《科创作笔，绘就徐州转型发展新画卷》，《新华日报》2023 年 8 月 14 日，第 1 版。

［8］张涛：《转型破局资源型城市铺开美丽画卷》，《新华日报》2023 年 6 月 22 日，第 13 版。

B.6

江苏开放型经济高质量发展的
重点领域与对策

徐　清[*]

摘　要： 2023 年江苏开放型经济坚持稳字当头、稳中求进，不断推动高
质量发展。江苏开放型经济的发展现状表现为以下几点：对外贸易面临较
大压力，"新三样"成为新亮点；利用外资保持全国第一，政策制度体系
进一步完善；对外投资稳步发展，境外园区建设有序推进；开放载体外资
外贸"压舱石"作用明显，改革创新持续深化。展望未来，江苏开放型经
济发展的外部环境日趋复杂，世界各国对外经济关系不断调整，国际经贸
与投资规则深刻变革。江苏要以外贸新业态新模式激发外贸新动能、推动
外资总部融入双循环新发展格局、理性稳健开展对外投资、以开放载体为
依托，推动制度型开放。建议持续加快海外仓建设，聚力推进数字贸易发
展；促进外资与江苏产业迭代升级、江苏科技创新、长三角一体化融合发
展；引导企业按照国际惯例和市场原则谨慎开展跨国并购；推动载体平台
特色化发展，加快国际合作园区建设；进一步加快江苏自由贸易试验区的
先行先试步伐。

关键词： 开放型经济　高质量发展　江苏

近年来，我国开放型经济发展面临较多不确定性不稳定性因素，国际经
贸问题政治化趋势明显上升，"稳规模""调结构"双重压力叠加。江苏作

---

* 徐清，江苏省社会科学院世界经济研究所助理研究员。

为我国开放型经济大省，精准把握高水平开放、制度型开放的阶段特征，增强机遇意识和风险意识，不断推动开放型经济高质量发展。

一 江苏开放型经济的发展现状

（一）对外贸易面临较大压力，"新三样"成为新亮点

据南京海关统计，2023年1~8月，江苏外贸进出口总值为3.36万亿元，比2022年同期下降7.2%，占同期全国进出口总值的12.4%。其中，出口2.16万亿元，下降6.0%，进口1.20万亿元，下降9.2%。从外贸主体上看，民营企业的稳定器作用更加突出，展现出较强的韧性。1~8月，民营企业进出口1.47万亿元，比2022年同期增长3.3%，占比较2022年同期提升4.4个百分点至43.6%。外资企业进出口1.61万亿元，比2022年同期下降13.7%。从贸易方式上看，一般贸易进出口总额为1.98万亿元，比2022年同期下降4.9%，加工贸易进出口总额为1.02万亿元，同比下降10.2%。从进出口市场来看，江苏对欧盟、东盟、美国、韩国和日本分别进出口5299.4亿元、5157.6亿元、4243.9亿元、3220.4亿元和2579.7亿元。太阳能电池、新能源汽车、锂电池等"新三样"产品和手机异军突起，出口明显增长。1~8月，江苏"新三样"产品、手机分别出口1375.2亿元、862.8亿元，分别增长20.4%、22.6%，合计拉动全省出口2.1个百分点。"新三样"产品具有技术高、附加值高、绿色低碳等特点，新能源汽车产业体系的形成更是制造业韧性与竞争力的体现。从"老三样"到"新三样"的转变，为外贸增长提供了新动能。

据江苏省国际货运班列有限公司统计，2023年1~8月，江苏中欧（亚）班列实现开行1504列，同比增长13.8%，为历史同期最好水平，为促进外贸稳中提质提供了坚实的交通物流支撑。

总体来看，2023年以来江苏对外贸易面临较大压力，其原因主要有以下几点。一是2022年基数较高。2022年江苏进出口总额达5.45万亿元，同比增长4.8%，规模创历史新高，占全国总量的12.9%。其中，出口3.48

万亿元，增长 7.5%；进口 1.97 万亿元，增长 0.4%。二是世界主要经济体增长乏力，导致外部需求减弱，订单获取困难，且小单、短单增多。尤其是江苏出口欧美市场占比较高，且外资企业进出口额占比也较高，海外客户产能转移、订单分流问题日益突出，使江苏外贸受到的冲击更加明显。三是消费电子产业的周期性因素与江苏外贸的结构性因素叠加影响。

面对严峻的形势，江苏紧密结合实际，出台了一系列含金量高的政策，切实稳主体、稳份额、稳预期。2023 年 1 月，省商务厅等 26 个部门联合制定了《关于推进对外文化贸易高质量发展若干措施》，从推动文化领域改革开放、扩大重点领域文化出口、激活创新发展新动能、壮大文化贸易市场主体、提升载体平台服务功能、拓展文化贸易合作渠道、完善文化贸易政策措施 7 个方面提出 22 条政策举措，推动江苏打造文化贸易国际竞争新优势。2023 年 5 月，省政府办公厅印发《关于推动外贸稳规模优结构的若干措施》，从稳定贸易规模、优化贸易结构、加强服务保障 3 个方面提出 14 条政策举措。这是继 2022 年江苏出台《关于加快发展外贸新业态新模式若干措施的通知》《江苏省推进数字贸易加快发展的若干措施》之后，短期内再次出台有关对外贸易的政策文件。此外，2023 年 8 月，省委省政府印发《关于促进经济持续回升向好的若干政策措施》，其中对推动外贸稳规模优结构进一步给予政策支持。

2022 年以来出台的有关举措已经取得明显成效。以海外仓建设和数字贸易发展为例，作为重要的新型外贸基础设施，截至 2022 年底，江苏共有 96 家企业建设各类海外仓 280 余家，其中省级公共海外仓 32 家，仓储总面积超过 200 万平方米，分布在 43 个国家和地区，其中近五成设立在美国，超过两成设立在欧洲，主要覆盖工程机械、家纺、家电等产业。海外仓在降低物流成本、拓展业务、扩大出口、推动品牌出海、"链动"全球贸易、"直通"海外消费者等方面发挥了重要作用。一些海外仓已经从早期的海外物流分拨中心发展成为客户提供多功能一体化海外营销中心，实现数据分析、产品开发、品牌孵化、市场营销、售后服务等全流程服务。

数字贸易规模保持平稳较快增长，成为拉动江苏省服务贸易增长的重要动力。据江苏省商务厅统计，2022 年全省可数字化交付的服务贸易规模达307.5 亿美元，占全省服务贸易的比重为 53.9%，高于全国 12 个百分点，规模上升至全国第 4 位，同比增长 12.1%，增速高于全国 8.7 个百分点。2023 年上半年全省可数字化交付的服务贸易规模达 157 亿美元，占服务贸易的比重为 52.2%，其中进口 58.8 亿美元、出口 98.2 亿美元。以信息技术、生物医药研发、工业设计等业务领域为主的离岸服务外包已连续 14 年位居全国第一。全省国家级服务外包示范城市、数字服务出口基地、文化服务出口基地、知识产权服务出口基地、语言服务出口基地等数字贸易载体达17 家，在国内数量领先、覆盖领域最广。

做好国际经贸摩擦应对工作是稳住外贸基本盘的重要保障。2022 年全省遭遇国外新发起的贸易救济调查 44 起，同比减少 22.8%；涉案金额 6.1亿美元，同比减少 71.4%。调查案例数为 2010 年以来最低值。从行业上看，调查主要集中在化工、金属制品、光伏等 19 个行业。调查发起国家（地区）有 13 个，印度已成为对江苏发起贸易救济调查数量最多、涉案金额最多的国家。

（二）利用外资保持全国第一，政策制度体系进一步完善

据江苏省发改委、省商务厅发布的数据，2023 年上半年，江苏实际使用外资约 186 亿美元，有 8 个项目入选全国制造业领域标志性外资项目，均居全国首位。其中，无锡实际使用外资 28.82 亿美元，创历史同期最高水平，同比增长 34.05%，增速列全省首位。大力发展外资总部经济是江苏提升外资质量的重要抓手。2023 年，省级层面启动"走进跨国公司总部"行动，超 60 个团组赴欧美、日韩、新加坡等重点地区开展招商。从 2012 年开始，江苏开展认定跨国企业地区总部与功能性机构工作，已累计认定了 13批共计 366 家跨国公司的地区总部和功能性机构，户均营收总额约为 26.7亿元，户均纳税总额约为 1.6 亿元，高于全省外资企业平均水平。苏州累计获省认定的省级跨国公司地区总部和功能性机构达 191 家，占全省总数的52.2%。苏州工业园区成为全省首个且唯一的"外资总部经济集聚区"，宿

迁跨国公司地区总部也实现建市以来"零的突破"。同时，加强总部企业梯队培育，在以往工作基础上，不断优化培育库的构成和规模。经各市推荐、省级审核，建立了2023年度省级外资总部企业培育库。为支持外资研发中心开展技术创新，省商务厅会同省财政厅、南京海关、省税务局开展符合进口税收政策外资研发中心认定与复核工作，截至2022年共有57家外资研发中心符合进口税收政策。2023年8月，新认定7家。这些认定的研发中心在进口用于科学研究、科技开发及教学的用品时，可免征有关税种。

近年来，江苏不断完善鼓励和支持外资高质量发展的政策和制度体系。2023年6月，省商务厅、省科技厅出台《关于鼓励支持外商投资设立和发展研发中心的若干措施》，支持外商投资设立研发中心，聚焦绿色低碳、新能源、数字化、生物医药等领域开展高水平研发活动。这是继2021年出台《关于鼓励跨国公司在江苏设立地区总部和功能性机构的意见（2021年版）》、2022年出台《鼓励外商投资企业利润再投资三年行动计划（2022—2024）》之后，江苏再次制定鼓励外资的专项政策。2023年9月，江苏省十四届人大常委会第五次会议表决通过《江苏省促进和保护外商投资条例》，通过立法进一步完善制度体系，巩固江苏外商投资优势地位。该条例于2024年1月1日起施行。

江苏在不断巩固和提升制造业利用外资的同时，还积极争取服务业扩大开放。2022年12月，国务院批复同意第三批服务业扩大开放综合试点，南京成为目前江苏省唯一开展试点的城市。2023年6月，南京市政府出台《南京市服务业扩大开放综合试点工作实施方案》，确保经过3年的试点，全面落实104项改革试点任务。

（三）对外投资稳步发展，境外园区建设有序推进

据江苏省商务厅统计，2023年1~7月，全省新增对外投资项目663个，同比增长50%。中方协议投资额为71.2亿美元，同比增长143.31%。苏南地区优势突出，中方协议投资额占全省的比重为71.58%，其中苏州市对外投资18.0亿美元，领跑全省，无锡市对外投资17.4亿美元，列第2位。苏北地区

对外投资同比增长 474.44%，占全省的比重为 17.01%，超过苏中地区。全省对外承包工程新签合同额为 32.1 亿美元，同比增长 22.78%，其中苏南地区同比增长 94.65%。完成营业额 31.0 亿美元，同比下降 5.74%，其中苏南地区同比增长 9.82%。全省对外劳务合作新签劳务人员合同工资总额为 3.1 亿美元，同比增长 115.59%；劳务人员实际收入总额为 3.3 亿美元，同比增长 32.26%；派出各类劳务人员 13496 人，同比增长 136.19%；期末在外各类劳务人员 33233 人，同比增长 33.26%，主要分布在中国香港、新加坡、印度尼西亚、以色列、日本。

境外园区建设有序推进。江苏在 6 个国家建有 7 家境外园区，其中 3 家为国家级园区：柬埔寨西哈努克港经济特区（西港特区）、埃塞俄比亚东方工业园、中阿（联酋）产能合作示范园，4 家为省级园区：印度尼西亚东加里曼丹岛农工贸经济合作区、江苏—新阳嘎农工贸现代产业园（坦桑尼亚）、印度尼西亚吉打邦农林生态产业园、徐工巴西工业园。截至 2022 年底，7 家园区累计占地面积为 1220 平方公里，投资 36.8 亿美元，入区企业有 344 家，总产值为 74.9 亿美元，在东道国纳税 2.2 亿美元，为当地创造就业岗位 5.1 万多个。其中，西港特区是我国批准的首批境外经贸合作区之一，是中柬两国政府间的国家级经济合作区，也是共建"一带一路"标志性项目之一，已成为柬埔寨发展最快、影响最大、社会形象最好的经济特区。据柬埔寨海关最新发布数据，2023 年 1~8 月，西港特区内企业累计实现进出口总额 22.26 亿美元，同比增长 27.27%，约占柬埔寨全国贸易总额的 6.96%，持续保持快速增长的势头。

（四）开放载体外资外贸"压舱石"作用明显，改革创新持续深化

江苏自贸区目前是江苏省开放型经济发展的最高端平台。2023 年是全国自贸试验区建设 10 周年，也是江苏自贸试验区挂牌 4 周年。江苏自贸试验区始终坚持问题导向、目标导向、结果导向，持续深化首创性、集成化、差别化改革探索，以制度创新为核心，对标高标准国际经贸规则，探索高水平制度型开放。挂牌 4 年间，江苏自贸试验区内已集聚外贸企业 7794 家。据江苏省商务厅统计，2022 年，自贸区共完成外贸进出口额 5836 亿美元，

占全省的比重为 10.7%；实际使用外资额 22.6 亿美元，占全省的比重为 7.3%，位居全国同批自贸区前列。贸易便利化水平不断提升，南京海关大力推广"提前申报""两步申报"改革，当前江苏省口岸整体通关时间已达到历史最好水平。2023 年 7 月，江苏制定出台《中国（江苏）自由贸易试验区实施提升战略三年行动方案（2023—2025 年）》和《中国（江苏）自由贸易试验区营商环境优化提升实施方案（2023—2025 年）》，将进一步推动自贸区高质量发展。

目前，江苏共有国家级经济技术开发区 27 家，数量居全国首位。2023 年 2 月，省商务厅会同省有关部门联合印发《省商务厅等 11 部门关于支持国家级经济技术开发区创新提升更好发挥示范作用若干举措的通知》，提出 16 条工作举措，进一步推动国家级开发区实现质的有效提升和量的合理增长。2022 年，全省 26 家国家级开发区参加了商务部综合考评排名（2021 年新升级的无锡惠山经济开发区不参与排名）。2023 年初，商务部公布 2022 年国家级经济技术开发区综合发展水平考核评价结果（使用 2021 年度数据），在全国 217 家参评的国家级经开区中，苏州工业园区、昆山经济技术开发区、江宁经济技术开发区位列前 10，分别列第 1、第 5、第 8 位，其中苏州工业园区连续 7 年位居综合排名第 1。在单项排名中，苏州工业园区列实际使用外资全国第 4 位，进出口总额苏州工业园区、昆山经济技术开发区和苏州浒墅关经济技术开发区分列全国第 1、第 2 和第 8 位。

根据 2022 年 12 月印发的统计公报，2021 年江苏省省级及以上 158 家开发区实际使用外资 298.3 亿美元，同比增长 25.8%，高于全省 9.5 个百分点，占全省的比重为 90.4%；其中国家级开发区实际使用外资 161.9 亿美元，同比增长 13.2%。共引进跨国公司总部和功能性机构 302 家，占全省的比重为 91.2%。其中，国家级开发区 241 家，占全省的比重为 72.8%。全省开发区的进出口总额、出口额和进口额分别为 6495.5 亿美元、4011.2 亿美元和 2484.3 亿美元，同比分别增长 34.9%、36.6% 和 32.3%，分别高于全省 9.4 个、9.5 个和 9.3 个百分点，分别占全省的 80.5%、79.7% 和 81.9%。

特色、绿色和安全是江苏开发区发展的显著标识。目前，江苏陆续认定

4 批共 72 家省级特色创新产业园区，形成了高端装备制造、电子信息、生物医药、新材料、新能源、人工智能、汽车及零部件等多条围绕特色产业集群的主导产业链，并以点带面地发挥引领作用。这 72 家特色创新产业园区共拥有上市公司 185 家，跨国公司、地区总部和功能性机构 48 家，高新技术企业 3031 家。江苏还认定了 18 家省级国际合作园区，深化与德国、日本、新加坡、韩国等国的经贸合作。全省开发区深入落实碳达峰、碳中和决策部署，以绿色集约理念推动可持续发展，进一步提高能源利用效率。目前，江苏获批建设国家级生态工业示范园区 28 家，在资源、能源循环利用和污染物减排方面取得明显成效。根据《经济开发区安全专项整治三年行动实施方案》，成立省级部门工作专班和商务条线工作专班，各市商务局、开发区切实履行安全生产属地管理责任，夯实企业安全生产主体责任，排查问题隐患，建成集约化、可视化安全监管信息共享平台。

二 江苏开放型经济高质量发展的环境分析

江苏开放经济高质量发展的外部环境日趋复杂，世界各国对外经济关系不断调整，国际经贸与投资规则深刻变革。欧盟作为江苏第一大贸易伙伴，《区域全面经济伙伴关系协定》（RCEP）和《全面与进步跨太平洋伙伴关系协定》（CPTPP）作为当前和今后一个时期江苏面对的主要国际经贸规则，江苏需要加强研判其动态和影响，积极应对。

（一）欧盟国家投资保护主义持续升温，《中欧全面投资协定》受阻，欧盟碳边境调节机制实施进入过渡期

近年来，欧盟国家内部经济社会矛盾凸显，保护主义明显抬头，价值观外交向价值观贸易、价值观投资蔓延，几乎每年都有保护主义新动作。当前，欧盟是江苏第一大出口市场、第五大投资来源地。2022 年，江苏对欧盟进出口总额为 8324.3 亿元，同比增长 8.6%，来自欧盟的实际使用外资额为 9.5 亿美元，同比增长 51.6%。欧盟采取的有关举措对江苏与欧盟的经济

联系将产生重要影响。

1. 投资保护主义短期影响明显

最初，欧盟成员国外资政策的决定权由各成员国掌握，各成员国对外国投资，尤其是在一些关系国家安全、国计民生或涉及公共利益的关键部门和行业的企业并购均有管制性规定，以防止垄断，保证国家经济安全，而欧盟层面并没有统一的审查机制。

虽然欧洲诸国均表示欢迎中国企业赴欧投资，但一些国家仍将中国视为潜在威胁，对中国企业海外并购以"经济安全""国家安全"为由进行干预和阻挠。特别是从 2017 年 2 月开始，德国、法国和意大利这三个欧元区最大经济体就多次呼吁欧盟方面授予它们对外资在欧进行高技术收购交易的否决权，并要求在欧盟层面制定更严格的法规。2017 年 9 月 13 日，时任欧委会主席容克在年度盟情咨文演讲中就建立欧盟层面的外商直接投资审查时说道："我们不是天真的自由贸易者，欧洲必须捍卫自身的战略利益。"之后一天，即 9 月 14 日欧盟委员会就发布了《欧盟外资审查条例（草案）》，对外国直接投资进行审查，并加强各成员国的协调与合作。该条例最终于 2019 年先后获得欧洲议会和欧盟理事会的批准，成为欧盟层面制定的第一个基于国家安全和公共秩序审查外国投资的法律性文件。特别需要指出的是，欧盟这一行动与美国于 2018 年出台的《外国投资风险审查现代化法案》时机一致、内容相近，具有相互配合的特征，是西方国家在制定和重构国际经贸与投资规则时奉行"协调的单边主义"的例证。如果说美国社会传统上一直存在利用政府力量干预商业竞争，特别是利用美国国内法律打压竞争对手的习惯，那么欧盟也无疑在向这种行为靠拢。

除了在欧盟层面，一些成员国也相继出台或修改了审查办法。为了保护本国的核心技术，2017 年以来，德国开展了对《德国对外贸易和支付法案》的修改，一方面给出"关键"部门的定义，另一方面将触发审查的门槛在一些"关键""敏感"行业从外资收购德企 25% 的股份降低为 10%。德国在 2020 年 3 次强化投资审查机制，通过加强对卫生医疗领域审查的法令，允许政府禁止国外资本收购疫苗、口罩等相关企业。英国政府近年来持续关注

并购对国家安全的影响，2020年通过了《国家安全和投资法案》，该法案确立了英国政府对未申报交易事后主动审查的权力，即"主动干预"收购的权力。在新的审查制度下，在交割后5年内，英国政府均有权向其认为对国家安全构成威胁的未申报交易启动"干预"审查。法国在2019年底和2020年4月两次修订外资审查办法，提高投资审查门槛，将外资股比限制从33%降至25%，再下调至10%。这些国家的外资审查政策具有联动的趋势，尽管不只针对中国，但中国受到的影响最大。当前欧洲的投资政策和环境趋紧的情况虽然增加了中国企业对欧投资的难度，但长远来看不会改变中国企业投资欧洲的发展趋势。

此外，2023年1月，欧盟《外国政府补贴条例》正式生效，主要是针对外国投资补贴所造成的"市场扭曲"。欧盟认为，过去制定的相关法律法规存在监管漏洞，只对欧盟企业获得补贴进行规制，而在欧经营的外国企业获得母国的补贴没有纳入监管范围，因而导致外国企业与欧盟企业的不公平竞争。根据新的条例，赴欧进行并购交易的企业需要额外进行这项外国政府补贴申报，给外国投资者带来新的时间和交易成本，以及批准的不确定性，提高了投资风险。这一条例在短期内无疑对中国企业赴欧投资造成障碍，特别是国有企业将成为审查的主要对象，同时，原本就融资不易的民营企业将进一步降低在国有金融机构融资的积极性。但从长远来看，在竞争中立足的企业才能真正在国际市场提高竞争力，并促进我国提升国际投资治理能力。

2.《中欧全面投资协定》受阻不会阻挡对欧投资

当前，全球投资格局正在发生变化，虽然发达经济体的资本输出仍占主导地位，但发展中经济体资本输出规模不断增大，将逐步改变国际投资主体和结构特征。而以往的国际投资协议也是主要基于发达经济体投资发展中经济体的投资格局，在新形势下，发达经济体和发展中经济体在国际投资中身份混同，都需要同时从资本输入和资本输出两个方面出发，平衡有关诉求。随着我国从引资大国转为双向投资大国，海外投资保护和争端解决的需求日益凸显。2016年9月，G20峰会在杭州通过的《G20全球投资指导原则》确立了全球投资规则的总体框架和原则，概括为：反对投资保护主义、非歧视、投资保护、透明度及参与权、可持续与包容、政府监管权、投资效率与便利化、企业责任、国际合作。

作为我国积极参与全球投资治理，推动制度型开放的重要成果，2020年12月30日，中欧共同宣布如期完成中欧投资协定谈判。一般而言，商签双边投资协定的目的主要在于促进、保护和应对：一是促进东道国提高市场开放度、改善投资自由化便利化的营商环境；二是降低投资者面临的政治风险；三是提供争端解决机制。中欧投资协定对标国际高水平经贸规则，是一项平衡、高水平、互利共赢的协定。"平衡"主要体现在双方做出开放承诺的同时都保留必要的监管权，同时，平衡双方对市场准入的诉求。"高水平"表明双方都致力于促进投资自由化便利化，协定远远超出传统的双边投资协定范畴，涵盖市场准入承诺、公平竞争规则、可持续发展和争端解决四方面内容。"互利共赢"说明协定不是谁对谁的恩赐，而是惠及中欧双方企业乃至全球企业，有力拉动世界经济复苏。但欧洲议会于2021年5月20日通过有关冻结批准中欧投资协定的动议。应当看到，中欧达成协定来之不易，历经了7年35轮谈判。协定符合欧盟的利益，契合欧盟战略自主的大方向。中国做出的承诺前所未有，欧盟企业能够更便捷、更公平地在中国投资。

同时，我们应以更加平常的心态看待协定受阻。一方面，历史和别国经验表明，跨国公司进行投资决策时，双边投资协定往往只发挥信号的作用。对于现有的中欧贸易与投资关系，投资协定是锦上添花，其被冻结对中欧经济关系不会产生实质性损害。另一方面，协定受阻不会停下我国改革的步伐，做好自己的事是最好的回答。积极以对外开放促进对内改革，在许多欧盟企业持续看好中国市场进一步加大投资力度的时候，可以考虑我方的部分承诺先行落地，这既是我方相向而行释放善意的表示，也有利于我方获得更多的主动权。

3.碳边境调节机制短期冲击有限，长期影响仍有待观察

欧盟于2019年12月首次正式提出碳边境调节机制以来，不断推进立法进程，并于2023年4月完成立法程序，全球首个根据产品碳排放量而采取

的贸易措施即将实施。从时间安排上看，从 2023 年 10 月 1 日到 2025 年 12 月 31 日为过渡期，进口商品只需申报排放信息，不缴纳税费，从 2026 年开始征税。本质上，碳边境调节机制是一种绿色贸易壁垒。由于目前纳入征收的行业在江苏对欧盟出口中占比较小，短期不会对江苏外贸产生较大冲击。从长期来看，不确定因素增多。一方面，其他国家是否也出台类似政策来争夺应对气候变化主导权，或利用碳关税强化经贸优势地位，欧盟碳边境调节机制在 2026 年能否如期推进，都存在诸多变数。另一方面，碳边境调节机制是否引发国际贸易体系和产业格局变化还有待进一步观察。但不论碳边境调节机制如何推进，绿色低碳都是海外市场大势所趋，江苏都要以国家"双碳"战略为引领，建立绿色低碳循环发展的经济体系，推动传统产业绿色转型，培育壮大绿色新兴产业，增强产业链稳定性和国际竞争力，不应该因为碳排放因素而受制于人。

（二）《区域全面经济伙伴关系协定》（RCEP）机遇大于挑战，《全面与进步跨太平洋伙伴关系协定》（CPTPP）提出更高标准

RCEP 于 2022 年 1 月 1 日正式生效以来，各国陆续完成核准程序，2023 年 6 月 2 日 RCEP 对菲律宾正式生效，至此，全部 15 个签署国均完成生效程序，进入全面实施新阶段。RCEP 成员国是江苏重要的经贸伙伴，总的来看，RCEP 对江苏开放型经济机遇大于挑战。对外贸易方面，RCEP 有利于江苏企业深度挖掘区域市场潜力，特别是发挥与日韩合作先发优势，率先探索畅通东亚经济循环的地方路径。货物贸易的增长还将带动江苏省扩大服务贸易规模，尤其是生产性服务业。RCEP 电子商务和知识产权章节为电子商务、数字经济发展提供了制度保障，东盟国家市场潜力巨大，为江苏跨境电商带来新机遇。利用外资方面，RCEP 关税减让将促进生产要素加速流动，东盟在劳动力、土地等资源上存在比较优势，不排除部分想投资江苏的欧美企业转向东盟国家，从而对江苏稳外资产生一定的负面影响。对外投资方面，RCEP 负面清单、投资保护等制度条款为江苏企业对外投资带来便利，有利于推动江苏优势产能和装备制造"走出去"。此外，中国在自然人移动

方面做出最高承诺，有助于江苏引进先进技术、管理及高素质服务业人才。

2020 年，习近平主席在亚太经合组织第二十七次领导人非正式会议上表示，中国将积极考虑加入《全面与进步跨太平洋伙伴关系协定》（CPTPP）。2021 年 9 月，中国正式提交了申请加入 CPTPP 的书面信函，启动了实质谈判进程。CPTPP 在规则的深度、议题的广度、开放的程度上都高于 RCEP。以其中的投资规则为例，CPTPP 的投资定义范围更广、投资待遇透明度要求更高、征收和补偿标准更严，对于江苏重塑和增强投资吸引力具有导向作用，应超前探索有关规则，实施外商投资"全流程"国民待遇，着力营造内外资一致管理、各市场主体公平竞争的法治化、国际化营商环境。同时，增强外资安全审查能力，提高风险防控水平。

三 推动江苏开放型经济高质量发展的重点领域

2023 年 7 月 5~7 日，习近平总书记在江苏考察时强调，要畅通国内国际双循环，积极打通堵点、接通断点，不断创新吸引外资、扩大开放的新方式新举措，建设具有世界聚合力的双向开放枢纽，推动外贸创新发展，不断巩固和拓展国际市场。这为江苏开放型经济高质量发展提供了根本遵循。

（一）以外贸新业态新模式激发外贸新动能

新业态新模式作为外贸发展的新生力量，也是激发新动能的主力军，其中海外仓是促进江苏跨境电商发展、完善国际营销服务体系的重要着力点。建设海外仓要坚持政府引导、企业为主、市场运作，并与跨境电商、市场采购贸易、外贸综合服务等新业态新模式相融合。

以数字贸易引领贸易创新发展是江苏优化贸易结构、提升贸易实力的重要抓手。当前，数字贸易在全球范围内得到高度重视，已经成为各国争夺国际贸易新规则制定主导权的焦点。传统上，国际贸易成本主要包括运输物流成本、跨境成本、信息和交易成本、贸易政策障碍四大部分。而数字技术的运用使这些成本均得到不同程度的下降，各国的相对比较优势发生重大改变，

进而影响到国际贸易分工和地理分布。此外，数字技术也给广大中小外贸企业和发展中国家带来新机遇，扁平化的贸易方式使生产端在贸易链条中获得更大的主动权。在生产端普遍面临精准研发、精准生产、精准定价问题的背景下，数字技术可以高效促进信息传递和要素流动、供需匹配关系与产业主体协同模式实现重构。江苏信息化建设水平较高，数字经济发展基础好，应结合江苏工业制造企业多但平台型企业少的实际情况，积极探索数字贸易发展路径。引导制造企业运用新技术进行产品流程再造，完成生产供应链数字化管理和服务环节数字化转型，通过数字化赋能制造业，提升国际竞争力。

（二）推动外资总部融入双循环新发展格局

发展外资总部经济是提升利用外资质量的重要路径。外资总部是防止"脱钩"的稳定剂。与单个企业不同，跨国公司将总部设在江苏，往往不是单一要素驱动的，而是综合评价、集成多种因素的选择。当前，中美"脱钩"论调虽然在一些领域甚嚣尘上，但大型跨国公司仍然会根据市场规律和原则开展全球布局，特别是外资总部企业，其主要任务就是协调、配置全球资源，使企业各链条、各环节既全球分工布局，又有机有序联动。稳定好、发展好在苏外资总部，不仅能避免"脱钩"现象的发生，促进江苏经济进一步融入世界产业分工体系，还能依托总部的能级优势，不断向价值链高端攀升。

外资总部是链接双循环的黏合剂。外资总部具有发出指令、配置资源、构建与调整布局的功能，是链接国内国际双循环的纽带，是推动双循环相互促进的重要力量。国内市场越通畅、配套能力越强、消费越活跃，外资总部就会将更多的订单、更多的环节和职能向我国转移，特别是当国际循环出现风险时，可以充分展示我国产业链供应链的韧性、稳定性和安全性，促进我国更加深入地融入国际循环，供给国际市场。

（三）理性稳健开展对外投资

企业对外投资往往不是出于某一种投资动机，而是多种因素综合考量的结果，且各因素之间相互影响。改革开放以来，我国把利用外资作为对外开放的重要举措。早期外资主要以合资、独资等绿地投资为主的方式进入我国。我国加入世界贸易组织后，对外商并购投资的法律规范逐步形成，政策由限制转为鼓励支持，外资在华并购快速发展，直到 2007 年金融危机爆发。这一发展历程对中国企业对外直接投资具有明显的示范效应，同时也为对外投资创造了条件。没有资本引入导致的国内要素整合和要素结构调整，就不会需要在国际市场进一步实现要素收益的最大化。自 2000 年我国正式提出实施"走出去"战略以来，对外投资也经历了从绿地投资到绿地投资与跨国并购并重的过程。在当前欧美国家投资保护主义明显抬头之际，江苏企业首先要坚定信心，在考虑是否对欧美投资时还是应当从项目本身能否满足企业需求、有助于企业发展，以及商业角度来考虑是否合理，而不要把审查作为一个要不要进行投资的决定性因素。其次要坚持并购行为的市场化运作。避免过度依赖行政力量，要按照国际规则行事，加强并购过程中的规范化、法制化和商业化，防止非市场化的因素参与决策，慎重选择目标企业，杜绝不计成本地盲目并购。最后要从被动应对并购审查风险转变为积极主动、未雨绸缪。在并购计划的早期完善尽职调查，主动应对审查，提前准备证据和审查材料，积极捍卫企业的海外权益。

（四）以开放载体为依托，推动制度型开放

长期以来，开发区是江苏经济发展的强大引擎、对外开放的重要载体和体制机制改革创新的试验区，是深入实施经济国际化战略的主阵地，在全省经济社会发展全局中具有重要地位。江苏过去对外开放的领先，很大程度上得益于开放平台的领先。而自贸区则更是探索高水平制度型开放的综合试验平台。2023 年 9 月，习近平总书记就深入推进自由贸易试验区建设做出重要指示，为江苏自贸区建设指明了方向。江苏要准确把握自贸区、开发区以及高新区的职能定位，发挥其开放优势、创新优势和产业优势，在全省总体的制度集成创新框架下，鼓励各开放载体灵活探索适合自身的创新方案和重点领域，充分调动基层创新的积极性和主动性。同时，注重发挥先行先试的示范引领作用，及时复制推广成功经验。

四 推动江苏开放型经济高质量发展的对策建议

（一）持续加快海外仓建设，聚力推进数字贸易发展

优化海外仓的全球布局，在欧洲、日韩、东盟等重点市场培育建设一批海外仓。支持江苏省国际货运班列有限公司在荷兰等重要物流节点地区建设海外仓，打造"中欧班列+海外仓+跨境电商"模式，将网上购物与线下物流结合起来，进一步畅通国内国际市场，把江苏打造成全球进出口货物集聚地。各海外仓要加快订单、仓储、配送、售后等全流程智慧升级，提升信息化、智能化、多元化、本地化发展水平。创新打造数字海外仓，依托数字仓库，为数字仓单、数字贸易提供优质、高效、安全的物联网管控生态。进一步规范海外仓服务标准，探索制定相关国家标准。鼓励进出口银行等政策性金融机构对海外仓的建设运营开发和金融产品创新。加强海外仓的推广应用，帮助海外仓对接跨境电子商务综合试验区、境外合作园区等平台，扩大服务覆盖面。

实施服务外包数字化转型升级行动，支持众包众创、平台分包等新模式做大做强。对标《数字经济伙伴关系协定》（DEPA），开展数字贸易壁垒应对、知识产权保护、数字贸易统计、争端解决机制、新型数字贸易规则等前瞻性研究。支持有关企业参与各层次数字贸易、数据治理和数字经贸合作。引导南京江北新区、苏州工业园区探索形成跨境数据流动管理的江苏方案。积极开展数据确权、质量评估、数据资产定价等数据价值化研究。

（二）促进外资与江苏产业迭代升级、江苏科技创新、长三角一体化融合发展

实施技术改造计划，支持外资企业充分利用物联网、大数据管理、智慧设备等高速发展的契机，建设数字化工厂，加大生产线智能化技术改造。推动外资企业与江苏内资企业的产业合作，瞄准外资企业上下游积极培育国内

的供应商，充分发挥我国产业链齐全、江苏制造业发达的优势，加快供应链合作、项目合作和产业链融合，减轻外资企业对外依存度。

支持外资研发机构与江苏本土企业、高等院校、科研机构合作共建实验室，联合开展产业核心技术攻关，参与建设研发转化平台、专业孵化器。鼓励和引导江苏企业与外资研发机构建立战略联盟关系，开展技术配套。推动创新研发人员及高级管理人员的合作交流，定期举办学术沙龙、创新论坛等活动吸引中外研发机构参与。鼓励外资研发中心参与江苏科技创新项目，将它们纳入江苏本土的科研与创新体系，对与本土企业、研发机构或高校合作的科技项目优先支持。加快科技创新开放步伐，推动外资企业在江苏设立具有独立法人资格的研发中心，鼓励外资研发中心升级为全球研发中心。

突出长三角一体化带来的整体优势，鼓励一些优势领域外资企业积极拓展国内业务，延伸发展腹地，将生产制造基地及销售、采购、协作研发等部分环节在长三角布局，强化江苏外资企业的辐射作用，延伸企业产业链和价值链，促进外资企业深度融入国内循环。

（三）引导企业按照国际惯例和市场原则谨慎开展跨国并购

进一步通过跨国并购等方式培育江苏本土跨国企业，发挥其配置全球资源要素、畅通国内国际双循环的枢纽作用。江苏企业在进行境外并购的过程中应明确自身战略定位，认真评估慎重选择目标企业。对于审查严格的欧美国家，要尽量避开核心技术、重要基础设施等领域。妥善选择交易目标，明确公司的治理结构，强调投资的商业目的，尽可能将涉及国家安全的技术或资产与交易目标相剥离。敦促企业在交易项目过程中尽早聘请专业团队，构建合适的交易结构，将受到审查的可能性和影响最小化。还可以根据情况引入国际战略投资者，借助这些投资者的运作经验和战略资源，消除并购障碍。并购时采取相对灵活、迂回的策略，循序渐进，不冒进，保持低调，不要急于求成。从小的标的、少数股权投资开始，最好先进行绿地投资，要尽量减少对知名的、规模较大的高科技企业的一次性完整收购，既减少欧美国家政府和大众对江苏企业突然进入的陌生感以及企业自身的资金压力，也规

避了中外企业合并中经常出现的诸多冲突和操作风险。

要更加注重并购后整合，实现并购价值的提升。对于高科技领域的并购而言，完成并购程序才是第一步。并购的价值主要是由并购交易之后的整合带来的，而非来自更容易引起人们注意的并购交易具体实施阶段。一部分在当时曾产生过巨大影响的并购交易，后续由于经营管理不善、业务无法产生协同、人才流失等原因最终未能取得良好的实际效果。并购整合能力成为决定并购效果的关键因素。企业境外并购的回报显然不只来源于目标企业现有的技术和产品，更重要的是留住那些能够研发这种技术和产品的人才。如果由于整合不力而失去开发技术和产品的核心人才，就相当于只获取了第一代技术，而失去了第二代、第三代等未来技术。此外，更好地完成并购后整合将产生重要的示范效应，有利于江苏企业在东道国以及其他国家树立良好的形象，既为江苏其他企业的境外并购增添信心，也有助于消除东道国政府和民众的误解，减少投资障碍。

（四）推动载体平台特色化发展，加快国际合作园区建设

近年来，国际合作园区在江苏已形成全面布局的态势，对立足本地产业优势和发展方向精准吸引特定国别的外资发挥了重要作用。要将传统的"点线式"外资招商提升为"国别化平台"招商，进一步形成高质量外资的规模化进驻和集聚化发展的新格局，以国际化、高端化、精细化和集成化理念打造能真正吸引和集聚特定国别高质量外资的综合环境平台和产业技术合作通道。将招商引资与"稳链补链强链"相结合，重点引进一批补短板、强优势的外资。借鉴太仓参照德国模式建立双元制职业教育体系，为入驻太仓的高质量德资企业提供坚实产业人力资源保障的经验，在吸引高质量外资中更加重视精准供给和提升产业人才要素，推动国际合作园区成为江苏外资新高地。

（五）进一步加快江苏自由贸易试验区的先行先试步伐

贸易保护主义抬头在短期内对国际经贸交流与合作有较大的负面影响，

但从长期看，经济全球化的趋势不可能逆转。中国设立自贸试验区，目的就在于探索在更高水平上扩大对外开放的路径，测试扩大开放的压力所在，通过设立开放试验窗口，适度引入外部市场压力倒逼国内改革。因此，应充分发挥自贸试验区开放测试平台的作用，一方面要推动江苏企业主动对标高标准的国际规则来深化改革，逐步将"竞争中立"原则应用于各类型企业，从资源配置到绩效激励各个层面都贴近市场，形成充分尊重市场规律、对市场怀有敬畏之心的氛围。另一方面要努力打造并充分运用对外开放合作的平台，助力江苏企业进一步熟悉并适应国际规则，用国际先进标准引导自身转型升级的战略安排。应当抓紧时机，开展有关环保、劳工等高标准规则或应对高标准规则的探索，为我国争取规则制定的国际话语权提供实践经验。

要加强自贸区与开发区等开放平台的联动。充分利用好国家级开发区改革自主权，聚焦贸易、投资、金融、人才等重点领域，主动与自贸区共同开展改革创新实践，共同向上争取国家改革试点任务，加快形成联动创新新机制。

参考文献

[1] 丁纯：《疫情暴露了全球经济治理体系的结构性赤字》，《国家治理》2020年第23期。

[2] 范良成：《以数字贸易激活外贸发展新引擎》，《群众》2021年第22期。

[3] 李皓：《高新技术产业并购助力经济转型》，《银行家》2018年第11期。

[4] 袁铂宗、祁欣：《对外投资合作促进"双循环"新发展格局的实践路径及优化对策》，《国际贸易》2021年第9期。

[5] 张贤：《欧盟碳边境调节机制对江苏的影响及应对建议》，《阅江学刊》2023年第3期。

[6] 朱萌：《当前中国面临国际经济法律环境的几点思考》，《安徽理工大学学报》（社会科学版）2021年第3期。

B.7
江苏内需高质量发展的综合
动因与路径选择

战炤磊 成洁*

摘　要： 扩大内需是构建新发展格局、推动经济高质量发展的内在要求，内需发展同样需要遵循高质量导向。总体来看，江苏内需规模保持扩张，但增速放缓；内需结构不断优化，但仍有隐忧；内需增长亮点频现，但尚不稳定。经济基本面长期向好、中国式现代化新实践、美好生活需要全面升级、新一轮科技革命和产业变革为江苏内需高质量发展提供了良好机遇，但其也面临"三重压力"的持续影响以及人口增长问题的严峻挑战。推动江苏内需高质量发展，必须科学把握六大基本原则，系统探索四大战略路径，灵活运用六大推进策略，特别是要促进居民收入、企业利润、财政收入的协调增长。

关键词： 扩大内需　供给侧结构性改革　高质量发展　中国式现代化

引　言

高质量发展是全面建设社会主义现代化国家的首要任务，扩大内需是构建新发展格局、推动经济高质量发展的内在要求。党的二十大报告明确要求"把实施扩大内需战略同深化供给侧结构性改革有机结合起来""着力扩大内需，增强消费对经济发展的基础性作用和投资对优化供给结构的

---

* 战炤磊，江苏省社会科学院江海学刊杂志社研究员；成洁，江苏省社会科学院江海学刊杂志社助理研究员。

关键作用"。① 2022 年中央经济工作会议强调"要更好统筹供给侧结构性改革和扩大内需，通过高质量供给创造有效需求，支持以多种方式和渠道扩大内需"，并且将"着力扩大国内需求"列为来年经济工作的首要任务。② 2023 年《政府工作报告》在阐述重点任务时同样将着力扩大国内需求放在首位，要求把恢复和扩大消费摆在优先位置。

　　江苏作为经济发展水平较高特别是开放型经济发达的省份，在扩大内需方面既有诸多优势条件，又面临不少制约因素。2023 年江苏《政府工作报告》明确提出，"积极扩大有效需求""充分发挥消费的基础作用和投资的关键作用，为经济持续回稳向好提供有力支撑""大力提振消费市场""把恢复和扩大消费摆在优先位置""着力扩大有效投资"。③ 2023 年 3 月 5 日，习近平总书记在参加江苏代表团审议时希望江苏"在高质量发展上继续走在前列"，赋予江苏科技自立自强、构建新发展格局、推进农业现代化、强化基层治理和民生保障"四个走在前"的使命任务，并再次强调"要把实施扩大内需战略同深化供给侧结构性改革有机结合起来"。④ 2023 年 7 月，习近平总书记在江苏考察调研时进一步希望江苏"在推进中国式现代化中走在前做示范"，并且对江苏提出了"四个新"的重大任务，即"在科技创新上取得新突破，在强链补链延链上展现新作为，在建设中华民族现代文明上探索新经验，在推进社会治理现代化上实现新提升"。⑤ 无论是切实扛起"四个走在前"的使命，还是高效完成"四个新"的任务，都要求江苏在扩大内需领域继续发挥"压舱石"的作用，更好地发挥消费的基础性作用和投资的关键性作用，以供给侧与需求侧的有机结合、内需与外需的良性互

①　习近平：《高举中国特色社会主义伟大旗帜　为全面建设社会主义现代化国家而团结奋斗——在中国共产党第二十次全国代表大会上的报告》，人民出版社，2022。
②　《中央经济工作会议在北京举行》，《人民日报》2022 年 12 月 17 日。
③　许昆林：《政府工作报告——二〇二三年一月十五日在江苏省第十四届人民代表大会第一次会议上》，《新华日报》2023 年 1 月 28 日。
④　《习近平在参加江苏代表团审议时强调　牢牢把握高质量发展这个首要任务》，《人民日报》2023 年 3 月 6 日。
⑤　《习近平在江苏考察时强调　在推进中国式现代化中走在前做示范　谱写"强富美高"新江苏现代化建设新篇章》，《人民日报》2023 年 7 月 8 日。

江苏蓝皮书

动,为经济社会全面高质量发展夯实需求基础。

为此,本报告在全面总结分析江苏内需发展总体态势的基础上,重点从消费基础性作用、投资关键性作用、需求侧与供给侧联动、内需与外需联动等方面比较分析江苏扩大内需的成就与不足,进而对标高质量发展走在前列和在推动中国式现代化上走在前做示范的使命要求,结合国内外宏观形势的变化分析江苏内需发展的演进趋势和机遇挑战,从而按照补短板、强弱项、扬优势的思路,系统探讨江苏扩大内需的政策建议。

一 中国式现代化视域下内需高质量发展的理论内涵与综合动因

(一)内需高质量发展的理论内涵

按照现代经济学的一般定义,内需是指一国内部需求,主要包括国内投资需求和国内消费需求,而以出口为代表的国外需求则被称为外需。现代经济增长核算理论将总需求分解为消费需求、投资需求、政府需求和国外需求,其中政府需求又可分别归入消费需求和投资需求,因而消费、投资、出口被统称为拉动经济增长的"三驾马车"。随着凯恩斯主义的兴起,扩大内需成为主要经济体推动经济增长的主导战略范式。通常扩大内需战略主要强调通过相机实施动态组合的财政政策和货币政策来扩大投资和消费的规模,以促进经济总量的增长。然而,随着经济发展范式对经济增长范式的超越,单纯的数量增长已不是经济体系运行的唯一目标,结构优化、效益提升、分配合理以及韧性与可持续性等质量指标被赋予了更大的权重。

特别是随着我国经济步入高质量发展阶段,我国的扩大内需战略也亟须完成高质量导向的范式转换,聚焦内需高质量发展的目标诉求,加快培育完整的内需体系,用好超大规模国内市场的优势,更好地发挥消费和投资在推动经济发展中的基础作用和关键作用,从而在构建新发展格局中担负起战略基点的责任使命。按照国家发展改革委的解释,"完整内需体系涉及国内各类需求构成的全领域、多层次的综合体系，既包括需求也包括供给，既包括消费需求也包括投资需求，还包括优化各类资源配置和促进要素流动的一系列改革举措"。① 这意味着，内需也有自身相对独立完整的构成和运行体系，同样存在高质量发展诉求。因此，内需高质量发展主要是指内需体系在构成内容上不断健全、在运行机制上不断优化的动态过程，强调在内需规模、内需结构、内需动力、内需绩效等维度全面契合经济高质量发展的内在要求。具体可以从以下几方面来理解：一是推动内需发展规模持续稳定扩张，数量增长速度保持在合理区间，满足国内需求成为经济发展的出发点和落脚点，供给体系与国内需求保持良好适配性，支撑国民经济的稳定增长。二是推动内需发展结构不断优化升级，不同类型、不同领域、不同层次的需求持续派生，不断提高内需体系的完整性，同时，投资需求与消费需求在城乡、区域、层次等维度形成合理的比例关系，支撑国民经济的结构优化。三是推动内需发展动力加快转换，主要依靠创新实现供给与需求的更高水平动态平衡，主要依靠本土市场畅通国民经济循环，强化内需的主导性，加快形成以创新和内需为导向的内生型经济发展模式。四是推动内需发展绩效全面提升，充分满足人民日益增长的美好生活需要，以高效率的需求侧管理带动高效能的供给侧结构性改革，以投资与消费、供给与需求、国内与国外的良性互动，促进产业链、供应链、价值链的自主可控，保障国民经济的安全发展。

（二）中国式现代化视域下内需高质量发展的综合动因

党的二十大发出了以中国式现代化全面推进中华民族伟大复兴的号召，并且对中国式现代化的中国特色、本质要求、重大原则做出了系统阐述和科学部署。推动中国式现代化的首要任务就是高质量发展，并且这种高质量发展不仅是经济领域的高质量发展，而且是经济社会方方面面的高质量发展，

---

① 《"十四五"规划〈纲要〉名词解释之71 完整内需体系》，https：//www.ndrc.gov.cn/fggz/fzzlgh/gjfzgh/202112/t20211224_ 1309256. html？ state＝123。

因而也必然包括内需的高质量发展。扩大内需战略是中国式现代化战略体系的重要内容，内需高质量发展是推动中国式现代化的重要路径，不仅有利于彰显中国式现代化的五大特色，而且完全契合中国式现代化的本质要求。

中国式现代化是中国共产党领导的社会主义现代化，这是中国式现代化的根本性质。这就要求始终坚持中国共产党对中国式现代化全局的全面领导，扩大内需战略同样要坚持党的领导，把党领导经济工作的方针政策贯彻落实到内需体系建设的全过程、全领域，把握内需发展的正确方向，完善内需发展的政策体系，以内需治理体系和治理能力现代化支撑中国式现代化行稳致远。

人口规模巨大是中国式现代化的最大国情，也是显著优势，这不仅在需求侧意味着超大规模的市场需求空间，而且在供给侧意味着满足人们多层次、多样化需求的任务更加迫切、更加艰巨。因此，必须加快培育完整的内需体系，以更全面的需求类型、更适配的供求关系充分满足人民日益增长的美好生活需要。

全体人民共同富裕是中国式现代化的根本目标，不仅要求在生产环节以高质量发展创造更多社会财富，而且要求在分配环节将社会财富合理分配给全体人民。因此，必须全力构建高质量发展导向的完整内需体系，践行以人民为中心的发展思想，引导人们树立正确的财富观，在高效创造更多社会财富的同时，合理分配社会财富，夯实全体人民共同富裕的需求基础。

物质文明和精神文明相协调是中国式现代化的内容要求，意味着现代化进程需要统筹物质生产和精神生产，满足人民群众对美好物质生活和精神生活的需要。因此，在内需体系建设过程中，要发挥内需拉动经济增长的作用，通过不断优化需求结构，实现物质生产与精神生产的协同繁荣。

人与自然和谐共生是中国式现代化的根本原则，意味着现代化进程需要协调好人与自然环境的关系，集约开发利用自然资源，全面保护修复生态环境，走绿色低碳的发展道路。因此，在内需体系构建过程中，既要强化绿色发展理念，大力发展绿色低碳循环经济，倡导绿色投资和绿色消费，形成适应绿色发展的内需体系，又要强化生态系统理念，集成完善内需发展生态系统，以内需的可持续发展支撑经济社会的可持续发展。

走和平发展道路是中国式现代化的过程要求。因此，既要坚持自立自强，从战略高度强化内需体系建设，探索内需主导的发展道路，夯实保卫和平、促进发展所需要的综合实力，又要强化共同体意识，坚持对外开放，加强世界范围内的经济交流与合作，凝聚支撑中华民族伟大复兴的磅礴合力，并推动中国智慧、中国方案为世界所借鉴吸收。

二　江苏内需发展现状分析

（一）内需规模保持扩张，但增速放缓

从投资来看，2012 年以来，江苏全社会固定资产投资总体上保持增长态势（见图 1），2022 年全社会固定资产投资额约为 64731.7 亿元，是 2012 年的 2.04 倍。但是，全社会固定资产投资的增速总体上呈明显下降趋势，从 2012 年的 20.5% 下降到 2022 年的 3.8%，并且低于全国平均水平（4.9%），全社会固定资产投资额占地区生产总值的比重也从 2015 年的 64.42% 下降到 2022 年的 52.68%。2013 年以来，江苏围绕推动经济运行率先整体好转出台了一系列扶持政策，取得了良好效果，全社会固定资产投资呈现良好复苏态势。2023 年 1~9 月，全省固定资产投资同比增长 5.7%，其中，基础设施投资同比增长 3%；高新技术产业投资同比增长 13.2%；工业技术改造投资同比增长 4.5%；制造业投资同比增长 10.7%，特别是电气机械和器材制造业投资增速高达 50%。①

从消费来看，2012 年以来，江苏社会消费品零售总额总体上也保持增长态势（见图 1），2022 年江苏社会消费品零售总额约为 42752.1 亿元，是 2012 年的 2.32 倍。但是，社会消费品零售总额的增速总体上也呈明显下降趋势，

---

① 江苏省统计局、国家统计局江苏调查总队：《前三季度全省经济持续恢复》，江苏省统计局网站，2023 年 10 月 25 日，http://tj.jiangsu.gov.cn/art/2023/10/25/art_ 85275_ 11050837.html。

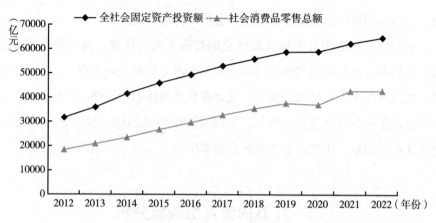

图 1　2012~2022 年江苏全社会固定资产投资额和社会消费品零售总额

从 2012 年的 15.0%下降到 2022 年的 0.1%。2023 年以来，在相关政策的支持下，江苏消费呈现快速复苏态势，1~9 月，全省实现社会消费品零售总额 33874.1 亿元，同比增长 7.1%，特别是升级类消费和出行类消费实现较快增长，其中智能手机和新能源汽车的增长速度分别高达 51.3%和 51.8%。①

（二）内需结构不断优化，但仍有隐忧

从投资结构来看，2012 年以来，江苏总体上呈持续优化的态势。民间投资处于绝对主导地位，所占比重在 70%左右波动，2022 年为 68.60%，比全国平均水平（53.51%）高 15.09 个百分点。与高质量发展要求相契合的产业领域投资保持强劲复苏势头。2022 年，高技术产业投资同比增速达 9.2%，拉动全部投资增长 1.7 个百分点，占全部投资的比重进一步提高到 23.59%，其中科技成果转化服务、研发与设计服务、电子商务服务等行业投资增速分别为 26.4%、23.5%、20.1%；此外，电气机械和器材制造投资增速达 25.4%，计算机通信和其他电子设备投资增速达 12.0%，金融业、卫生和社会工作以及文化、体育和娱乐业的投资增速分别高达 33.0%、

_____

① 江苏省统计局、国家统计局江苏调查总队：《前三季度全省经济持续恢复》，江苏省统计局网站，2023 年 10 月 25 日，http：//tj. jiangsu. gov. cn/art/2023/10/25/art_ 85275_ 11050837. html。

29.4%、24.5%。同时，房地产投资占比降低，2022 年为 19.19%，较上年降低了 2.44 个百分点，创近 5 年以来的新低，而同期全国平均水平则从上年的 26.70%大幅下降到 22.93%。另外，2022 年民间投资占比也较上年下降了 0.6 个百分点（见表 1）。

表 1　2012~2022 年江苏投资结构

单位：%

年份	社会固定资产投资额占地区生产总值比重	民间投资占比	房地产投资占比	高技术产业投资占比
2012	59.04	67.20	19.57	12.80
2013	60.63	68.20	24.62	17.86
2014	64.09	67.60	19.83	17.26
2015	64.42	69.70	17.76	16.42
2016	63.83	69.30	18.14	16.23
2017	61.72	70.70	18.17	14.62
2018	59.99	71.00	19.65	15.96
2019	59.57	69.60	20.45	18.73
2020	57.33	68.80	22.37	19.51
2021	53.59	69.20	21.63	22.43
2022	52.68	68.60	19.19	23.59

从消费结构来看，新兴消费保持良好增势，消费结构趋于优化。在消费业态结构方面，网络消费保持稳定增长，2022 年实物商品网上零售额为 10782.8 亿元，同比增长 7.0%，占社会消费品零售总额的比重为 25.2%，增速和占比分别比上年提高 1.8 个和 2.9 个百分点，但实物商品网上零售额占比仍低于全国平均水平（27.2%）；在消费商品结构方面，智能化、绿色化的产品消费飞速增长，2022 年智能手机、智能家用电器和音像器材类产品、新能源汽车的销售额同比增速分别高达 118.2%、129.4%、164.4%。

（三）内需增长亮点频现，但尚不稳定

2023 年以来，江苏内需发展不断涌现新的增长点。在投资方面，一批

重大项目发挥了"压舱石"的作用，支撑了投资的稳健增长。上半年，全省3010个10亿元以上在建项目完成投资同比增长14.7%，占全部投资的比重为29.2%，拉动全部投资增长3.9个百分点，对投资增长贡献率达71.1%；新型基础设施建设投资稳步增长，上半年累计投资191亿元，新建5G基站3.2万座，累计达21.9万座；高技术产业继续发挥强引擎作用，上半年，全省高技术产业投资同比增长9.0%，对投资增长贡献率为29.0%，拉动投资增长1.6个百分点。①

在消费方面，升级类消费和新兴消费保持强劲增势。2023年上半年，体育娱乐用品类和通信器材类商品零售额同比增速分别高达36.1%和40.2%。2023年1～9月，全省网上零售额为9253.3亿元，同比增长13.8%。其中，实物商品网上零售额7873亿元，同比增长11.5%，占社会消费品零售总额的比重为23.2%。② 同时，文化旅游领域热点频发，消费总额快速增长。2023年"五一"假期，江苏共接待国内游客3988.18万人次，实现旅游总收入310.08亿元，同比增速分别为277.7%和220.8%；假期前4天，江苏文旅消费总额达99.62亿元，占全国的10.45%，排名全国第一。③ 2023年7月1日至8月31日，江苏共接待境内外游客1.8亿人次，实现旅游总收入2600亿元，暑期文旅消费总额为927亿元，居全国第一位。④ 2023年9月29日至10月6日，江苏共接待国内游客7118.48万人次，实现旅游总收入907.59亿元，同比增速分别为104.7%和151.9%；假期前7天，江苏文旅消费总额为175.55亿元，占全国的10.62%，保持全国第一。⑤ 但是，在旅游消费市场持续升温的同时，也暴露出了市场发育不健全

① 《上半年全省固定资产投资完成额同比增长5.5% 投资运行稳中有进增长动能持续巩固》，《新华日报》2023年7月31日。

② 江苏省统计局、国家统计局江苏调查总队：《前三季度全省经济持续恢复》，江苏省统计局网站，2023年10月25日，http://tj.jiangsu.gov.cn/art/2023/10/25/art_85275_11050837.html。

③ 《江苏"五一"文旅成绩单出炉：接待游客近4000万人次，实现旅游总收入超310亿元》，交汇点客户端2023年5月3日。

④ 《江苏暑期文旅市场"热力十足"》，http://news.xhby.net/ly/wltt/202309/t20230907_8077466.shtml。

⑤ 《远行近游皆惬意 中秋国庆假期江苏旅游市场观察》，《新华日报》2023年10月7日。

等问题，江苏省消保委系统 2023 年上半年收到的有关旅游消费的投诉达1363 件，关于旅游消费投诉的舆情信息有 70951 条。[①]

三　江苏内需发展的形势分析

（一）江苏内需高质量发展的机遇与挑战

对于我国经济发展的总体形势，以习近平同志为核心的党中央始终保持理性认识，既重视把握重要战略机遇期，又直面各种风险挑战。党的二十大报告指出："我国发展进入战略机遇和风险挑战并存、不确定难预料因素增多的时期，各种'黑天鹅''灰犀牛'事件随时可能发生。"江苏内需高质量发展同样机遇与挑战并存。概括而言，江苏内需高质量发展的良好机遇主要体现在以下几方面。一是经济基本面长期向好的机遇。习近平总书记发表2023 年新年贺词时强调："中国经济韧性强、潜力大、活力足，长期向好的基本面依然不变。只要笃定信心、稳中求进，就一定能实现我们的既定目标。"[②] 长期向好的经济基本面将为内需高质量发展提供有力支撑，不仅有助于保持内需规模的稳步增长，而且有助于包容内需转型升级的短期阵痛。二是中国式现代化新实践的机遇。习近平总书记考察江苏时希望江苏"在推进中国式现代化中走在前做示范"，这一使命任务既对江苏内需高质量发展提出了更高的要求，也揭示了江苏内需高质量发展的重点方向。江苏在科技创新上取得新突破将为内需高质量发展提供动力支撑和手段支持；在强链补链延链上展现新作为，将在供给侧为内需高质量发展奠定产业链供应链基础；在建设中华民族现代文明上探索新经验，将派生新的人文经济形态从而推动内需的转型升级；在推进社会治理现代化上实现新提升，将为内需高质量发展提供高效能的治理支撑。三是美好生活需要全面升级的机遇。新时代

[①]　薛庆元：《江苏省消保委发布 2023 年上半年消费投诉和舆情分析：演出市场、预付式消费等问题频发》，《中国消费者报》2023 年 7 月 4 日。

[②]　《国家主席习近平发表二〇二三年新年贺词》，《人民日报》2023 年 1 月 1 日。

我国社会主要矛盾在需求侧指向人民日益增长的美好生活需要，这指明了扩大内需战略的落脚点和着眼点，培育完整内需体系的各项工作都必须服从并服务于人民的美好生活需要。同时，消费需求将集中释放，以健康、休闲、交往为主要特征的消费升级将加速推进，从而为内需发展提供良好契机。四是新一轮科技革命和产业变革的机遇。内需高质量发展强调需求侧与供给侧的有机融合，既要不断派生聚合新的需求，又要培育扶持满足需求的新兴业态。新一轮科技革命和产业变革的蓬勃兴起，不断催生大量的新技术新业态，不仅为扩大投资提供了多元化的选择空间，而且为扩大消费提供了便捷的技术手段。新技术新业态的不断涌现将不断催生新的投资增长点和消费增长点，为扩大内需提供源源不断的动力支持。

当然，江苏在内需高质量发展进程中也面临诸多挑战。一是"三重压力"持续影响的挑战。2023 年 4 月 28 日召开的中央政治局会议认为，"经济社会全面恢复常态化运行，宏观政策靠前协同发力，需求收缩、供给冲击、预期转弱三重压力得到缓解，经济增长好于预期"。但是，第二、第三季度经济运行数据的反复进一步表明"三重压力"具有较强的顽固性，短期内很难彻底摆脱。"三重压力"对内需高质量发展的制约作用是多层次多领域的，不仅会通过需求收缩直接制约短期内的投资和消费增长，而且会通过供给冲击和预期转弱抑制长期的投资扩张和消费升级。二是人口增长问题的系统性影响的挑战。我国作为超级人口大国于 2022 年首次出现人口负增长，虽然人口只减少了 85 万人，但是人口一旦步入负增长轨道便会持续相当长的时期。加上与此相伴随的人口老龄化，将对消费需求和投资需求产生极其深刻的影响。2022 年，江苏虽然常住人口增加了 10 万人，但是，65 岁及以上人口增加了 72.4 万人，占常住人口的比重达 17.87%，已超过深度老龄化社会（14%）的标准，接近超级老龄化社会（20%）的水平。增长乏力的人口规模，加上未富先老的人口结构，将对扩大内需构成严重挑战，不仅可能制约内需规模的扩张速度，而且可能影响内需质量的持续提升，甚至有可能引致内需结构的畸形发展。

（二）江苏内需高质量发展的优势条件与制约因素

江苏在内需高质量发展方面既拥有诸多优势条件，也存在诸多制约因素。一是发达的产业经济优势奠定了内需高质量发展的良好基础。江苏经济发展水平较高，2022年地区生产总值为122875.6亿元，稳居全国第二位，人均地区生产总值为144390元，仅次于北京、上海。同时，江苏拥有发达的产业体系，属于典型的制造业强省，2022年战略性新兴产业、高新技术产业产值占规模以上工业的比重分别达40.8%、48.5%。二是丰裕的科教资源优势夯实了内需高质量发展的创新动力。2022年，江苏R&D经费支出占地区生产总值的比重达3.0%，全省人才资源总量超过1400万人，研发人员达108.8万人，拥有两院院士118人；年末全省有效发明专利量为42.9万件，万人发明专利拥有量为50.4件，科技进步贡献率为67.0%；全省共有普通高等学校168所、在校生211.9万人。三是居民收入偏低、消费意愿不强制约内需高质量发展。2022年江苏居民人均收入为49862元，而同期浙江该指标为60302元。同时，江苏城乡居民收入差距仍有较大改进空间，城乡居民收入比为2.11，而浙江这项指标为1.90。2022年，江苏居民人均消费为32848元，占收入的比重为65.88%；而广东居民人均消费为32169元，占收入的比重为68.35%。

四　江苏内需发展的对策分析

（一）江苏内需高质量发展的基本原则

习近平总书记在学习贯彻党的二十大精神研讨班开班式上指出："推进中国式现代化是一个系统工程，需要统筹兼顾、系统谋划、整体推进，正确处理好顶层设计与实践探索、战略与策略、守正与创新、效率与公平、活力与秩序、自立自强与对外开放等一系列重大关系。"这六对关系对于促进内需高质量发展同样具有重要的指导意义，揭示了内需高质量发展的基本

原则。

一是顶层设计与灵活实践探索相结合的原则。内需高质量发展是一个复杂的系统工程，必须进行高屋建瓴的顶层设计，特别是要立足江苏在全国发展大局中的定位，对标江苏在中国式现代化新实践和高质量发展中的使命任务，把握内需发展的基本规律和总体趋势，对全省扩大内需战略做出系统谋划，加快构建省域层面的完整内需体系，合理确定内需高质量发展的目标定位和重点任务以及政策举措。同时，内需高质量发展是一个长期的动态过程，必须进行机动灵活的实践探索，结合特定阶段的任务要求、特定环境的内外形势、特定地区的实际情况，选择适宜的推进策略，逐渐形成特色化的发展路径。

二是长期战略与近期策略相结合的原则。世界大国崛起的经验一再表明，只有坚定不移扩大内需，坚持走内需主导型发展道路，才能真正建成现代化强国。内需高质量发展是事关我国民族复兴大业成败的重大战略，既需要立足长远，做出富有前瞻性的系统部署，又需要立足当下，制定行之有效的实施策略。一方面，江苏要在认真贯彻落实中共中央、国务院印发的《扩大内需战略规划纲要（2022—2035年）》基础上，对标在高质量发展上继续走在前列、在推进中国式现代化中走在前做示范的使命要求，结合自身实际，系统制定江苏扩大内需战略的中长期规划纲要。另一方面，瞄准经济运行率先好转的迫切任务，找准内需高质量发展的短板和弱项，探索行之有效的突破路径，形成支撑内需高质量发展的有效策略组合。

三是做强传统领域与培育新兴业态相结合的原则。内需高质量发展是一个以满足人民美好生活需要为导向的动态过程，既要依托传统产业领域的高质量发展满足已有需求，又要依托新兴业态的高质量发展满足新兴需求。无论在投资领域，还是在消费领域，传统与现代的更迭都是一个渐进的交互的过程，而不是一个线性的替代过程。因而，推动内需高质量发展，既要立足自身优势基础，通过转型升级，做大做强传统领域，夯实内需稳定增长的基础，又要紧跟未来发展潮流，通过创新孵化，培育扶持新兴领域，激发内需持续增长的动能。为此，高质量发展导向下的扩大内需，必须推动相关政策资源在传统领域和新兴领域合理分配，在传统与现代的良性互动中实现内需的数量扩张与质量提升协同推进。

四是效率与公平统筹兼顾的原则。内需高质量发展不是单纯的投资或消费问题，而是整个经济运行体系的系统性变革，既强调生产和流通环节的效率性，又强调分配和消费环节的公平性。因此，在以高质量发展为导向扩大内需的过程中，既要遵循内需发展规律，优化资源配置的空间结构和产业结构，提升投资效率，持续创造可供分配和消费的丰富产品和财富，又要坚持共同富裕的目标导向，将"做大蛋糕"与"分好蛋糕"有机结合，优化市场环境和政策体系，在市场准入、市场竞争、生产运营、分配消费各个领域彰显机会公平和结果公平。

五是先行先试与政策集成相结合的原则。内需高质量发展既是一个重大的发展命题，又是一个关键的改革命题，其顺利实施离不开一系列政策支持，既需要高屋建瓴的顶层设计，又需要摸着石头过河的探索实践。内需高质量发展是一个复杂的系统工程，"头痛医头、脚痛医脚"的分散政策很难奏效，甚至会适得其反，必须从全局出发，找准江苏在全国的定位，结合自身实际对全省内需发展做出系统谋划，着力构建内需高质量发展的政策体系，实现投资政策与消费政策联动、数量刺激型政策与质量提升型政策协同。同时，内需高质量发展直接面向市场需求和居民生活，需要及时应对动态变化的异质性的内外环境，不能采取"一刀切"的标准化政策。这就要求部分地区、部分行业、部分部门必须因地制宜地进行探索，在不断试错中找到最优的政策路径，担负起先行先试和典型示范的任务。

六是扩大内需与拓展外需相结合的原则。内需高质量发展并不是封闭的自我循环，在强调以国内需求为主导的同时，同样强调外需的关键作用，离不开国际市场和国际资源的支持。在经济全球化背景下，对绝大多数产业而言，在全球范围内进行分工合作都是最合乎经济理性的选择，面向国际市场的竞争与合作是产业发展壮大的必要外部条件。内需与外需的联动是高质量发展的必然要求，特别是对于开放型经济发达的江苏而言，必须在扩大内需的同时，进一步加大拓展外需的力度，推动外资外贸的高质量发展。

（二）江苏内需高质量发展的战略路径

扩大内需是高质量发展的内在要求，完整的内需体系是现代化经济体系的重要组成部分。江苏要在高质量发展上继续走在前列，必然要求在内需高质量发展上继续走在前列。因此，必须遵循内需高质量发展的内在规律，呼应中央相关部署，立足江苏优势基础和目标定位，聚焦关键领域，系统探讨江苏内需高质量发展的战略路径。

一是实施消费升级战略，瞄准人民美好生活需要，扩大消费规模与提升消费层次并举，切实增强消费基础性作用。强化消费在内需体系中的基础地位，持续提高居民收入水平，稳定居民收入增长预期，完善社会保障体系和公共服务体系，化解居民对于教育、医疗、养老、住房等方面的后顾之忧，提升居民消费意愿和消费能力，激发消费规模扩张的不竭动力。准确把握人们消费需求的变化趋势，强化对升级型消费和新兴消费的支持力度，完善流通体系和消费环境，将乡村消费、绿色消费、网络消费、文旅消费、康养消费作为刺激消费的主要着力点。

二是实施投资扩张战略，拓展投融资渠道，优化投资结构，促进政府投资与民间投资协同联动，切实提升投资的关键性作用。强化投资在内需体系中的主导地位，综合运用收益提升型政策、成本节约型政策、风险分担型政策，提高资本投资的回报率，引导更多资本投向实体经济领域。优化政府投资的政策导向功能，激发民间投资活力，优化投资的空间结构、产业结构、周期结构，全面提升投资的综合效益水平，增强投资对高质量发展的支撑作用。

三是实施供求互动战略，统筹推进扩大内需战略与供给侧结构性改革，增强需求体系的引领性、扩张性、持续性，增强供给体系的适配性、稳定性、安全性，以供求动态均衡支撑新发展格局。从经济社会高质量发展的全局高度审视扩大内需战略，打破经济增长对数量型内需的过度依赖，重点培育高质量的有效内需，充分发挥有效内需对于经济运行体系的引领作用，带动产业体系的转型升级。同时，在强调供给满足需求的基础上，重视供给对需求的导向和支撑作用，全面提升供给体系的质量和效率，适当提高引领性供给的比重，促进供给与需求的良性互动。

四是实施内外联动战略，畅通内需与外需的联动机制，提升内需拉动力，提高外需贡献度，实现扩大内需与拓展外需协同并进。坚定不移地实施扩大内需战略，完善内需体系，增强内需的主导性和引领性，使内需成为驱动经济增长的主要动力。坚定不移地扩大对外开放，拓展经济体系的循环空间，根据内需的定位和优势优化调整外需布局，提高外资外贸的质量和效益。

（三）江苏内需高质量发展的推进策略

内需高质量发展是一个长期的动态的战略任务，其顺利实现既需要进行科学的顶层设计，也需要选择适宜的推进策略及其组合。一是政策集成策略。通过全面开展制度集成创新，构建内需高质量发展的政策体系，持续优化内需高质量发展的制度环境。二是创新驱动策略。通过强化以科技为核心的全面创新，提升创新对于扩大投资和增加消费的贡献力度，持续强化内需高质量发展的动力支撑。三是要素支撑策略。千方百计增加资金、劳动力、土地、数据、技术等要素供给，全面突破内需高质量发展的要素瓶颈。四是市场牵引策略。以全国统一大市场建设为契机，健全多层次市场体系，打破制约内需高质量发展的市场壁垒。五是数字赋能策略。深度拥抱新一轮科技革命，融入数字经济浪潮，积极培育新的内需增长点。六是空间协调策略。加快区域和城乡一体化步伐，新型城镇化与乡村振兴战略联动推进，优化内需高质量发展的区域结构和城乡结构。

（四）江苏内需高质量发展的收入分配政策

内需高质量发展的关键变量是收入。居民有了收入，才能增加消费；企业有了收入，才能扩大投资；政府有了收入，才能提供公共服务。因此，只有实现居民、企业、政府的收入即"三个口袋"协同增长与合理分配，才能真正实现可持续的内需高质量发展。

虽然在经济社会发展的不同阶段，"三个口袋"之间的优先次序会有所不同，而且现阶段已经确立居民收入优先增长的战略取向，但是，要真正使老百姓的钱袋子"鼓起来"，不能仅仅围绕这一个口袋发力，必须确立协同增长的理念，统筹好政府、企业、居民之间的关系，在良性互动中实现居民收入的长效稳定优先增长。也就是说，只有"三个口袋"都"鼓起来"，老百姓的钱袋子才不会"瘪下去"。当前，"三个口袋"中居民收入仍是短板，所占比重和增长速度均需要提升，因而在战略和政策层面应向老百姓的钱袋子适当倾斜。这只是针对现实问题的权宜之计，比较理想的状态是实现"三个口袋"的良性互动与协同增长。但是，由于"三个口袋"自身的增长乏力和联动机制的缺失，要使三者形成真正意义上的相互促进、相互带动的协同增长格局，还需在政策层面做出更多努力。

其一，在居民收入方面，应提升水平与优化结构并举，形成居民收入增长的长效机制。一是以全面深化收入分配体制改革为主线，构建初次分配、再分配与三次分配协调配合的多层次分配体系，提高居民收入占地区生产总值的比重，探索构建居民收入与国民经济联动增长的长效机制。二是提高劳动者的人力资本素质，优化就业环境，提高劳动力资源配置效率，稳步提升劳动者的工资性收入。三是加大对创新、创业、创造协同发展的支持力度，提升创新创业的回报率水平，激发广大民众的创业热情，全面提升经营性收入在居民收入体系中的比重。四是扩大人力资本和知识产权作价入股的范围和比例，完善多层次资本市场体系，拓宽产业投资渠道，提高广大居民的财产性收入。[①] 五是完善社会保障体系，加大对特殊贫困群体的帮扶力度，提高居民的转移性收入。六是继续抓好农民增收工作，提高农民的就业技能和创业素质，保障农民在征地拆迁、土地流转过程中的合法权益，加快农民工市民化进程，全面提高农民收入，缩小城乡居民收入差距。

其二，在企业利润方面，应强化政策支持与鼓励自主创新并举，全面提高以创新为支撑的利润增长能力。一是以深化供给侧改革为契机，做好"三去一降一补"相关工作，帮助企业减负、鼓励企业创新、推动企业升

① 李芸、战炤磊：《促进江苏"三个口袋"协同增长》，《群众》2017年第18期。

级，全面提升企业的盈利能力。二是积极对接"互联网+"战略，加强业态创新和商业模式创新，不断开辟新的利润增长点。三是依托互联网、物联网、大数据等先进工具和理念，强化微观管理创新和组织创新，提高企业经营效率和品牌影响力，不断构筑新的利润优势。四是顺应经济服务化和数字化的发展趋势，大力发展现代服务业和数字产业，主要依靠人力资本优势、专业优势、品牌优势提升利润空间。同时，借助现代服务业和数字产业在吸纳就业方面的独特优势，探索更加灵活多样的就业形式，逐步实现劳动报酬份额和服务业比重双提升的动态均衡。五是扶持中小企业与培养大型龙头企业并举，形成大中小企业有机配合的现代企业体系，依靠不断提升的集群发展水平获得高水平的利润。

其三，在财政收入方面，应增收与增效并举，提高财政收支的匹配性，主要通过优化财政资金使用效率提升相对意义上的财政可支配收入。一是全面深化税收体制改革，建立健全以高质量发展为导向的税收政策环境，在确保税收优惠政策持续到位的基础上，稳步扩大税收收入规模。二是坚持实施积极的财政政策，合理确定财政支出和赤字水平，补齐高质量发展的短板和弱项，切实担负起政府的公共服务供给责任。

其四，强化机制创新，系统探索居民收入、企业利润、财政收入协同增长的有效实现机制。"三个口袋"协同增长的实质就是放大居民、企业、政府三个部门在收入层面的相互支撑和相互促进作用，弱化这三个部门在成本层面的相互制约和互为消长作用，从而使"三个口袋"不仅自身形成良性的自我累积增长机制，还能带动其他"口袋"的增长。"三个口袋"互动关系的实际状态，既取决于每个"口袋"自身的运行状态，也与外部环境保持密切的依存关系。因此，要实现协同增长，关键是要理顺"三个口袋"的相互关系，探索"三个口袋"良性互动的有效机制，如战略引领机制、动力激发机制、利益协调机制、绩效评价机制等。

B.8
江苏民营经济发展主要特征、
趋势与对策建议

李思慧　李卓霖*

摘　要： 近年来，江苏民营经济规模和发展质量稳中有进，民营规上工业增长强劲，为全省经济增长做出了突出贡献。目前，江苏民营经济投资信心和活力仍未完全恢复、应对外部环境风险的能力尚存在不足、企业创新发展的短板弱项亟待克服、营商环境仍待进一步优化。国家、省市等各层面近年来纷纷出台相关政策，新发展格局下民营经济发展内外并举势在必行，亟须形成民营经济发展合力。面对新问题、新形势，要推动江苏民营经济高质量发展还需在持续激发民营经济活力、鼓励企业积极开展国际化经营、提升民营企业创新发展能力、支持民营企业加快做大做强、持续加大政策服务保障力度等方面持续发力。

关键词： 民营经济　高质量发展　投资信心　新发展格局

　　民营经济是推进中国式现代化的生力军，是高质量发展的重要基础，是推动我国全面建成社会主义现代化强国、实现第二个百年奋斗目标的重要力量。习近平总书记高度重视民营经济发展，围绕加强新时代民营经济工作多次做出重要指示批示，提出了一系列新思想、新观点、新论述、新要求，党中央做出一系列重大战略部署，指引新时代民营经济实现新发展。2023 年 7 月 19 日，

---

* 李思慧，江苏省社会科学院世界经济研究所研究员；李卓霖，江苏省工商业联合会中级经济师。

《中共中央、国务院关于促进民营经济发展壮大的意见》对促进民营经济发展壮大做出了新的重大部署。当前进入新时代新征程，深入学习贯彻习近平新时代中国特色社会主义思想，落实落细支持民营经济发展的政策措施，持续优化江苏民营企业发展环境，对促进民营经济发展壮大具有重要的现实意义。

一　江苏民营经济发展现状及主要特征

（一）江苏民营经济发展现状

1. 总体运行情况

民营经济是我国现代经济体系的重要组成部分，在推动经济发展、科技创新和吸纳就业等方面发挥着重要作用。近年来，江苏民营经济发展总体势头良好，在总体经济中的占比稳步提升。2022 年，江苏民营经济增加值达 7.1 万亿元，总量位居全国第一，[①] 较上年增加 0.4 万亿元，民营经济总量持续扩张。2023 年 1~6 月，江苏新登记私营企业数和新登记个体工商户数扭转下降的趋势，分别达到 26.8 万户和 58.6 万户，同比分别增长 3.5%和 5.8%。截至 2023 年 6 月，江苏私营企业和个体工商户累计达到 1393.2 万户，在全省市场主体中占据绝对优势，较之前进一步提升。[②] 2022 年，全省民间投资占社会投资的比重达 68.6%，高于全国均值 14.4 个百分点，其中工业投资方面，民间工业投资占全省的比重达 81.4%。

2. 创新发展情况

近年来，江苏将服务民营科技企业创新发展作为重中之重，推动各类创新创业要素向民营科技企业集聚，鼓励和支持民营科技企业健康发展、高质量发展。民营经济主导行业逐步向技术水平高、经济效益好的先进制造业、

[①] 2022 年，广东民营经济增加值为 6.98 万亿元，占全省 GDP 的比重超过 50%；浙江民营经济增加值为 5.2 万亿元，占全省 GDP 的 67%；山东民营经济增加值为 4.53 万亿元，占全省 GDP 的 51.8%。

[②] 截至 2023 年 6 月，江苏私营企业和个体工商户占全省市场主体的比重达 96.4%，截至 2021 年底该数据为 96.3%。

数字经济等领域拓展。在全省160家创新型领军企业、4.4万家高新技术企业和8.7万家科技型中小企业中，民营科技企业占比分别达到81%、90%和99%，在科创板上市的100家江苏企业中，97家是民营科技企业，占全国科创板上市企业总数的19%。全省90%的研发投入由民营企业完成，80%的科技平台和高层次创新创业人才集聚在民营企业，70%的有效发明专利由民营企业创造。江苏民营科技企业创新投入持续增加，创业活力竞相迸发，创优实力蓬勃向上。截至2022年底，全省累计建成国家级企业研发机构173家，位居全国前列；由企业牵头建设的全国重点实验室达12家，建有各类省级企业研发机构8224家。其中，50%的国家级研发机构和70%以上的省级研发机构建在民营科技企业。

（二）江苏民营经济发展的主要特征

1. 主体地位持续提高，规上工业增长强劲

民营经济在整体社会经济中的地位近年来稳步提升，为江苏经济发展打下了雄厚的基础。2018~2022年，江苏民营经济增加值增长了36.5%，年均增速达到6.4%。2018~2022年江苏民营经济占全省GDP的比重逐年提高，2022年达到57.7%，较2018年提高了2.1个百分点。对全省GDP增长贡献率由2018年的58.6%波动上升至2022年的72.2%，为全省经济增长做出了突出贡献（见表1）。2023年1~6月，江苏民间工业投资同比增长9.3%，私营企业工业投资同比增长8.8%，分别占全省工业投资的79.8%和65.2%。

表1 2018~2022年江苏民营经济整体发展情况

单位：万亿元，%

年份	民营经济增加值	占全省GDP比重	对全省GDP增长贡献率
2018	5.2	55.6	58.6
2019	5.6	55.9	60.9
2020	5.8	56.8	81.4
2021	6.7	57.3	63.1
2022	7.1	57.7	72.2

资料来源：历年《江苏省民营经济运行报告》。

近年来，江苏民营经济规上工业增长迅猛。2018~2023年，全省民营经济规上工业增加值年均增速达到9.2%，民营经济规上工业发展展现出强劲的生命力，成为全省工业发展及民间投资的"主阵地"，对经济社会发展的支撑力持续加大。2022年，江苏民营经济规上工业增加值同比增长8.8%，占全省规上工业的比重首次超过一半，达到52.4%，对全省规上工业增长贡献率达到历史峰值的92.2%。2023年1~6月，全省民营经济规上工业增加值增速进一步提升至12.4%，占全省规上工业比重较上年提高1.2个百分点（见表2）。

表2　2018~2023年江苏民营经济规上工业发展情况

单位：%

年份	民营经济规上工业增加值同比增长	占全省规上工业比重	对全省规上工业增长贡献率
2018	4.1	47.9	45.6
2019	9.5	45.5	69.7
2020	7.7	46.7	60.0
2021	15.9	49.8	59.5
2022	8.8	52.4	92.2
2023	12.4	53.6	77.1

注：2023年数据为2023年1~6月数据。

资料来源：历年《江苏省民营经济运行报告》。

2.制造基础较为扎实，科技支撑作用突出

江苏实体经济家底雄厚，拥有全国基础最好、门类最齐全的工业体系，31个制造业大类实现全覆盖。2022年，制造业占全省GDP的比重达到37.3%，位居全国第一，制造业高质量发展指数提升至91.9，连续3年居全国第一位。同时，江苏拥有全国最大规模的制造业集群，10个集群入围全国45个国家级先进制造业集群，数量位居全国第一。在世界知识产权组织发布的《2023年全球创新指数》中，苏州、南京、镇江、无锡4个城市入围世界科技集群百强，江苏是全国入围地区最多的省份。目前，我国15%左右的领跑技术分布在江苏，1/5的高技术产品出口来自"江苏制造"。在

"2023江苏制造业百强企业排行榜"中,民营企业数量达到91家,其营业收入占江苏制造业百强企业总营业收入的比重达到89.1%,是"江苏制造"的"中流砥柱"。其中居首位的恒力集团营业收入达到7323.45亿元,占江苏民营制造业百强企业总营业收入的13.3%。

截至2022年底,江苏民营高新技术企业达31662家,同比增长16.0%,占全省高新技术企业的比重较上年增加1.5个百分点,达到84.2%;民营经济累计建成国家级企业研发机构163家、省级重点企业研发机构887家、省级工程技术研究中心4464家。2022年,江苏民营企业专利授权量为43.9万件,其中发明专利授权量为5.1万件。2023年1~3月,江苏民营企业专利授权量为8.8万件,占全省企业专利授权量的88.3%,其中发明专利授权量为1.1万件,占民营企业专利授权总量的12.5%,较2022年提高0.4个百分点。一大批民营科技企业成为新时代转型提质、引领科技发展的核心力量。

3.头部企业势头迅猛,示范引领能力彰显

在2023年9月发布的"2023江苏民营企业200强"榜单中,企业营业收入入围门槛提高至75.7亿元,较上年增加8.3亿元,2022年度营业收入总额达7.37万亿元,利润总额达到2937.7亿元,同比增长19.1%;其中,11家企业营业收入突破千亿元,167家企业进入"百亿俱乐部",3家企业入围2023年《财富》世界500强排行榜,89家企业入围"2023中国民营企业500强";研发投入总额达到1046.69亿元,同比增长13.3%,研发投入超10亿元的企业达到26家,研发人员总数达到14.13万人,户均拥有有效专利474件、拥有有效发明专利179件,同比分别增长8.2%、16.2%;制造业企业数量达到138家,占比达到69%,其营业收入总额、利润总额占榜单总量的比重分别达到78.8%、82.8%;2022年纳税总额达1821.17亿元,其中5家企业纳税超50亿元,纳税超10亿元企业有35家。

"2023江苏民营企业制造业100强"企业营业收入入围门槛达到125.6亿元,较上年提高29.4亿元,同比增长30.6%。头部民营企业经营实力不断增强,创新投入持续增加。在"2023江苏民营企业创新100强"榜单中,企业研发经费内部支出占销售收入的比重平均达到3.88%,较上年提升

0.18 个百分点；研发人员占从业人员比重进一步提升至 18.61%，同比增加 1.96 个百分点；新产品销售收入占总收入的比重超过一半，达到 51.09%，较 2022 年提高 7.42 个百分点。

4. 开放发展稳中向好，贸易占比稳步提升

近年来，受中美贸易摩擦等影响，江苏开放型经济面临的宏观环境风险加大、不确定性增多，但总体呈现稳中向好的态势。从总体趋势上来看，江苏民营企业进出口贸易在全球贸易萎缩的情况下逆势而上，总体表现出较强的韧劲，进出口总量逆势扩张。近 5 年来，江苏民营企业进出口规模增长近 75%，占全省进出口总额的比重稳步提升，对全省对外贸易稳定发展起到了强有力的支撑作用。2022 年，全省民营企业进出口总额达到 3309.4 亿美元，同比增长 7.5%，高于全省进出口增速 5.8 个百分点；民营企业进出口总值占全省进出口贸易总值的比重达到 40.5%，较 2018 年上升 12 个百分点，有力支撑了江苏对外贸易的稳定发展。2023 年 1~6 月，全省民营企业进出口总额为 1565.1 亿美元，占全省进出口总额的比重进一步上升至 43.4%，较上年同期增长 4.7 个百分点。其中，民营企业出口总额为 1127.8 亿美元，占全省出口总额的 48.5%；进口总额为 437.3 亿美元，占全省进口总额的 34.2%。

民营企业对外投资受宏观环境影响较大，近年来每年对外投资项目数、中方协议投资额均保持波动稳定，2021 年和 2022 年江苏民营企业对外投资项目数分别为 663 个和 664 个，中方协议投资额均为 47.8 亿美元，2002 年民营企业对外投资项目数和中方协议投资总额占全省的比重分别为 78.1% 和 49.5%；民营企业海外并购项目数近年来一直保持低位稳定，2022 年为 130 起，中方协议投资总额为 14.4 亿美元。2023 年"走出去"僵局开始被打破，1~6 月，全省民营企业对外投资项目数达到 463 个，同比增长 71.5%，在全省占比基本恢复到 2019 年的水平，中方协议投资总额达到 38.5 亿美元，同比增长 121.3%，呈现一定的回暖迹象。

5. 经济贡献仍是主力，社会责任更加凸显

从税收贡献看，受近年来宏观环境影响，民营经济发展总体相对放缓，

加之政府减税降负政策实施效果的逐渐显现，对应民营企业上缴税金增幅回落，但仍然发挥了重要的社会保障作用。2022 年，江苏民营企业共上缴税金 8209 亿元，占税务部门直接征收总额的 61.5%，占据税务部门征收总额的 60% 以上。2023 年 1~6 月，全省民营企业共上缴税金 5769 亿元，增速达到 40.6%，占税务部门直接征收总额的比重进一步提升至 65.5%。从投资贡献看，2022 年，全省民间投资占社会投资的比重达 68.6%，高于全国均值 14.4 个百分点，其中工业投资方面，民间工业投资占全省的比重达81.4%。2023 年 1~6 月，江苏民间工业投资同比增长 9.3%，私营企业工业投资同比增长 8.8%，分别占全省工业投资的 79.8% 和 65.2%。从就业贡献看，"2023 江苏民营企业 200 强"在 2022 年吸纳员工总数达到 226.29 万人，其中有 2 家企业员工数超 10 万人，员工数超 1 万人的企业有 60 家。2022 年，全省参加失业保险的人数达到 1432.6 万人。2023 年 1~6 月，参加失业保险的人数进一步增至 1448.0 万人，同比增长 3.3%。从社会贡献看，全省"百企帮百村"扶贫活动累计落实各类帮扶项目 6500 个，投资总额达 221 亿元，帮扶经济薄弱村 4200 个、低收入人口 20.8 万人；近 8400家企业参与"万企兴万村"行动，签订联建项目超 1.2 万个。

二　江苏民营经济发展存在的主要问题

2021 年底中央经济工作会议指出："我国经济发展面临需求收缩、供给冲击、预期转弱三重压力。"这是对宏观经济发展环境的精准判断，也是民营经济未来一段时间面临的重大考验。2023 年以来，随着外部各种超预期因素的冲击，民营经济发展壮大受到一定的影响制约。

（一）投资信心和活力仍未完全恢复

民营经济的主体地位依旧稳固，主体数量、规模、增速等有回暖趋势，民间投资仍是全社会投资的主要力量，且占比小幅调升。但受宏观因素影响，民营企业经营风险增大、预期收益降低，在一定程度上影响了企业的投资热情，企业投资信心仍未完全恢复。近年来，江苏民营经济增速总体呈现波动下调的趋势，2022年江苏民营经济增加值同比增长3.5%，低于近5年平均增速近3个百分点。但2023年1~6月，民营经济增加值同比增长率达到12.4%，整体发展呈现一定的回暖势头。2022年全省新登记私营企业数量、新登记个体工商户数量均出现负增长，这一趋势在2023年得以扭转。2023年1~6月，江苏新登记私营企业数为26.8万户，新登记个体工商户58.6万户，同比分别增加3.5%、5.8%。然而，全省民间投资规模扩张放缓，投资增速持续走低的趋势尚未改变。2022年，全省民间投资同比增长率下降至2.9%，较上年减少3.4个百分点，2023年1~6月全省民间投资同比增长率进一步降至1.4%，占全社会投资的比重降至近年来最低点65.7%。整体市场信心恢复较慢，在投资上出现了方向不明、意愿不强、动力不足的情况，大多数民营企业主对新增投资持谨慎观望态度。

（二）应对外部环境风险的能力尚存在不足

国际宏观环境复杂变化对江苏民营企业发展的影响在一定时间内仍将持续，国内消费能力提升和统一大市场建设仍需要一个过程，民营企业生产经营中的结构性问题依然突出。江苏省社科联2023年第一季度调研数据显示，多达72.23%的民营企业认为经营状况有向好但变化不大，7%的江苏民营企业经营状况出现恶化，民营大型企业、民营制造业企业均认为外部环境不乐观导致企业外贸需求不振，这对民营企业订单量产生了较大影响，而居民消费不足则主要对服务业民营企业和多元化经营企业产生了冲击。

2018年以后，受中美贸易摩擦等多方面影响，江苏民营企业"走出去"步伐变慢，加之西方主要国家纷纷以"国家安全"的名义加强跨国并购审查，民营企业海外并购项目风险较高，数量大幅减少，由2018年的302起大幅减少至2022年的130起，2019年、2020年、2022年民营企业海外并购项目中方协议投资总额均出现了超过40%的降幅，2022年民营企业海外并购项目中方协议投资总额仅为14.4亿美元，不到2018年规模的一半。近期，全球经济环境持续低迷，经济增长乏力，针对中国的封锁和围堵政策依然持续，进一步打击了民营经济"走出去"的积极性。2023 年 1~6 月，民营企业海外并购项目数量为 47 起，仅为 2022 年全年的 36.2%，中方协议投资总额为 5.7 亿美元，投资规模仍在持续缩小，且短期内没有缓和的趋势，民营企业通过跨国并购渠道占领国外市场、学习先进技术的渠道受阻（见表 3）。

表 3   2018~2023 年江苏民营企业海外并购情况

年份	民营企业海外并购项目（起）	中方协议投资总额（亿美元）
2018	302	32.1
2019	104	25.1
2020	111	12.1
2021	147	23.6
2022	130	14.4
2023	47	5.7

注：2023 年数据为 2023 年 1~6 月数据。
资料来源：历年《江苏省民营经济运行报告》。

（三）企业创新发展仍存在短板弱项

近年来，江苏民营经济有"高原"少"高峰"的情况未得到显著改变，创新能力强、品牌知晓度高的链主型、标杆型民营企业不多，导致头部民营企业的引领带动效果不佳。从江苏、浙江、广东三省 2019~2023 年"中国民营企业 500 强"入围企业来看，浙江入围企业数量增长最快，但从发展质量上来看，广东入围企业数量虽有下滑，但入围企业排名上升明显，"高峰"更高，成为地区经济发展的强大动力。"2023 中国民营企业 500 强"榜单中，江苏有 89 家民营企业上榜，较上年减少 3 家（见表 4）；在榜单 20强企业中，广东有 5 家（其中 4 家为 10 强企业），浙江有 5 家，而江苏只有2 家；在研发费用前 10 强的企业中没有江苏民营企业。江苏民营企业研发费用来源相对单一，自有资金占比高，普通研发人员占比不高，受外部环境和研发风险影响较大。苏商又普遍具有"小富即安，小进即满"的思想，在经营风险加大、不确定性增加的情况下，民营企业主对企业战略规划、投资步伐的风险把控更为审慎。据江苏省工商联近期调研数据，在当前宏观环境下，大多数民营企业在未来 3~5 年的研发投入较为保守，不能对研发费用进行持续投入，缺乏民营企业研发战略的长期规划。

表4　2019~2023 年苏浙粤入围"中国民营企业 500 强"榜单企业数量

单位：家

省份	2019 年	2020 年	2021 年	2022 年	2023 年
江苏	83	90	92	92	89
浙江	92	96	96	107	108
广东	57	58	61	51	50

资料来源：历年"中国民营企业 500 强"榜单。

（四）营商环境有待进一步优化

民营企业成长于市场经济环境中，企业形象、商业信誉至关重要，但部分社会舆论对民营企业发展存在误区，有部分居心不良的人利用矛盾点恶意引流，使部分民营企业陷入舆论旋涡，挫伤了企业家的积极性，这些都应引起充分重视。

民营企业在生产经营过程中遭遇的不公平对待依然存在，在交通运输、能源环保、公用事业等领域可能存在招投标条件设置过严、资质审查不合理等针对民营企业的隐性壁垒，这加大了民营企业市场准入难度，"亲清"政商关系尚未建立。部分地区政府对民营企业的约束性政策执行过严，存在政策推进生硬、"一刀切"等现象，这加重了民营企业的负担，损害了企业发展的信心。部分地区对各级政策的宣传和解读力度不够，民营企业得知优惠政策的时效性较差，对政策的知晓广度和理解力度不足，企业家与政府的沟通渠道、参与相关政策制定的机制尚未建立完善，部分政策缺乏落地细则，实操性不强。

企业创新的体制机制尚待完善，创新投入成本高、风险大、成本回收周期长、人才结构性错配等问题仍未得到有效的系统性解决。不少政策覆盖面小、受惠企业分布不均衡，要素资源供给主要向优质大型民营企业倾斜，民营中小企业融资难、融资贵问题依然存在，不少有潜力的中小企业在发展关键阶段无法享受银行的融资支持，导致资金成本高企，中小企业利益被挤占，民营中小企业的"呼声"应当更多被"听到"。在知识产权保护方面，目前我国的知识产权保护力度在不断加大，但对于民营企业而言依旧存在一定的不确定性和风险，如产学研合作过程中企业核心技术和商业秘密易泄露、发生知识产权纠纷后企业维权成本高等问题，都影响技术转移和企业持续发展。在资源共享方面，民营企业牵头或参与建设的各级重点研发机构比例较低，而行业平台和应用场景开放度还不够，民营企业往往面临资源不足、信息不对称等问题，难以及时获得共享研发设备、科研成果等。

三　江苏民营经济发展形势展望

（一）国家及省市政策优化环境鼓励发展

习近平总书记多次重申坚持"两个毫不动摇"，并在民营企业座谈会上明确指出：非公有制经济在我国经济社会发展中的地位和作用没有变！我们毫不动摇鼓励、支持、引导非公有制经济发展的方针政策没有变！我们致力于为非公有制经济发展营造良好环境和提供更多机会的方针政策没有变！近年来，"一带一路"倡议、长江经济带建设等国家战略的深入实施，为民营经济发展提供了广阔的空间，国家层面围绕民营经济高质量发展陆续推出《中共中央　国务院关于营造更好发展环境支持民营企业改革发展的意见》《国务院关于开展营商环境创新试点工作的意见》《中共中央　国务院关于促进民营经济发展壮大的意见》等相关政策措施，江苏省级层面也相应出台《中共江苏省委　江苏省人民政府关于推动民营经济高质量发展的若干意见》《中共江苏省委　江苏省人民政府关于营造更好发展环境支持民营企业改革发展的实施意见》《江苏省人民政府办公厅关于印发江苏省民营企业降本减负专项行动实施方案的通知》等政策措施，聚焦为民营经济营造更好发展环境，降低企业负担。民营经济发展整体宏观环境基调明确，众多针对性政策的出台和细则的落地为民营经济发展带来新的机遇。

（二）持续释放向好信号，消除顾虑促进大胆发展

江苏一直重视民营实体经济发展，当前江苏民营经济发展存在显著的结构性回暖，企业经营发展情况冷暖不均。一方面，民营工业尤其是民营规上工业整体发展速度较快，势头迅猛，转型发展速度较快。2022 年，江苏民营规上工业增加值增速较整体民营经济增加值增速高 5.3 个百分点，民间工业投资增速较整体民间投资增速高 6.1 个百分点，显著领先于整体投资水平。另一方面，非工业民营企业、中小微民营企业等近年来受外部环境影响较大，在经营发展中遇到了困难和问题，在复杂宏观环境下这类企业的经营发展更为谨慎，一些企业将生存作为首要目标。2023 年 9 月全国最新一期制造业采购经理指数（PMI）回升至 50.2%，再次进入扩张区间，但中小企业生产经营仍处于荣枯线以下。然而，时代在变，环境在变，思想也要变，要打破"在生存中求发展"的桎梏，在百年未有之大变局下，要转换思路，在变局中以发展求生机、以发展开新局。消除民营企业家的顾虑，鼓励企业家放下包袱、大胆发展，让中小微民营企业家紧跟发展不掉队，建设高质量民营企业梯队，形成民营经济发展合力，促进民营经济发展壮大，使其成为整体社会经济发展的强大后盾。

（三）构建统一大市场，创造机遇支持发展

开放是江苏发展的鲜明底色。2022 年，江苏进出口总额占全国的13.0%，实际使用外资达到 305 亿美元，规模连续 5 年保持全国第一，392家世界 500 强企业在江苏投资。当前，世界进入新的动荡变革期，国际货币基金组织（IMF）对 2023 年全球经济增长预期已下调至 3%，低于历史（2000~2019 年）年平均水平 0.8 个百分点。全球经济复苏动能不足，地区

性、结构性差距持续扩大，外需持续疲软，对民营经济发展形成制约。在以国内大循环为主、国内国际双循环相互促进的新发展格局背景下，江苏民营经济发展"内外兼修"势在必行。一方面，要始终保持开放的心态，稳固国外既有市场，优化海外市场布局，积极拓展潜力市场；另一方面，要做好国内市场开拓，挖掘国内消费潜力，鼓励民营企业促进内外贸一体化发展。需要注意的是，国内消费供需格局的结构性失衡依然存在，国内消费者在不确定性增加的复杂环境中增加防御性储蓄，消费心理发生变化，对内需市场扩大产生一定影响。2022年4月10日，《中共中央、国务院关于加快建设全国统一大市场的意见》从国家政策层面加速国内供需匹配，加快培育完整的内需体系，保障消费高质量增长，为民营经济高质量发展铺路。

四　江苏民营经济发展政策建议

民营企业在稳定增长、促进经济高质量转型、增加就业、改善民生等方面发挥着难以替代的作用。坚决落实中央"四敢"要求，着力解决经济运行中存在的不协调、不确定等问题，扎实推进各项促进民营经济发展政策落地显效，鼓励"民企敢闯"，充分发挥民营经济的韧性和灵活性，激发民营经济自主创新动力，全力推动全省民营经济向更高质量发展。

（一）持续激发民营经济发展活力

完善公平竞争制度，多渠道、多平台、多方式降低民营企业经营风险，激发民营经济投资信心和活力。发挥好重大项目牵引、政府投资撬动以及政府资金的引导带动作用，加强中小微企业管理服务，更好支持中小微企业和个体工商户发展，为民营企业开辟更多空间。

全面消除不公平竞争现象。认真贯彻落实中央"全国统一大市场"精神要求，全面清理解决对民企的应收账款拖欠、欺压式合作等问题，规范业务合作形式，着力打造权利公平、机会公平、规则公平的经济发展生态，拓展民营经济发展空间。加强产权保护，坚决贯彻"法无禁止即可为"理念，切实保护民营企业合法权益，消除各种不合理壁垒和所有制歧视，创造公平竞争的市场机会。深入落实市场准入负面清单制度，充分发挥民营企业机制灵活、资源配置效率高等优势，鼓励和引导民间资本进入法律法规未明确禁止准入的所有行业和领域。切实推动铁路、民用机场、基础电信、配售电等领域逐步放开，确保对各类投资主体一视同仁。

做好针对性帮扶对接。充分发挥民营企业市场敏感度高、机制灵活、更具效率、自主创新动力更强的特征，针对性解决民营企业创新中遇到的人才问题、资金问题、政策问题，对有能力、有意愿逆势成长的民营企业，多渠道做好研发资金、风险控制等方面的帮扶对接，充分激发民营经济的潜力、活力和创造力。结合当前的形势，重新梳理提升政策，保证科学性，避免随意性，提高实用性。要围绕企业"创新所需、改革所需、发展所需"，着力解决痛点、堵点和难点，加大政策和制度的宣贯力度，从"企业找政策"转变为"政策找企业"。探索"专精特新"中小企业"摸得着、够得上"的引才引智激励政策和人才培养体系，增强民营企业的人才保障和降低其用人成本压力。引导金融机构加大对民营企业尤其是潜力型民营企业的信贷支持力度，支持民营企业采取天使投资、风险投资、上市融资和发行企业债、公司债、私募债等方式融资。

（二）鼓励企业积极开展国际化经营

国外市场在预期范围内增长受限，在以国内大循环为主体、国内国际双循环相互促进的新发展格局下，更需要企业主动参与全球产业分工合作，在促进民营企业稳固扩大国外市场的同时，完善消费环境，提升消费者信心，充分开拓国内市场，激活内需，扩大国内消费市场规模，充分开拓民营经济国内市场，更加合理利用国内国际"两个市场"，加速内外贸一体化发展，通过消费提质增效夯实经济社会发展的底盘，实现江苏更高水平对外开放和更高质量发展。

完善开放型经济新体制顶层设计，鼓励民营企业积极开展国际化经营，稳定外贸规模，充分激发民营企业活跃度。持续推进通关便利化措施等，针

对民营企业反映较多的通关问题，及时优化，进一步压缩通关时间。拓展和优化海外市场网络，稳固优势产品出口市场和优势出口产品，积极扩大高技术、高附加值、绿色低碳产品出口，鼓励优势民营企业加强市场营销和品牌建设。配合国家"一带一路"倡议和共建进度，适时跟进推动相关企业产品和服务出口。做好民营企业外向型发展政策保障，在财政金融政策、出口信用保险、区域国别信息、知识产权、法律服务等方面做好保障支持工作。

认真贯彻落实《扩大内需战略规划纲要（2022—2035年）》《"十四五"扩大内需战略实施方案》《中共中央 国务院关于加快建设全国统一大市场的意见》等活跃国内市场的相关战略部署，通过全面提振国内消费、加快国内消费升级等方式拓展国内市场，扩大民营企业市场空间。传统消费领域内的制造业民营企业做好产品品控、新产品开发，全面推进出口、内销产品同标同质。紧跟市场变化，提升餐饮、商业等传统产品和服务质量，积极拓展旅游消费、文化消费、医疗消费等现代服务产品供应，把握目标消费人群特征，利用线上直播、文创产品、网红打卡、情怀营销等多种方式创新发展。把握"互联网+"、绿色低碳等消费趋势，灵活化"线上+线下"商品采购、消费服务，加快全国统一大市场建设步伐，弱化行政、地理等因素对企业产品和服务供应的限制。

（三）提升民营企业创新发展能力

企业是技术创新的重要主体，民营企业更是国家创新体系的中坚力量。以深入实施企业创新能力提升工程为抓手，进一步完善支持民营科技企业创新发展的服务体系，研究采取更多更实更硬举措，鼓励民营科技企业在技术创新、研发投入、科研组织和成果转化中发挥主体作用，支持民营经济和民营企业敢创敢投、争先领先。

建立民营科技企业梯度培育体系。以培育和壮大高新技术企业、打造科技创新集群为目标，着力构建"初创型企业+资金""发展型企业+人才""领军型企业+实验室"的梯度培育矩阵。实施企业技术创新能力提升行动，充分发挥企业科技创新主体作用，完善"企业定榜"的"揭榜挂帅"项目组织方式，引导企业在服务国家战略导向上大显身手。构建产业需求导向的科技创新体系，加大创新型领军企业的集成支持力度，发挥科技、人才、融资、财税、服务等政策叠加效应，支持民营科技企业加强自主创新，加快做优做大做强，推动一批创新型领军企业和骨干企业成为国家战略科技力量。支持有能力有条件的民营企业参与国家实验室、技术创新中心等重大平台建设，设立海外研发机构和离岸孵化器，提升企业科技创新国际化水平。支持"小巨人"企业围绕产业链布局开展并购重组，吸引上下游企业集聚江苏。建立"创业孵化、创新支撑、融资服务"的科技型中小企业培育体系，建立和完善"专精特新"企业培育库、上市挂牌后备企业资源库，做好分类指导，提供精准服务。

建立以企业为主导的科技成果转化模式。把鼓励和引导民营企业加快建设研发机构作为集聚创新资源、转化科技成果的有效途径，加大资金支持力度，切实增强企业创新发展的内驱力。坚持"高起点谋划、高标准启动、高质量推进"的工作导向，实施企业研发机构建设"百企示范、千企试点、万企行动"计划，指导企业按照"五有"的标准建设高水平研发机构。发挥科技型骨干企业、高新技术企业主导作用，联合上下游企业、高校、科研院所等构建一批产业技术创新战略联盟和知识产权联盟，支持联盟承担重大科技专项和科技成果转化项目，推动企业参与前沿研究和技术开发，探索联合攻关、利益共享、知识产权运营的有效机制与科技成果定向转移转化模式，提高科技成果"实战性"。

推动科技人才向民营企业集聚。激发科技人才的创新才能，汇聚和培养大批创新人才。要采取与时俱进的策略和举措，进一步健全人才引进和培养机制，以产业大发展、创新大平台吸引人才、培育人才，建立科学管理体系，不断改进人才培养模式，让人才引得进、留得住、用得好、成长快。优化高校战略性产业、新兴产业、行业核心关键节点人才发展的专业设置和发展规划，扩大高端人才的有效供给。支持民营企业聚焦"高精尖缺"引进人才，在档案管理、职称评定、奖励申报等方面提供绿色通道。

运用好产学研创新联合体的力量。充分发挥高校、科研院所"创新源"和民企"主力军"作用，促进"抱团创新""捆绑创新"，努力争取在核心关键节点的技术领域有所突破，形成更多原创成果。支持民营科技企业牵头组建创新联合体，着力破解制约产业发展的瓶颈问题，促进创新链、产业链、资金链、人才链深度融合。支持有实力的民企同等参与国家实验室、技术创新中心等重大科技平台建设，积极牵头创新联合体承担国家重大科技项目，瞄准行业断点、缺口和重点，攻克难关、填补空白，做国家科技创新突破者和行业关键技术原始创新引领者，在核心技术上打破封锁，助推产业发展安全可控。

促进区域协同创新。通过市场主导、平台支撑、政策引领，构建大中小民营企业融通创新、安全韧性的分工协作生态。综合利用长三角地区创新资源，以协同和协作方式推进科技创新，完善科技协同创新治理机制，发展科技服务体系，打造长三角科技创新共同体，通过制度创新系统集成，打通约束科技协同创新的制度性堵点，提高产业技术水平。按照"要素集聚、资源共享、错位竞争、联动发展"的要求，加快构建市域间科技创新和产业发展的横向错位融合、纵向分工协作体系，促进先进制造业集群内企业分工协作向其他产业分工合作拓展。

（四）支持民营企业加快做大做强

发挥民营规上工业的投资带动作用。民营工业是民营经济发展的核心力量，是江苏经济社会发展的"定海神针"，要充分发挥民营工业特别是民营规上工业的投资带动作用。加快构建"省级—国家级—世界级"集群梯次培育体系，推动新型电力、新能源装备和生物医药等集群加快迈向世界级。鼓励民营企业积极应用互联网、大数据、人工智能、区块链等数字技术，加快推进民营经济数字化转型发展，加快传统制造业向智能化、绿色化、融合化方向转型。充分发挥民营工业特别是民营规上工业的投资带动作用，积极培育"链主"企业，发挥"链主"企业毗邻终端消费者和背靠生产性服务产业的优势，从供给侧和需求侧开展固链、补链、强链等专项行动。坚持整合资源与拓展空间相结合，基于价值链延伸方向拓展合作广度，以产业链协同共创为契机提升合作价值，推动"链主"企业主动联合上下游配套企业、科研院所、中介服务机构等形成深度协同、共生发展的产业链生态系统，实现产业链各环节可控和迭代升级。[①] 从全省鼓励发展的 13 个先进制造业中选择重点培育对象，明确时间表和路线图，采取"一企一策"形式加大支持力度。

促进民营大中小企业融通发展。支持大企业、产业融通服务机构建设产业孵化平台，组建高水平开放创新服务团队，系统整合大企业各类资源和需求，持续开展对接服务，促进创业企业进入大企业的产业链供应链体系，形成高效、协调、共赢的"雁阵效应"。鼓励大企业设立产业风险投资基金，战略布局早期成果转化创业企业和前沿、颠覆性技术项目。建立民营企业创新联盟，支持基础材料、元器件、零部件和软件企业与产业链下游应用企业协同攻关。探索建立"链主"企业出题机制，鼓励大型民营企业参与国家重大科研项目的"揭榜挂帅"，支持行业领军企业建设国家级、省级重点实验室和应用型基础研究机构。鼓励"链主"企业开展全环节应用创新，带动上下游企业精准对接，形成一批专注细分技术领域的延链、补链的替代技术和单项冠军技术。

（五）持续加大政策服务保障力度

全方位提升营商服务效能。以精简环节、精简时间、精简成本为重点，持续深化"放管服"改革。建立健全以"双随机、一公开"监管为基本手段、以重点监管为补充、以信用监管为基础的新型监管机制。制定助企惠企政策统一标准，形成多部门联动的政策协同效能，确保各项政策同向发力，避免相互抵消或合成谬误。依法依规保护好民营企业和民营企业家的合法权益，完善对民营企业全生命周期的服务体系。加大市场行政管理力度，健全

---

① 江苏省工商联课题组、顾万峰、刘聪：《江苏省中小企业"专精特新"发展的现状、问题与路径分析》，《江苏省社会主义学院学报》2023 年第 4 期。

企业信用体系，监督维护公开公平公正的征信市场。健全企业失信惩戒制度，以惩处推动征信市场健康发展。健全企业信用修复机制，以制度保障征信市场健康发展。将年度报告信用修复次数、违反守信承诺次数、修复惩戒次数等指标，纳入企业信用风险分类管理。设置严密的修复程序，降低信用修复成本。高标准建设要素交易市场，重点开展数据、技术、人才等重要要素交易市场的建设，探索形成完备、高效、标准的交易规则体系；推行在各设区市建立要素交易属地分支机构，构建全省统一的资源要素市场化交易体系，建立互联互通、协同发展的内部市场格局，形成省、市、县（区）三级良性竞争的市场化服务网络，加快推进全省统一要素交易平台建设进程。

政策制定要在重返研判实际情况的基础上，精准科学制定，不搞"一刀切"，政策出台过程要积极听取民企意见，采用座谈、调研等多种形式倾听企业心声，持续落实企业家参与涉企政策制定机制。畅通民营企业政策意见诉求持续反馈机制，通过及时良性互动，推动各项政策在实施中不断细化完善，提高企业获得感；畅通评估反馈机制，健全第三方评价体系，并纳入各级政府高质量考核的指标体系。

尽快形成支持民营企业创新发展的基础性制度，探索全省统一的涉企政策集成平台和智能化工具。构建跨部门联动机制，系统整合省、市、县（区）涉企政策，各级政府和职能部门要与当地民营企业建立良好的沟通渠道，加大对各类民营企业的有效精准推送力度，及时、积极宣传和解读相关政策，加强对民营企业享受各类政策的指导和服务，实现政策信息推送"面广层深"，让民营企业基础研究投入税收优惠、研发费用加计扣除、科技创新税前扣除、高新技术企业税收优惠、技术交易税收优惠等普惠性政策"直达快享""应享尽享"。

江苏基层治理的平台建设和效能
提升分析与展望

张春龙*

摘　要：　2023 年，江苏的基层治理取得了明显成效。党建引领基层治理正深入推进，乡镇（街道）集成化改革走深走实，城乡社区治理体系逐步健全，"精网微格"治理向精细化推进，自治、法治、德治、智治相结合的治理体系正在不断完善，治理效能得到不断提升，老百姓享受到更多更便捷的社区服务，群众安全感持续增强，越来越多的创新性载体有效解决了基层问题。但是，基层治理仍然存在负担过重、基层群众自治能力不足、共建共治共享格局没有形成、基层治理能力还有待提升等问题。进一步完善基层治理体系，需要深入推进集成化改革，完善基层的行政治理机制，做实网格员配置及资源下沉，完善网格治理机制，不断推进"多网合一"，依托信息平台促进资源整合。在具体措施上，需要走基层路线，切实、准确了解基层存在的问题及需求。

关键词：　基层治理　平台建设　效能提升　江苏

2013 年至今，习近平总书记多次对江苏的工作发表重要讲话，而社会治理一直是其中一个重要内容。2014 年习近平总书记考察江苏时，专门提出江苏"要加强和创新社会治理，维护好社会和谐稳定"。2017 年，习近平

---

* 张春龙，江苏省社会科学院社会政策研究所所长（江苏区域现代化研究院常务副院长）、研究员。

总书记到徐州视察，专门去了马庄，肯定了马庄的基层党组织建设和基层治理工作。2023年3月，习近平总书记在参加江苏代表团审议时，针对江苏提出了"四个走在前"的要求，其中之一就是"在强化基层治理和民生保障上走在前"。7月，习近平总书记再次来江苏视察，提出"四个新"要求，其中之一就是要求江苏"在推进社会治理现代化上实现新提升"。江苏积极响应习近平总书记的要求，先后出台关于加强城市、农村社区治理与服务的政策文件，不断完善党组织领导下的以"三治"融合为主要特征的城乡社区治理体系，涌现了徐州市"马庄经验"、无锡江阴徐霞客镇集成化管理、南京市栖霞区仙林街道的新时代"枫桥经验"城市版等一批基层治理创新经验。2023年，江苏积极贯彻落实《中共江苏省委 江苏省人民政府关于加强基层治理体系和治理能力现代化建设的实施意见》（以下简称《实施意见》），从街镇改革、社区治理、网格治理等方面，在总结经验教训的基础上深入推进，取得了明显成效。

一 江苏基层治理的推进举措

2023年，江苏的基层治理以城乡基层治理高质量发展为目标，着力健全政策体系，夯实基层基础，强化创新驱动，提升服务水平，不断健全基层党组织领导的自治、法治、德治、智治相结合的治理体系，推动基层治理效能和服务品质持续提升。

（一）党建引领基层治理深入推进

党建引领对于深入基层治理至关重要。江苏全省有27.49万个基层党组织540多万名党员。江苏正以党建引领为核心，发挥党组织在基层治理中的领导作用，统筹社会资源，引领社会参与，推动社会协同，实现治理目标。

1.固本强基，强化基层党组织体系

为进一步落实基层党建，提升基层组织建设水平，2022年8月，江苏省委常委会通过《新时代江苏基层党建"五聚焦五落实"深化提升行动计划（2022—2026年）》。这一行动计划确定了34个基层党建的重点项目。这些项目从最基层的组织、队伍、活动、制度、保障入手，特别强调"切口小、有价值、能落地"，也就是非常强调操作性，希望以此把党的全面领导，党的方针、路线、政策，党的纪律、关心等真正落实到基层，以此进一步使基层组织体系能够上下贯通、执行有力。按照此计划，从纵向来看，城乡进一步深化了乡镇（街道）管理体制改革，目前，"乡镇（街道）党（工）委—村（社区）党组织—网格（村、居民小组）党组织—党员中心户（楼栋长）"四级组织架构已经进一步完善。从横向来看，"两新"领域的互联网企业、律师行业、开发园区、商圈等党建工作得到了进一步深入，100人以上的有单独党组织、50人以上的有党员"双有"比例都得到了提升，扩大了基层党组织的覆盖面。其他传统的国企、机关、事业单位领域，突出与业务深度融合，基层党组织的战斗堡垒作用得到进一步加强。

2. 下沉基层，不断在城乡落实党建引领基层治理工作

在乡村，为了进一步发挥基层党组织在促进乡村振兴这一国家战略中的作用，2022年3月，江苏省委组织部下发《抓党建促乡村振兴行动方案》。这一行动方案包括26个重点项目，希望以党的政治优势和组织优势增强乡村振兴的发展动能和治理效能。在基层队伍建设方面，组织部门继续按照"又红又专"的要求选拔驻村第一书记，对一些已经成熟的"定制村干""兴村特岗"等做法，要求进一步推广落实，强化了基层组织队伍建设。到2022年，党建助推富民强村计划已经持续扶持641个村开展壮大村级集体经济项目，深入推进19个红色村试点工作。在城市，为让基层治理更加精细地服务群众，省委组织部下发《关于强化党建引领城市基层治理的工作方案》，列出了24项重点任务来推动党建引领基层治理。南京、苏州等7个试点市已经开始具体实施。南京栖霞区的党建引领城市基层治理"仙林经验"得到了进一步推广。

3. 党建引领，探索物业、业委会等基层党组织建设

如何使基层党组织深入小区，特别是与群众生活息息相关的物业、业委会等基层组织，是一个有待破解的难题。为此，省委组织部在物业领域开展

了试点探索工作。2023 年 8 月，江苏省委组织部等四家单位联合公布了2022 年度党建引领物业管理服务工作省级示范点。这些示范点落实"五聚焦五落实"行动计划比较到位，并形成了自己的党建品牌，基层物业的党组织建设得到了加强，党建引领的作用发挥良好。比如苏州虎丘街道的西园路 399 号中天品苑小区，留园社区党委下辖，与中天物业党支部联合，打造了"乐居品苑、诚悦中天"红色物业品牌。在小区业委会的党建方面，苏州工业园区水墨江南业委会在荣域社区党总支引领下，以水墨江南小区为试点建设"红色业委会"，探索构建新型业委会管理模式，目前已经取得初步成效。

（二）乡镇（街道）集成化改革走深走实

1. 乡镇（街道）的集成化改革有助于在基层整合资源

乡镇（街道）作为最为基层的政府组织，直接领导基层社区、网格的管理和服务工作。因此，街道乡镇的改革基本决定了基层治理的走向。街镇集成化改革是指在城市管理和社会治理领域，在乡镇和街道两个基层组织中进行整合和改革，实现更加高效、协同和综合的管理模式。街镇集成化改革的主要目的是优化行政体制，提高服务效能。一是形成一个更加统一和协调的管理体系，减少重复工作和行政层级，提高工作效率。二是整合原来分散的资源，包括财政、人力、物力等，实现资源的合理配置和优化利用，提高公共服务的质量，扩大其覆盖范围。三是通过建立统一的政务服务中心，整合原来分散的行政服务窗口，提供一站式的便民服务，方便市民办理各类行政手续和查询信息。四是加强社会组织的参与，建立健全社区自治和居民自治机制，促进社会共治，提升社区和乡镇的管理水平和服务能力。街镇集成化改革有助于提高城市和乡镇的管理效能和服务水平，推动城乡一体化发展，增强基层治理的能力和活力。同时，需要注重协调各方利益关系，确保改革的顺利进行，并及时总结经验，不断完善改革的措施和机制。

2. 集成化已经初步延伸到社区、网格并形成联动

在街镇管理方面，2020 年，江苏颁布《关于推进基层整合审批服务执法力量的实施方案》。这一方案主要是要求在全省复制推广在经济发达镇逐

步发展成熟的"1+4"改革经验。所谓"1+4",就是指党的全面领导("1"),审批服务一窗口、综合执法一队伍、基层治理一网格、指挥调度一中心的"4"个"一"。这样,基层治理的基本结构就是:在党的全面领导下,集中高效审批、强化监管服务、综合行政执法。应该说,街镇集成化改革不仅使基层治理效能得到提升,而且能够有效地激发基层治理体系的活力、创造力,更加精准地为人民群众提供服务。近两年,在街道层面,主要是建立健全党建"抓管带"机制,主要措施包括以下几个方面:一是让更多党员干部下沉社区,二是要求在职党员到社区报到,使在职党员成为社区治理的重要资源。在组织建设方面,主要是形成了四级组织架构,即"乡镇(街道)党(工)委—村(社区)党组织—网格(村、居民小组)党组织—党员中心户(楼栋长)"的架构。2023年,江苏为了建立健全"五社联动"机制,开始在每个设区市选择1个县(市、区)和5个左右的乡镇(街道)开展试点,力图通过开展第三批基层治理创新实验活动进一步推动基层治理创新。目前,江苏全省正在推进"一门受理、一站式服务、全科社工"服务模式,"五社(社区、社会组织、社会工作者、社区志愿者、社会慈善资源)联动"机制在促进基层治理方面,正在发挥"整合资源、激发活力、创新服务"的作用。

(三)城乡社区治理体系的逐步健全

1. 城乡社区治理体系已经形成并基本完成全覆盖

城乡社区治理体系是指在城乡社区管理和社会治理方面构建的一套体系。其主要目的是提高社区自治能力,推动社会共治,促进城乡社区的可持续发展。一般来说,城乡社区治理体系主要包括以下几个方面。一是社区层级组织,在城市和乡村分别设立社区居民委员会和村民委员会,二者作为基层自治组织,代表和服务居民。二是社区自治机制,发挥居民的参与和自治作用,促进居民自我管理、自我服务和自我教育。三是社区工作队伍,通过组建社区工作队伍,成员包括社区干部、社区网格员等,提升社区服务能力,为居民提供全方位的服务和支持。四是社区服务设施,通过完善社区的

公共服务设施建设，包括社区公共安全设施、社区文化活动中心、社区卫生服务中心等，为居民提供便利的服务设施。五是社会组织参与，鼓励社会组织参与社区治理，如社区志愿者组织、居民委员会监督委员会等，发挥社会组织在社区治理中的作用。城乡社区治理体系的建设，有助于提升城乡社区管理水平，增强社区自治和居民参与意识，推动社会共治，促进城乡社区的和谐发展。

2. 开始实施"十四五"规划和推进智慧社区建设

2023 年是《江苏省"十四五"城乡社区服务体系建设规划》颁布的第一年，这一规划对于城乡社区服务体系的建设有着具体的要求。比如，要求基本形成在基层党组织的领导下，以基层群众性自治组织为主导、以社区居民为主体、社会组织和驻社区单位共同参与的城乡社区服务格局。在社区服务能力提升方面，要求在"十四五"期间，在城市社区"10 分钟体育健身圈"的基础上，全面建成城市社区"15 分钟生活圈"。2023 年，10 部门（省民政厅、省委政法委、省委网信办、省发改委、省工信厅、省公安厅、省财政厅、省住房城乡建设厅、省农业农村厅、省政务办）联合印发了《关于深入推进智慧社区建设的实施意见》，这一实施意见的主要目的是从"完善顶层设计、强化规划引领、推进统筹建设"等方面，整体提升全省城乡社区治理服务智慧化、智能化水平。江苏在"一老一小"服务体系方面不断强化，加快构建"苏适养老"服务体系，完善居（村）民自治机制，进一步加强居（村）民委员会规范化建设，修订《江苏省村务公开目录》。同时以规范村级组织工作事务、机制牌子和证明事项为着力点，开展源头治理、加强制度创新、转变工作作风，完成改造提升和新建 300 个城乡社区综合服务中心的建设任务，持续提升城乡社区治理水平。

（四）"精网微格"治理向精细化推进

1. "精网微格"是社会治理精细化的重要手段

社会治理精细化不仅关注效率，也注重细节和人文关怀，是刚性管理与柔性服务的结合。它包括"粗放式"治理思维转换、管理服务细节化和执行框架标准化这三个基本要求。"精网微格"是社会治理精细化的一个重要体现，它是以社区为基础，将社会管理精细化、治理单元小型化的一种创新实践。通过将基础网格细分为微网格，按照"就近、就便、就熟"原则，以 50 户为基本单元，构建"县（市、区）—镇街道—村社区—网格—微网格"五级管理体系，实现精细化管理。在"精网微格"工程建设中，推行"网格长+网格员+网格协管员"的工作模式，以村社区为管理主体，明确各级工作职责，建立民情碰头会、走访责任制、情况报告制等"微网格"工作管理机制。同时，通过党建引领、多元参与，拓展基层社会治理动能，推进"三融合"，激活基层治理"微细胞"。因此，"精网微格"不仅是社会治理精细化的具体实践，也是推动社会治理创新的重要举措。

2. 推动实施"精网微格"工程并初获成效

2022 年上半年，江苏省委政法委在全省范围内开始推动实施"精网微格"工程，要求各地逐步形成"组织在网格中建立、干部在网格中服务、活动在网格中开展、矛盾在网格中化解"的"微治理"工作模式。2023 年，全省各地开始全面推进"精网微格"工程的实施。南京市委政法委结合区域位置和人、地、事、物、组织等要素，以 50~100 户为划分标准，将现有10280 个综合网格细分为若干微网格，规范化推进"精网微格"工程，推动社工和网格员队伍一体建设、一体管理，吸纳网格中的党员、楼栋长、"五老"等人员担任微网格员。截至 2023 年上半年，全市划分微网格 3.9 万个，配备微网格员 4.4 万名，完成微网格覆盖率、微网格员配备率两个 100% 的工作目标。① 另外，盐城、南通、扬州、宿迁等城市也在街道、社区层面不断深入推进"精网微格"工程，力图让网格化社会治理精细化。

二 江苏基层治理的成效分析

各项政策措施的推进最终是为了提升治理的效能。过去三年，基层治理

---

① 《江苏基层持续优化基层社会治理》，新华网，2023 年 9 月 1 日，http：//www.js.news.cn/20230901/4e8f4df85209419d8cb22b2844613842/c.html。

发挥了重要作用，但其效能问题也逐渐凸显。近两年的各种举措，在克服短板、提升基层效能方面作用初显。

（一）机制创新和技术应用使治理效能提升

1.机制创新提升效能：围绕社区资源下放并引导居民参与

基层治理效能的提升是一个多维度的过程，需要体制机制、社会化、法治化、智能化和专业化等多个方面的协同发展和不断推进。2023年，江苏在"两委"换届的基础上，继续落实村级党组织分类推进整体提升三年行动计划，选优配强基层组织带头人，打造过硬的党支部书记队伍。江苏深入推进街道管理体制改革，全面推行减负增效，推动资源服务管理下放到社区、网格，构建简约高效的基层管理体制。江苏还注重从居民群众中选拔网格长、楼栋长、单元长，建立健全群防群治机制；搭建民主协商平台，引导居民群众依法依规参与社区事务决策和管理。在江苏各地，红色物业、智慧安防小区等试点建设扎实推进，"雪亮工程"加快升级完善，基层治理效能明显提升。

2.技术应用提升效能：信息化、智能化得到更多应用

在城市治理信息化、智能化方面，全省各地持续深入推进。一些地区在城市智慧中心建设的基础上，建立了综合社会治理信息平台，力图通过一个平台、一套系统、一块屏幕，整合接入多部门基础数据，实时反映城市运行态势。2023年，常州市深化和新增了37个示范应用场景，重点推进辖市区城运中心的实体化运作，加快构建三级联动、五级响应的联动指挥体系，加快城市运行智能枢纽建设，全面推进业务标准化建设，全面提升事件处置效能。到2024年，常州将完成全市100个以上行业智慧应用接入，建成60个以上"一网统管"多跨示范场景。一些区县也在进一步推进社会治理的智慧、智能化。苏州市姑苏区全区有169个社区，以中街路社区为例，该社区在居民家中安装了280个物联设备，包括智能水表、智能感应门磁、定位卡片等。运用物联设备，指挥中心可以随时掌握现场情况，研判和处置突发事件。以智能水表为例，当孤寡老人在家中超过12个小时没有用水时，智能

水表会发出预警,指挥中心随即安排网格员或社区工作人员上门核查,确认老人是否处于安全状态。目前,姑苏区城市运行联动指挥中心平台汇集了政务、公务、警务服务等 1600 余项数据,实时接入智能水表等四大类 16000 余个物联设备,为职能部门开展服务提供数据支撑。[①]

(二)老百姓享受到更多更便捷的社区服务

1. 治理和服务共同构成稳定和谐的基础

基层治理和社区服务之间有着紧密相连、相互促进的关系。基层治理是社区服务的基石,它通过将行政、经济、文化和社会管理权力下移,授权给地方政府,进一步下沉至街道、居民委员会等基层单位,以实现社会管理的目标。城市社区管理作为基层治理的具体体现,将基层治理的权力下放到城市社区层面,为社区居民提供更好的公共服务。社区服务则是基层治理的重要手段,通过加强社区服务,提高社区居民的获得感和幸福感,增进居民之间的联系和团结,进而提升整个社会的凝聚力和稳定性。社区服务还能满足社区居民的各种需求,化解社会矛盾,为基层社会的稳定和和谐发展做出贡献。因此,基层治理和社区服务是相互依存、相辅相成的关系,它们共同构成了社会稳定和发展的重要基础。

2. 从设施到人员,社区服务更加便捷

有关统计显示,截至 2023 年上半年,全省 2.13 万个城乡社区已实现社区综合服务设施全覆盖。在社区的服务组织方面,全省的各类社会组织已经达到 8.4 万个,社区社会组织 14.1 万家,这一数据在全国位居第 1,这些服务组织能够为基层百姓提供更为专业的服务。在社区服务队伍方面,已经有 9.98 万名持证专业社工,有 11 万支志愿服务队伍,有 2200 万名注册志愿者。在社区服务资金方面,2018 年起,省级财政每年投入社区建设专项资金 1.05 亿元,以省政府民生实事形式每年改扩建不少于 300 个社区综合

---

① 《"黑科技"赋能苏州基层社会治理》,新华网,2023 年 9 月 14 日,http://www.js.xinhua.net.com/20230914/466c66ec852c42038ef6bd7089695962/c.html。

服务设施，共引导地方累计投入超过 56 亿元，新建、改造社区综合服务设施项目 5276 个，新增社区服务用房 185.3 万平方米。目前，全省城乡社区全部建立了综合服务设施，平均每百户居民拥有综合服务设施面积达到 61.1 平方米。[①] 2022 年，全省采取"公益创投""微服务"等方式，投入资金约 2.6 亿元。地方各市、区也投入了大量资金，从几十万元到上千万元不等，这些资金成为引导社区服务的主要资金来源。[②] 智慧社区建设完善了政务服务"一网四端"体系，"互联网+社区政务服务""互联网+社区商业服务"广泛覆盖，促进线上线下融合发展，努力构建"15 分钟便民服务圈"。[③]

（三）社会和谐，群众安全感持续增强

1. 基层治理成为和谐稳定的基础

基层治理与和谐稳定之间有密切的关系。基层治理是社会和谐稳定的基础。只有加强基层治理，才能有效地提高社会管理的效果，维护社会秩序，减少社会矛盾和问题，从而保持社会和谐稳定。基层治理是人民群众参与社会管理和公共服务的重要渠道。通过基层治理，人民群众可以更广泛地参与到社会管理中来，提高社会管理的效果和公共服务的水平，促进社会的和谐稳定。基层治理是实现社会公平正义的重要保障。在基层治理中，公正、透明的制度和机制，可以有效地保障人民群众的合法权益，维护社会公平正义，从而促进社会的和谐稳定。基层治理是防范和化解社会风险的重要手段，通过基层治理，可以及时发现和解决社会矛盾和问题，防范和化解社会风险，保障社会和谐稳定。

2. 社会平安、稳定、和谐成效显著

创新社会治理体系，提高社会治理能力的最终目的就是提升百姓的幸福

---

① 数据来源于相关部门提供的材料。
② 以上数据来源于 2023 年 7 月 26 日，江苏省举行的"努力推动江苏在高质量发展中继续走在前列"主题新闻发布会——"强化基层治理和民生保障"专场发布会，江苏省人民政府新闻办公室，http://www.scio.gov.cn/xwfb/dfxwfb/gssfbh/js_13835/202308/t20230802_749058.html。
③ 谢晓军：《努力推进基层治理现代化走在前做示范》，《新华日报》2023 年 9 月 5 日。

感、获得感和安全感。目前由政法委牵头的网格化社会治理，其重要目的是将矛盾化解在基层、维护基层稳定、促进社会的和谐。据统计，2022年全省95%的纠纷都能化解在基层，群众安全感达99.2%。平安是人民幸福安康的基本前提。相关资料显示，2022年，江苏刑事案件破案率上升2.7个百分点，发案率下降8.5个百分点，全省8类严重刑事案件破案率保持在95%以上。全省现行命案连续5年全破，30起命案积案沉冤昭雪，最长的沉积时间达32年。在打击整治养老诈骗专项行动中，整体绩效居全国第一位。在江苏主动谋划开展的"苏安行动"中，全力投入夏季治安打击整治"百日行动"，"两抢"、寻衅滋事警情同比分别下降9.9%、16.7%，人民群众的安全感更加充实。①

（四）创新性载体有效解决基层问题

1.基层不断出现创新性治理载体

基层治理需要不断针对问题创新形式、模式或者载体。当前，构建"德治、自治、法治"相融合的基层社会治理新格局，很重要的一个方面就是要进一步拓展和完善群众参与的一些制度化渠道，特别是群众参与网格、社区、街道公共事务的渠道。引导人民群众依法行使民主权利，主要是为了保护群众利益，这样就要求"群众利益延伸到哪里，群众自治制度就覆盖到哪里"。目前正在做的，无论是健全社区管理和服务机制，推行网格化管理和服务，还是发挥群团组织、社会组织作用，都是为了实现政府治理和社会调节、居民自治良性互动，夯实基层社会治理基础。

2."有事好商量"成为基层重要议事平台

2020年10月，江苏省政协通过《"有事好商量"协商议事工作规则（试行）》。此后大概一年的时间，全省就建立"有事好商量"协商议事室21315个，其中乡镇、街道和省级以上园区覆盖率达100%，行政村、社区

---

① 《创历史新高，去年江苏全省人民群众安全感达99.5%》，交汇点客户端百家号，2023年1月10日，https：//baijiahao.baidu.com/s？id=1754632366044822124&wfr=spider&for=pc。

覆盖率为85%；在企事业单位建立协商议事室911个；建立界别协商议事室1021个。① 作为一项助力解决民生难题和促进社会共治的举措，议事室这几年在全省各地广泛建立并取得了良好效果。苏州高新区枫桥街道马浜社区的"睦邻之家"议事花园，是创新的社区协商议事阵地。该议事花园主要聚焦居民身边"急难愁盼"事项，通过共建共治共享，探索多方参与基层治理新路径。海安市大公镇针对企业生产与群众生活之间的纠纷，在工业园区内建设"民意会客厅"，运用"有事好商量"协商议事平台，化解矛盾纠纷，使工业园区信访率同比下降60%。②

三　江苏基层治理的问题分析

基层作为治理的重心，既承担着主要治理任务，又面临上一级的直接管理和考核。在总体已经取得良好成效的情况下，江苏基层治理仍然面临着管理体制、机制带来的多重问题。

（一）基层治理负担仍然很重

1.基层负担过重问题没有得到根本解决

目前社区、网格负担仍然偏重，特别是近年来，基层防控、文明创建、安全管理、环保治污以及各类突击性任务多，包括网格员在内的城乡社区工作人员不堪重负。基层防控、安全管理、环保治污等任务专业性十分强，基层的社区工作者和网格员都有"勉为其难"的感觉。虽然很多工作实现了信息化，但过多的 App 却成为束缚。基层负担之所以有增无减是因为基层事务刚性增多。各方面对基层治理越来越重视，城市管理的精细化导致工作事项越来越多，要求越来越高，社区无条件成为"属地管理"的责任主体

---

① 《江苏："有事好商量"激发基层治理新效能》，《人民政协报》2021 年 10 月 21 日，http：//www.cppcc.gov.cn/zxww/2020/10/21/ARTI1603245591732173.shtml。
② 《江苏基层持续优化基层社会治理》，新华网，2023 年 9 月 1 日，http：//www.js.news.cn/20230901/4e8f4df85209419d8cb22b2844613842/c.html。

和最后防线。这与服务下放基层的准入监管不够严实有关。部分职能部门在未经批准或协商的前提下，以上级有考核任务、考核指标为由，强行将非准入的工作事项转嫁给社区，如部门微信公众号、12345 市民服务热线、消防、安监、食药监督、居民健康体检等。此外，工商、住房、教育、公证等一些部门和机构仍将一些本该自己审核的工作推给社区，规避本应由自身承担的相关责任。

2. 行政管理具有典型的由上至下路径依赖特征

目前的行政管理具有典型的由上至下的路径依赖特征。很多的政策执行、绩效评估、监督检查、学习传达、总结验收等，在基层基本都压到了街道（乡镇）、社区、网格。这种由上至下的路径依赖，一方面可能导致基层只能按照上级的要求和期望来工作，而没有足够的自主权来决定如何执行任务，难以根据实际情况来调整自己的工作方式和方法。另一方面，由上至下的路径依赖可能会导致基层承受着巨大的压力和责任，因为他们必须满足上级领导或组织的要求和期望。条块分割的部门任务如果不加区分地推到基层，基层只能疲于奔命式地应付，"上面千条线，下面一根针""上面千把锤，下面一颗钉"，乃至问责时"上面千把刀、下面一颗头"等问题，在基层没有得到根本解决。

（二）基层组织自治能力不足

1. 基层组织的自治功能远未得到充分发挥

就目前的情况来看，不仅基层的居（村）民委员会的自治没有完全到位，基层的其他一些自治组织（如社团、民非等）的自治能力也堪忧。具体表现为以下三点。一是制度执行不够到位。有的地方居（村）民委员会"五个民主"执行有偏差，特别是居（村）民委员会事务公开与监督不规范，民主议事协商不经常。二是组织机构作用发挥不到位。有的居（村）民委员会会议或代表会议召开难度大，居（村）民委员会下属工作委员会作用发挥不明显。三是政社互动关系难平衡。一些地方的基层政府及其派出机关简单直接地向群众自治组织派任务、下指令，影响了基层治理和群众工作效果。

2.基层组织的制度没有很好执行

基层治理状态不太好的原因主要有：一是制度建设和执行存在偏差。有的地方的社区（村）没有将"五个民主"制度特别是居（村）民委员会事务公开、民主监督、议事协商等制度具体化，没有形成强制规定，执行上存在随意性；有的社区（村）负责人民主意识缺乏，没有主动接受群众监督的主观愿望。二是组织机构作用不明显。有的社区（村）工作人员、居（村）民代表群众观念、法治观念不强，将主要精力用来应对"上级"，而主动联系群众、服务群众不多。三是政社互动关系不平衡。有的地方的基层政府及其派出机关把群众自治组织作为下属单位看待，听不进群众意见建议，对群众自治组织支持保障不力，未充分调动群众参与基层治理的积极性。

（三）共建共治共享格局没有形成

1.基层治理中有很多机制尚未到位

虽然经过这些年的大力推动，基层治理，特别是社区治理、网格化治理状况取得了明显进展，但基层治理中仍然存在种种乱象。比如有的地方的社区（村）尚未健全区域性党建机制，有的社区（村）"两委"组织号召力不强，社会力量参与及发挥作用不够到位，影响了共建共治共享机制的有效形成与作用发挥；有些地方社区（村）在资源整合、创新服务方面能力不到位，居民群众"急难愁盼"问题存在积压现象，得不到及时解决；有的地方组织群众参与应急治理的办法不多，必要的培训实训不到位，影响了平时与应急的动态衔接机制的有效构建；全周期管理机制构建方面存在明显漏洞。

2.基层治理主要依赖社区和网格

虽然目前社会治理在基层受到了相当的重视，曾有区（县）领导将社会治理与经济发展列为基层发展中同等重要的两个方面，极大地推动了县域社会治理的发展。在社会治理网格化执行之后，基层以网格为基础的社会治理框架基本形成。但由于受到部门整合、运行机制以及人员素质的影响，网格化社会治理逐步退化到"网格巡查、上报工单及协助处理"的基本任务层面。这与党委领导、政府负责、平等协商、社会协同、群众参与、法治保障、技术支撑的社会治理制度并不匹配，与"自治、德治、法治三位一体"的"共建共治共享"社会治理格局也有相当的距离。

（四）基层治理能力还有待提升

1. 基层治理在一些区域和领域存在薄弱环节

近年来，各级党委政府积极完善政策制度、推进治理创新，基层治理总体水平有较大提升，但在一些区域和部位上仍存在薄弱环节。一是乡村、城乡接合部、老旧社区的治理有待加强。农村社区尤其是苏北农村空心化严重，治理人才等资源缺乏；城乡接合部有些社区体量过大、情况复杂，治理服务工作标准不高；老旧社区基础设施和服务设施陈旧滞后，居民老龄化程度高，治理服务难度大。二是许多地方创新意识不足、创新措施不多。日常治理服务中，未能充分发挥各类主体、各类资源的作用，一些地方在引导驻社区单位共建、发挥中青年作用、促进新市民融入方面的投入明显不够。由于平时未打下良好的组织动员基础，特殊期间仅靠"两委"人员应对则无法招架。三是基层治理能力建设的广度深度都存在不均衡问题。

2. 在一定程度上存在人、财、物的短缺

从面上看，有的地方受指导力量、工作经费和人才队伍等因素制约，一些好的治理经验推广普及不足，"盆景"还没有变成"风景"。从深度上看，有的地方社区治理向小区、小组、楼栋等前沿阵地延伸不够，群众对社区工作的感知度、获得感、满意度不高。从地域结构上看，一些农村社区、老旧社区、外来人口聚居的社区治理不够有序，主要表现为资源不多、人才不强、文化欠缺。从治理创新上看，许多地方创新措施不多，未能充分发挥各类主体、各类资源的作用，特殊时期志愿力量不足的问题尤为突出。

四 江苏创新基层治理的主要内容

（一）深入推进集成化改革，完善基层的行政治理机制

1. 街道集成化改革是大势所趋

街道的集成化改革是指将多个政府部门和公共服务机构的服务整合到一个窗口进行集中办理，以提高政务服务效率和便民性的一种改革措施。集成化改革的主要目的是优化政府服务，提高政务服务的效率和质量，同时减少申请人的等待时间和跑腿次数。街道的集成化改革主要有以下几方面的具体措施：一是整合服务窗口，街道（乡镇）将原本分散在不同部门的服务窗口整合到一个窗口，由一个工作人员负责受理和协调社区居民的服务需求；二是建立综合服务平台，街道（乡镇）建立综合服务平台，集中受理和协调社区居民的服务需求；三是实行集中办公，街道（乡镇）实行集中办公，集中受理和协调社区居民的服务需求，提高政务服务效率和便民性。

2. 进一步做实并完善街道改革

徐霞客镇的集成化改革得到了中央编办和国家发改委等部门的认可和推广，成为全国范围内的一种改革模式。这种集成化改革措施在江苏南京市的一些街道（乡镇）得到了推广和应用，但南京市的一些街道在实施过程中存在一些问题和困难。有些部门的服务职能比较复杂，整合难度较大；有些部门的服务内容比较单一，整合后可能会影响其服务质量；还有些部门可能担心整合会影响到自身的利益等。因此，一些街道虽然划分了多个部门及一两个中心，但内部运行仍然按照原来条线部门分成相应的科，在一定程度上存在"换汤不换药"的问题。需要政府部门加强协调和沟通，明确各部门的职责和权力，保证整合后治理效能的提高。即便如此，这种集成化改革模式在优化政府服务、提高政务服务效率和质量等方面仍具有重要意义。

（二）资源下沉并做实网格员配置，完善网格治理机制

1.资源下沉并做实网格员配置

"一长四员"本是网格的标配，但在基层的每一个网格，除了专职（专门负责）的网格员，其他"一长三员"基本形同虚设。建议由以下人员担任网格长：两委班子成员、优秀的社工人员、区（县）的街道（乡镇）下沉人员等。能力很强的专职网格员也可以担任网格长。网格长需要承担起相应网格管理的领导和协调的责任，需要具备一定的领导能力、沟通能力和组织协调能力，同时还要有一定的社会管理经验和群众基础。强化网格长的作用，避免网格单一由专职网格员负责、仅仅完成巡查任务的状况。除了专职的网格员，还需要配置一些辅助网格员，比如"警网融合"中对应的民警、"三官一律"进社区中的成员、社会组织负责人、楼栋长等。

2.完善网格常态化运行机制

当前主要是避免"网格员发现，社区兜底"直接削弱网格员积极性的状况，充分发挥街道（乡镇）、区（县）层面快速响应、及时处理的功能，进一步完善"发现—转接—处理"的常态化处理机制。同时要加强网格与社会组织、各部门的协作配合，建立有效的沟通机制和信息共享平台，确保各项工作能够有序开展。要强化网格党组织堡垒作用，充分认识到网格党建是将基层党建做实的重要方法，是调动基层党员积极性和增强基层治理力量的重要手段。切实加强和充分发挥基层党组织的战斗堡垒作用，必须把加强基层党组织建设作为贯穿社会治理和基层建设始终的一条红线，深入推进基层党组织的工作体制机制创新、组织设置创新、方式方法创新，提升党基层组织的活力与战斗力。提升党组织对社会治理各项工作的全面领导能力，创新"支部+"模式，把基层党组织有效嵌入网格中。坚持党建带群建、社建，积极鼓励和引导多方治理主体参与社会治理，发挥各类社会力量在基层治理中的积极作用，引导群团组织、社会组织参与社会治理、联系服务群众，有效延伸党组织的工作半径。

（三）不断推进"多网合一"，依托信息平台促进资源整合

1. 要不断统筹规划协调"多网合一"

要制定相关政策和标准，明确各类网络的功能定位和管理体制，避免出现管理真空和重复建设。要加强对不同网络的信息整合和共享，建立统一的信息平台，实现信息互联互通、资源共享和业务协同。要加强网络建设和管理，推动云计算、大数据、物联网、人工智能等新技术的应用，提高网络效率和服务水平，促进数字经济发展。推进信息安全和管理，政府部门要加强网络安全和信息安全工作，建立健全网络安全和信息安全管理体系，防范网络攻击和信息泄露等风险，保障国家网络安全和信息安全。要加强信息化服务的普及和提升，推动"互联网+"、智慧城市等相关政策和项目的实施，提高城市管理和公共服务水平，推进城乡一体化发展。

2. 要破解信息孤岛和信息碎片化困境

依据国务院出台的《关于推进社区公共服务综合信息平台建设的指导意见》《国务院关于积极推进"互联网+"行动的指导意见》等重要政策，打破各个部门的信息壁垒，实现数据信息共享。要以政府服务信息化为契机，优化再造政府的组织结构、工作流程和行为方式，推进数字化社会治理。要不断拓展基层智慧治理应用场景。完善街道与部门政务信息系统数据资源共享交换机制，加快城乡社区公共服务综合信息平台建设，使互联网信息技术与社区治理和服务充分融合。

五　进一步深入推进江苏基层治理的建议

（一）走基层路线，切实、准确了解基层存在的问题及需求

1. 深入了解基层百姓的真实需求

百姓的需求既是多方面的，也可能比较简单。从大的方面来看，民生"七有"（幼有所育、学有所教、劳有所得、病有所医、老有所养、住有所

居、弱有所扶）均是老百姓所需要的，但具体到现实生活，也就是日常所需的方面来看，绝大部分老百姓并不是什么都需要，而是在过着"上下班""接送小孩""买菜做饭""旅游度假"等各种形式的生活，并不需要基层政府提供太多的服务。那么，基层百姓究竟需要什么、究竟是哪些人需要政府提供服务，这一问题在不同地区、不同阶段的表现都是不一样的，需要基层政府、社区弄清楚。针对基层组织的一些活动，要避免运动式形式化的扰民。否则，一些基层"不亦乐乎"开展的一些活动，既可能劳民伤财，又可能不为基层百姓所认可。

2. 开展系统、科学、深入的调查

了解基层（主要包括百姓和企业）的真正需求并不容易，有必要借中央要求的大兴调查研究之风，扎实开展深入、专业、科学、全面的调查研究。比如上海市农业农村委在主题教育中，结合调查问卷、座谈会等方式，深入百村万户进行调查研究，开展"百村万户"大调研，发动机关 22 个处室，组织市乡研中心、市农经站等系统事业单位，与区农口部门上下联动，并委托上海财经大学等高等院校从第三方角度同步进行调研。在问卷设计环节，调研组对照中央农办全国大调研的 11 项课题，归纳梳理出"乡村产业、生活方式、生态环境、乡村治理、乡村文化、农民收入"六大切入点，开展深入研究。在入户调研时采用最接地气的方式交流沟通，采用"解剖麻雀"的方式对家庭、社区进行精准画像。这些都是系统、科学、深入调查的典型案例，值得借鉴。

（二）靠社会组织，提供更加精细化、专业化的有效服务

1. 依托专业性的社会组织开展服务

在准确了解基层需求的基础上，委托专业性的社会组织提供服务。基层真正需要什么、哪些人需要，基层政府或社区一定要有一本"清晰账"，否则在不知情或不准确把握的情况下，很容易降低基层有限的服务性财政经费的利用效率。在掌握需求的基础上，为一些服务需求寻找专业性组织非常必要。比如一些失能、半失能老年服务，一些法律、心理咨询服务等，都需要

专业性的机构提供。

2. 不断提升社会组织的专业能力

要不断提升社会组织专业能力，以提供更加专业、精细化的服务。虽然目前为了培育和发展社会组织，从上至下采取了很多措施，但只有少量社会组织越做越大、越来越专业，绝大部分社会组织的能力并没有显著提升。提升社会组织的专业能力，可以建立培训机制，提供专业培训和实践机会，以提高人员的专业素质和服务能力。可以组织更多的交流活动，特别是一些国际的交流活动，学习借鉴国际先进经验和做法，积累经验和资源，提高服务质量和效率。社会组织需要加强行业自律，建立行业标准和规范，增强社会组织的专业能力和公信力。社会组织可以开展社会实践，了解社区需求和问题，积累经验和资源，提高服务质量和效率。可以引入先进技术，如互联网技术、大数据技术等，提高服务效率和质量。基层服务需求是多方面的，而且随着社会发展，基层将对服务有越来越高的专业要求。

（三）通过大数据，全面整合、有效利用基层各种信息

1. 在治理领域不断推进现代信息化技术的应用

目前江苏省级基层治理信息化平台已经初步建成，该平台旨在通过信息化手段，提高基层治理的效率和水平。平台涵盖了基层治理的各个方面，包括社区管理、社会组织管理、公共服务等，被江苏省全面推广使用，为基层治理提供了强有力的支撑。但目前全省各地的信息化建设的层次不一，水平差异很大。对于很多地方来说，首要的就是加大对基层治理平台信息化建设的投入，完善网络、服务器、存储等基础设施，提高信息化水平。要加强信息化应用的推广，将信息化技术应用到政务服务、社会管理、公共服务等领域，提高治理效率和服务质量。与此同时，信息技术应用也要与信息安全保障同步，建立健全信息安全管理制度和技术保障体系，保护用户隐私和信息安全。要加强信息化人才培养，引进和培养信息化专业人才，提高信息化工作的质量和效率。要建立科学的评估机制和监督机制，及时发现和解决问题，促进信息化工作的不断完善。

2. 将治理信息平台纳入整个智慧城市的建设

可以将智慧治理纳入目前的智慧城市建设，或者城市（治理现代化）指挥中心建设。智慧城市是将信息技术与城市发展相结合，实现城市智能化管理和服务的新型城市形态。在智慧城市建设中，可以将不同的网络，如电信网、互联网、物联网、无线网等融合在一起，实现互联互通、数据共享和业务协同。例如，可以将城市中的路灯、公交车、公共自行车等公共设施纳入物联网的范畴，通过传感器实时采集数据，实现城市管理的智能化和精准化。此外，还可以将互联网、电信网、物联网等网络与政务服务、公共服务、商业服务等领域结合起来，实现城市服务的智能化和便捷化。通过"多网合一"的方式，可以实现信息化和城乡一体化发展的目标，提高城市管理和公共服务水平，推进城乡一体化发展。

3. 推进多方协调，逐步推进"多网合一"

"多网合一"是有效整合部门信息、避免浪费和防止增加基层负担的有效举措。从治理的整体格局来看，需要制定全面的"多网合一"规划，明确目标、任务和时间表；需要整合各种资源，包括政府部门、企事业单位、社会组织等，形成合力；需要建立统一的信息平台，实现信息共享和互联互通；还需要加强管理和监督，建立科学的绩效评估机制，不断提升"多网合一"的效果。从目前普遍推行的网格化社会治理信息平台来看，需要进一步制定和落实《网格工作事项清单》《网格事项分类分级标准及处置流程》和《网格事项准入和退出办法》等规范，明确网格内工作内容、流程和准入退出机制。要成立网格治理中心，建立专职网格员队伍，发动多元力量，与执法大队、公安联动，实现"多网合一、一网统管"，要按照"地域相邻、人员相熟、规模适度、方便管理"的原则和"扁平化"管理要求，设置大网格，并设置小网格，实现组织结构的扁平化和优化。要建立健全以人、地、物、事、情、组织为核心内容的基础信息数据库，实现与基层各类服务管理平台的有机融合，全面覆盖。

B.10
江苏分类推进民生保障的思路与机制

鲍　磊*

摘　要： 　江苏在强化民生保障方面交出了既有力度又有温度也有显示度的答卷，人民群众的获得感幸福感安全感持续增强。面对新问题新形势新任务，江苏要以更强担当更大作为更务实举措持续做好民生工作，在兜准兜牢基本型民生底线的同时，持续提升发展型民生服务质量，探路引领发达型民生服务。尤其是要深化民生重点领域改革，优化资源配置方式，完善民生服务体系的相关制度安排和不同制度之间的有序衔接，增强制度之间的系统性、整体性、协同性。

关键词： 　民生保障　基本型民生　发展型民生　发达型民生

民生的保障和改善是中国式现代化的题中应有之义，是深入践行以人民为中心的发展思想的根本要求。党的十八大以来，江苏认真贯彻习近平总书记重要指示和对江苏系列重要讲话精神，在推进"强富美高"新江苏建设的宏伟蓝图之下，在民生保障方面交出了既有力度又有温度也有显示度的高分答卷，人民群众对美好生活的向往得到了极大满足。民生需要是不断上升的，与之相应，民生保障工作也是一项要持久推进、持之以恒、持续提升的工作。面对发展过程中的新问题新形势新任务，江苏要以更强担当更大作为更务实举措确保"民生保障走在前"取得扎实成效。

---

* 鲍磊，江苏省社会科学院社会学研究所研究员。

一 江苏民生保障取得重要进展

江苏民生保障工作始终聚焦人民群众之所盼、所需、所愿，大力度高标准突出以民生实事项目为切实抓手，以公共服务均等化、标准化、优质化为主攻方向，以不断缩小区域、城乡、人群民生享有的差距为目标，以治理体系和社会治理能力的全面提升确保民生发展取得的成效，人民福祉不断增进。

（一）突出抓好民生实事，解决好人民群众"急难愁盼"问题

民生实事项目是政府为人民服务精神的生动体现，是反映民情、民需、民声的民心工程。事实证明，办好民生实事也是保障和改善民生的最为重要也最能出成效的抓手，在实施民生实事项目过程中，江苏积累了一系列成功经验。近年来，江苏立足当前办好民生实事，尤其是把那些受益面广、关注度高的基本公共服务事项纳入年度民生实事予以重点推进。根据省级层面统一部署，江苏省发展改革委在牵头编排 2021 年 15 类 52 件、2022 年 12 类 50 件民生实事的基础上，将 2023 年民生实事扩展为 13 类 55 件，主要内容涵盖基础教育、医疗卫生、就业创业、"一老一小"、食品安全、居住改善、交通出行、公共文化等与群众息息相关的领域。[1] 为确保民生实事落到实处，相应的财政投资逐年增加，近些年来民生支出占一般公共预算支出的比重始终保持在 77% 以上。比如在推动教育事业发展方面，2023 年仅省级财政就安排教育支出 337.5 亿元，占一般公共预算支出的比重达到 25.5%。[2] 同时，江苏还对民生实事实行清单式管理、项目化实施，层层分解任务、传导压力，推进各重点民生实事项目进展有序、落实有力，每件实事项目均由一家省级部门牵头负责，省级民生实事项目在年初向社会公布。在省级政策的示范与引领

---

① 《13 类 55 件民生实事纳入今年省政府民生实事计划》，江苏省人民政府网，http://www.jiangsu.gov.cn/art/2023/1/20/art_ 60096_ 10731830.html。

② 《13 类 55 件 2023 年江苏将全力办好这些民生实事》，新华网，http://www.js.xinhuanet.com/2023-02/20/c_ 1129381421.htm。

下，全省 13 个设区市全部制定出台本区域内的民生实事项目，在落实好上级项目的同时，一些县区也结合实际制定更具体也更具针对性的民生实事项目。

通过民生实事接续实施，一些"急难愁盼"问题得到有效缓解，优质服务供给持续扩大，民生红利落到实处。从落实情况看，全部项目均按时序顺利推进，不少民生实事项目都是提前甚至超额完成年度任务。以民政领域的实事项目进展情况来看，截至 2023 年 7 月底，江苏全省 62 万余名城乡低保对象得到全面保障，发放困难残疾人生活补贴和重度残疾人护理补贴 28.77 亿元；在开展社会救助方面，8.3 万人次获得临时救助，116 万人次困难群众申获价格临时补贴 7443 万元；共推进家庭适老化改造 1.41 万户，建成居家社会养老服务中心 1.8 万个，建成运营各类老年人助餐点 7284 家，累计为 320 万老年人提供政府购买居家上门服务。①

（二）强化公共服务制度供给，推动民生为本共享发展

强力而有效的公共服务供给是实现民生保障的重要载体，是推动发展成果更多更公平惠及全体人民的最基本途径，也是政府做好民生保障的重要抓手。结合江苏发展阶段、民生需求和现实基础，在连续 3 个五年规划的基础上，江苏"十四五"公共服务规划将基本公共服务范围拓展、确定为"十有三保障" 13 个大的领域，并围绕"率先实现基本公共服务均等化、基本建成优质均衡的公共服务体系"的目标，提出了具体任务举措。同时在全面征求相关部门意见的基础上，由省发展改革委、省财政厅等多部门联合出台实施 13 个领域 31 类 90 个服务项目的省级基本公共服务标准。这些标准，一方面衔接国家标准，另一方面结合省情实际有所拓展提升。在此基础上，13 个设区市以省标准为基本参照框架，结合本地实际均制定出台标准，并向社会公布。根据标准指引，江苏省级相关部门进一步完善，先后出台基本养老、全民健身、广播电视等服务标准或目录清单，加快完善行业领域标准体系。在推进基本公共服务均等化、标准化的同时，江苏还根据政府在服务

① 《江苏民政"期中"成绩出炉》，《江苏经济报》2023 年 8 月 21 日。

供给方面承担的责任,分类指导推动非基本公共服务普惠化发展,积极探索推动生活性服务业品质化发展。尤其是针对生活性服务业发展基础性供给不足、社区生活服务和家政服务发展不充分、服务质量水平不高等短板弱项,江苏由省级相关部门牵头,出台相关综合性政策文件,着力推进生活性服务业在补齐短板的前提下向高品质和多样化升级。

就公共服务涉及主要领域看,供给保障水平持续提高。就业形势保持总体稳定,2023 年前 10 个月,江苏全省城镇新增就业 116.4 万人,同比增长 4.6% 左右,新增城镇就业总量占全国的 1/10 以上,共有 13.27 万名城乡劳动者成功创业。① 社会保障卡居民服务"一卡通"提质增效,截至 2023 年 9 月,江苏省社会保障卡累计持卡人数达 9387 万人,电子社会保障卡签发人数达 6199 万人。基本医疗保险实现应保尽保,截至 2023 年 8 月底,江苏基本医疗保险参保率稳定在 98.5% 以上,职工医疗保险参保人数比例达 42.5%。进一步加大住房保障供给力度,截至 2023 年 8 月底,江苏全省共实现新开工保障性租赁住房 14.96 万套(间)、基本建成 10.12 万套(间)。教育现代化深入推进,以江苏省苏州市为例,学前幼儿入学率、义务教育学生入学率和巩固率、高中阶段毛入学率均为 100%,随迁子女积分入学准入率达到 85.69%。

(三)均衡布局资源,持续缩小区域城乡群体之间的差距

强化政策集成和资源集聚,促进基本公共服务持续向苏北欠发达地区倾斜,向基层一线倾斜,向城乡困难群众倾斜,向流动人口倾斜,在覆盖对象、服务内容、服务标准方面,基本实现全省统一、市域一体、县域一致。江苏公共服务规划突破户籍限制,以全体常住居民为服务对象,注重将公共服务延伸到工厂、工地、学校、医院等一线。苏北地区的民生一直是全省民生保障资源配置的重点方向,近年来,江苏通过深化南北结对帮扶合作推动苏北区域民生保障赶超跨越,已成为一大亮点和特色,为此,江苏省委省政

---

① 《1~10 月江苏城镇新增就业 116.4 万人 居全国前列》,江苏省人民政府网站,http://www.jiangsu.gov.cn/art/2023/12/4/art_ 84323_ 11088718. html。

府出台了相关政策意见，创新民生事业高品质区域协作共建，明确了教育、医疗、文旅、康养等领域南北帮扶任务和年度计划。江苏在宿迁推动的“四化同步”集成改革，就是为全省发展破题、为全国发展探路的后发地区改革成功经验。此外，江苏还在全国率先成立省级“一老一小”工作协调小组，全省13个设区市全部制定出台整体解决方案，初步构建了“一老一小”整体解决工作机制。在基本公共服务领域的省与市、县共同财政事权和支出责任方面，江苏整体谋划、全面推进，目前改革已基本到位。

在区域协调发展方面，江苏在省级层面设立省级专项资金，支持5家省级大型医院和5家苏北市级医院、14家省内大型医院和苏北15家重点帮扶县县级医院深化合作共建，加快建设苏北地区省级、市级区域医疗中心；在教育领域，突出师资培训、学科建设、教学科研、资源共享等方面的合作共建；在文旅康养领域，注重发挥苏北生态资源优势，在项目合作中放大苏北优质资源协同效应。在城乡一体发展方面，将民生工作纳入由江苏省发展改革委、江苏省民政厅、江苏省财政厅等27个部门组成的城乡融合发展省级协调推进工作机制框架内，突出包括民生保障在内的城乡融合发展。城乡居民同等享有包括预防接种、0~6岁儿童健康管理、孕产妇健康管理、老年人健康管理、慢性病患者健康管理等30类基本公共卫生服务项目。到2023年6月底，全省2.13万个城乡社区实现社区综合服务设施全覆盖。在缩小群体差距方面，江苏突出以常住人口为覆盖对象，倾力打造并基本形成“15分钟便民生活圈”“15分钟政务服务圈”“15分钟养老服务圈”“15分钟医保服务圈”“15分钟文化圈”“乡村十里文化圈”“15分钟阅读圈”“10分钟公园绿地服务圈”等，美好生活在服务和管理上有了精准刻度。包括南京、苏州、无锡等在内的全省13个城市被纳入商务部等部门联合开展的“一刻钟便民生活圈建设试点”。[①] 南京玄武区“课后服务15分钟教育圈”两次被教育部“点赞”，获全国推广。

---

① 《苏式生活圈 一刻钟养老服务圈：一碗汤的距离》，江苏省民政厅网站，http://mzt.jiangsu.gov.cn/art/2023/2/28/art_55087_10775180.html。

（四）推动社会治理重心下移，以治理成效添民生福祉

保障和改善民生的成效，必须通过加强社会治理来加以保障，社会治理也是民生，民生问题更是贯穿于社会治理的全过程。近年来，江苏以统筹经济社会协调发展为主线，在推进民生工作机制、手段和方法等方面进行了许多有益的探索，取得了不少可圈可点的成功经验，尤其是着力健全共建共享共治的社会治理制度，确保了江苏城乡基层治理体系更趋完善，从而也更进一步提升了民生福祉的质感。江苏一直注重持续性强化网格化社会治理，这项工作已在全省域推进，在国内领先，13个设区市均先后成立了市域社会治理现代化综合指挥中心，所有县（区）建立相应的综合治理平台，以省政府名义制定出台《江苏省城乡网格化服务管理办法》。江苏还在全国率先出台了实施市域社会治理的促进条例。

截至2023年6月底，江苏全省共设立网格超10万个，微网格接近42万个，配备专职网格员近9万名，兼职网格员超41万名，市县乡三级社会治理现代化指挥中心建设实现全覆盖。截至2023年10月，江苏全省建成法律援助工作站1325个，村（社区）法律援助联络点覆盖率达85%以上，基本形成覆盖城乡、较为完备的法律援助服务网络。开展"万名调解员入网格进万家"活动，有效发挥矛盾纠纷化解"主力军"作用。江苏全省市县乡三级非诉服务实体平台实现全覆盖，矛盾纠纷化解从"碎片化"向"共治化"转变，到2023年6月底，江苏累计超500万人注册一站式受理非诉服务平台"苏解纷"，案件平均办结时间大大缩短。①

（五）完善民生保障制度，健全民生工作推进长效机制

民生工作重在有规可依、有章可循。江苏以统筹经济社会协调发展为主线，在推进民生工作机制、手段和方法等方面进行了许多有益的探索。在省

---

① 《应援尽援 应援优援 应援暖援：江苏打造"法援惠民生"品牌交出"暖心答卷"》，江苏长安网，http：//www.jszf.org/zyyg/szdw/ssft/202310/t20231007_ 91756. html。

级层面，江苏在全国率先成立由常务副省长任组长的重大民生政策统筹协调领导小组，领导小组下设办公室，办公室实行省财政厅、省发展改革委双牵头，着力推动民生政策的横向协调、纵向衔接、地区平衡，加强"月跟踪、季调度、定期督查、年底考评"全过程推进。围绕着更好推动民生工作，江苏陆续出台一系列惠民生的法规和政策举措。比如，在推动江苏省养老事业和产业发展、提升养老服务质量方面，江苏制定《关于推动养老事业和产业发展 提升养老服务质量的实施意见》，以便更充分地发挥有为政府和有效市场在发展养老服务中的重要作用，着力构建"苏适养老"服务体系；在特困人员救助供养方面，江苏制定实施《关于完善特困人员救助供养制度的实施意见》；在残疾人保障方面，为促进残疾人更加充分、更高质量就业，保障残疾人的劳动权利，江苏制定出台《江苏省按比例安排残疾人就业办法》。此外，为推进失业保险省级统筹，出台《江苏省失业保险省级统筹实施方案》。江苏省发展改革、民政、人力资源社会保障、财政、教育、卫生健康、医疗保障等涉民生事项重要领域的部门，也以联合或单独的方式制定出台相关政策，如江苏省民政厅出台的《关于切实做好最低生活保障等社会救助兜底保障工作的通知》，江苏省人力资源和社会保障厅等14部门出台的《关于实施重点群体创业推进行动的通知》，江苏省教育厅等14部门印发的《关于加强家庭经济困难学生发展型资助育人工作指导意见》，省医保局出台的《关于进一步推进医保便民药店建设有关事项的通知》等。这些法规和政策的出台成为政府向人民群众做出的"硬承诺"，是指导解决江苏民生问题最有力的制度保障。

二 江苏民生保障面临着新问题新形势新任务

在肯定基层治理和民生保障工作取得巨大成就的同时，也应看到，江苏在民生领域的发展总体上尚存在着供给不充分、资源配置不合理、供需匹配度不高、要素流动不顺畅以及社会力量参与不足等问题，这些问题有的属于人口结构性问题，有的属于发展阶段性问题，还有的属于体制机制问题。

（一）人口的结构性问题

江苏人口呈现出生率低、自然增长率低的特征，老龄化和少子化两种现象共存，且不断加深。2022 年，江苏人口自然增长率为-1.81‰，较上年降低 0.69 个千分点，2022 年末，全省 0~14 岁少龄人口为 1205 万人，占常住人口的比例为 14.15%，少龄人口规模和占比连续两年呈下降趋势；全省 60 岁及以上常住人口达到 1974 万人，占常住人口总量的 23.18%，高于全国 3.38 个百分点。[①] 这种人口发展态势，势必对包括"一老一幼"在内的公共服务体系建设提出更新的要求。我们看到，在老的一端，由于生活水平的提高和年龄的增长，江苏高龄、失能、独居等老年群体规模将持续扩大，这些老年群体的养老、医疗、照护等问题亟待系统解决，包括社区养老服务设施、医疗卫生服务以及医养融合体系等在内的公共服务供给，亟须进一步提升应对能力；在幼的一端，则需要更快更好地补齐婴幼儿照护服务的短板，充分解决广大婴幼儿家庭的托育服务难题，以便有效缓解中青年群体"生不起""带不了"的无奈与民生困境，进而更为有效地遏制或逐步扭转生育下滑趋势。

不仅如此，江苏因经济发达、能够提供高质量的就业机会，从而成为外来人口的理想流入地，成为流动人口输入大省。2022 年末江苏全省常住人口 8515 万人，比上年末增加 10 万人，增长 0.1%，结合人口自然增长率可知，增加人口以外省流入人口为主。同时，江苏省内人口总体上也呈现北向南、农村向城市的流动趋势。面对流动人口日益增长的公共服务需求，尽管流入地政府投入大量财政、土地和人才资源，公共服务供给水平和能力持续得以提升，但这些地方依然面临供给不充分、不及时、不匹配等方面的挑战和困境。以外来人口增长势头最强劲的江苏省苏州市为例，流动人口群体构成的多元化给当地带来公共服务需求的多样化与品质化，尤其是部分流动人口的素质偏低，就业"低端化"直接导致收入的低水平化，而深度城镇化

[①] 《2022 年江苏省国民经济和社会发展统计公报》，江苏统计局网，http：//tj.jiangsu.gov.cn/art/2023/3/3/art_ 85275_ 10787011.html。

带来的制度性身份获取门槛降低，加之市场化产权获取成本上升，流动人口落户意愿与住房支付能力之间存在落差。而在进入高质量发展阶段后，苏州更是面临高端科技产业所占比重日益提升及人才资源加速聚集的状况，流动人口公共服务需求进入多样化、品质化阶段。

（二）需求的动态性问题

民生需求具有不断升级的特征，民生服务工作亦无止境。与全国水平相比，江苏民生保障与民生发展一直走在前列，教育、医疗、养老、托育、文化、体育等领域的公共服务供给也已走过兜底线、保基本为主的阶段，进入着手推动非基本公共服务和生活性服务发展的新征程，正因为如此，江苏优质治理和服务资源就显得不充足了。总体上看，群众"有学上、看上病"的需求已基本得到满足，但未达到"上好学、良医治"的水平。尤其是随着居民收入持续增加、居民生活水平不断提高，人民群众对美好生活的需要不断升级，对高质量公共服务供给的需求也快速增加。比如，在居住方面，就不仅仅是要求空间的宽敞舒适，还要求能够匹配清洁优美的自然生态环境、人文和生活气息浓厚的人居环境。

因此，随着人均可支配收入的持续增加，群众生活品质也不断迈上新的台阶，在需求上也必然更趋多元化和个性化，这就要求公共服务在供给上适应这一变化，切实提升服务供给的质量与水平。以江苏省南通市为例，该市持续推进全国青年发展型城市试点建设取得显著成效，截至2023年7月，南通人才总量达到157万人，其中高层次人才13万人，高技能人才53万人，稳居全省第一方阵。[①] 人才总是寻找最适宜的地区居住和工作，城市要吸引人才并长久留住人才，就要提供高品质的居住生活环境、开放包容的就业与创业环境，在教育、医疗、住房等领域做好与人才政策配套的服务，提供丰富多样的娱乐消费空间与文化休闲活动。

---

① 《才涌江海竞未来，2023中国南通江海英才创业周开幕》，南通市人民政府网，2023年7月13日，https：//www.nantong.gov.cn/ntsrmzf/ntxw/content/df05ea3f－c589－4a41－9b29－8c2e02e8d00c.html。

（三）供给的结构性问题

每一类、每一项民生问题都有自身的结构性矛盾。与全国情况相似，江苏在教育领域依然存在资源不平衡、中小学生升学压力大、课业负担重、"择校热"突出问题；在养老领域，依然突出存在着重机构轻居家的问题，尤其是面临护理型养老服务供给不足的矛盾突出；在托育领域，普惠性服务、"家门口"服务供给不足，从而遮蔽了部分真实的需求。江苏不同民生问题内部也存在结构性矛盾，典型的是就业领域"用工荒"与"就业难"的并存。

从城乡来看，与经济发展水平较为一致的是，对于同种类的基本公共服务，乡村的质量较差，城市的质量较高，尤其是城乡基本公共服务发展不平衡，这既表现在资源布局、能力提供和服务质量上，又体现在社会保障、医疗卫生、公共基础设施、劳动力就业、基础教育、公共文化等方面。以基本社会服务为例，江苏城市社区居家养老服务中心基本实现全覆盖，老年公寓、护理院、养老服务综合体等各类设施比较普遍，而江苏不少农村养老服务设施比较缺乏。以敬老院为主，敬老院主要提供基本生活服务，员工普遍缺乏护理能力，难以满足失能老年人的服务需求。特别是江苏少数农村基础设施和公共服务设施历史欠账仍然较多，短板依旧突出。

从区域来看，尽管在全省层面的统筹谋划之下，江苏区域之间的基本公共服务供给水平差距逐渐缩小，但一些主要领域仍然呈现苏南高于苏中、苏中高于苏北的态势。这种态势固然是由于江苏基本公共服务水平和当地经济关联度较大，但也暴露了各地基本公共服务标准的不统一、不一致问题。以城乡低保为例，2023 年 7 月 1 日，苏州全市的低保标准由 750 元提高到 810 元，走在全省前列。而同期连云港城乡居民最低生活保障标准由每人每月 650 元提高到每人每月 672 元。

从群体来看，近年来，江苏全省各地通过落实放宽户口迁移政策，吸纳有条件、有意愿的农业转移人口在城镇落户，并着力做好相关公共服务，但部分地区的常住人口还不能完全享受到与户籍人口同等的基本公共服务。比

如目前各项救助和补贴政策，如低保、医疗救助、养老服务补贴和护理补贴、残疾人生活补贴和护理补贴等，依然主要面向户籍人口，常住人口只有回户籍地才可以享受。

（四）要素的支撑性问题

从财政投入来看，随着基本公共服务保障范围扩大，江苏在公共服务规划中将外来务工人员和新市民纳入保障范围，但各地的公共服务资源尤其是优质公共服务资源的供给，难以满足这些群体的实际需求，这也给民生投入保障的稳定增长造成极大的压力。在基本公共教育方面，江苏一直按照"以流入地政府管理为主、以公办学校吸纳为主"的原则，苏南地区不少市县外来学生数已超过本地学生数，积极落实好进城务工农民工随迁子女接受义务教育工作，新建学校、新添设备、新增教师的投入压力巨大。在住房保障方面，可持续投资运营机制还不健全，江苏全省城镇常住人口数量持续增加给基本住房保障服务带来潜在压力，用于住房保障的财政性资金难以适应持续扩大住房保障覆盖面和提高保障水平的需求。从人才保障方面来看，总体而言，基层公共服务队伍还存在人才总量少、文化程度低、专业水平不强、年龄结构不够合理的状况，这些问题在农村地区表现得尤其明显。民生的信息化保障是抓好民生保障工作的一个重要手段。随着互联网的普及和智能手机使用率的提高，迫切需要深入推进"互联网+公共服务"，为群众提供便捷高效的服务，但在数据归集利用方面，大量信息孤岛依然存在，有些可以共享的服务设施资源以及信息化数据等没有打破部门和职能界限，没有形成各方协调一致的合力，尤其是基础数据采集、存储、统计、共享标准不统一。尽管江苏社保卡实现了"一卡通"，但依然有进一步提升的空间，比如市民卡、社保卡、学生证等证件分别由不同部门编制，由于其编制规范不一致，导致统计信息重复和共享困难。此外，江苏城乡之间的金融制度安排存在明显差异，农村信用社、农商行、村镇银行等农村金融机构的脱农倾向明显，农村存款资金大部分流向外地，并未用于当地农业农村发展，"抽水机"现象比较严重，乡村金融供给严重不足。

尤其是由于叠加经济增速换挡、结构调整，未来江苏财政增收的速度和空间将会受到一定的限制，进而造成部分民生与公共安全领域投资增长缓慢。经济放缓的风险将不断向民生保障段传导，在此情形下，人民群众对于民生保障和改善的要求将更为凸显，希望政府能够在民生领域释放更多利好，这也为政府如何更好平衡经济发展与民生保障带来更多挑战。

（五）机制的整合性问题

推动民生保障的机制包括供给机制、协调机制、运行机制等，良好的机制是民生保障和改善的重要前提。从供给机制来看，江苏公共服务提供主体和提供方式仍然比较单一，比如在公共服务上干预过多和监管不到位的现象，在各级政府都时有存在，政府与市场的关系还有待进一步理顺，尤其是在公共服务供给方面，市场机制、社会力量的作用有待进一步发挥。从总体上看，江苏现有社会组织特别是与民生服务联系紧密的专业性较强的社会组织，在数量上还偏少，由于历史原因行政化倾向严重，部分社会组织的公共服务专业素质不高，甚至人员队伍配比不够，要么难以购买到相关服务，要么购买后服务质量跟不上。对于社会资本而言，由于进入晚、规模小、底子薄、融资能力差，加之社会领域基本公共服务项目多为非营利性质，社会资本的经营压力较大、盈利能力差。鼓励引导社会力量投资的体制机制不够健全，也造成社会资本投资活力不强、积极性不高。

从协调机制来看，江苏跨部门的统筹协调机制虽然建立起来，但实际运作还不够到位，部分领域的碎片化现象依然存在。以文化领域为例，大文化的管理体制和统一高效的协调决策机制有待加快完善。公共文化服务建设和管理依然存在条块分割、职能交叉、多头管理等问题，由此而来的是公共文化服务资金和资源难以有效归集，造成投入上的分散。比如，农家书屋的图书资源由新闻出版部门负责统一采购供给，在日常管理考核上却是由文化部门来负责，这就带来资源利用效率低、服务体系运行活力不强的问题。

从运行机制来看，当前无论是全国还是江苏，教育、医疗等涉民生领域的改革都将步入深水区，随之而来的是深层次体制机制矛盾日益凸显，这就

要求改革要进一步增强整体性、系统性和协同性。如在医疗改革方面，虽然在破除"以药补医"上取得了一些突破，但公立医院投入补偿机制还不完善，适应行业特点的人事薪酬制度还未真正建立，分级诊疗制度有待加快推进并真正落到实处，医疗服务价格要能够充分体现实际的合理成本和真实的技术价值。

三 江苏分层次做好民生保障的重点方向

民生是一个内涵比较丰富的概念，从需求端看，民生具有从低到高不断升级、不断丰富的递进特征，对应到供给端，民生工作无止境，需要持久推进，不断更新理念与推进政策。可以说，发展到今天，民生需求与供给均已呈现基本型、发展型和发达型三者并存之局面。就全国情况看，全国总体上呈现西中东递增升级的局面，就江苏省实际来看，江苏省总体上呈现北中南不断攀升的态势。由于三种类型的民生问题于同期叠加且同步共进，比如既有普惠性的民生诉求，也有差异性的民生需要，还有高品质的民生追求，这就对现代化新征程中更好地做好民生工作提出了更高标准的要求。因此，江苏应基于自身发展实际，尤其是秉持特有的发展基础和优势，在保障好基本民生的同时，发力做好老百姓因需求不断上升的发展型民生，积极探路推进发达型民生，以满足不同群体的需求，助力全体人民群众美好生活不断换挡提速升级。

（一）兜准兜牢基本型民生底线

基本型民生凸显的是刚性需要。江苏应进一步着力强化社会保险、住房保障、社会救助等方面的再分配功能。就发展重点而言，要优先保障基本公共服务供给，补齐突出短板，稳步提升政府兜底保障标准和水平。在困难群体的救助方面，要健全以家庭为单位的救助对象精准识别机制，统筹构建救急难、收入型困难、支出型困难等分类帮扶机制，推行"实物补贴+服务支持+精神慰藉"的救助服务方式，同时健全完善生活救助和专项救助制度。

就江苏当前面临的形势来看，最为重要的依然是要下最大力气抓好就业这一最基本的民生，应探索制定更为有效的措施，扶持稳定市场主体，增加就业岗位，优化升级援企稳岗政策；同时要深入挖掘并壮大新动能，培育新的就业增长点，支持多渠道灵活就业。做好基本型民生保障要突出底线思维，政府要担起主责。

（二）持续提升发展型民生服务质量

发展型民生侧重的是发展机会。在总体定位上，江苏需紧扣人民群众"急难愁盼"突出问题，瞄准满足居民更高层次需求，通过支持公益性社会机构或市场主体，提升服务质量，着重增加有利于提高人口素质的公共服务供给。在发展面向上，江苏应紧紧围绕供需矛盾突出的公共服务领域，尤其是托育、教育、医疗、养老、环境等百姓需求迫切的重点领域，增加普惠公共服务供给。在重点领域，一是借力国家普惠性托育服务试点，以优惠的政策支持社会力量办好一批婴幼儿照护服务机构。二是进一步推动学前教育提质提效，进一步扩大普惠性幼儿园覆盖范围。三是切实扩展普惠医疗覆盖范围，通过各方力量切实增加优质医疗资源供给。四是开展普惠养老服务专项行动，明确城乡普惠性养老服务项目、标准以及价格。五是建立适应新就业形态、新人口特征、新价值取向的社会保险政策和运行体系，深化转移接续便捷办理，构建待遇水平正常调整机制，确保每一类群体在就业地或生活地都能参加相应的社会保险，注重提高大病、工伤等社会保险风险防范能力。六是通过旧城改造、乡村美化、污染防治等措施，提升人民群众的人居生活环境。发展型民生服务要突出价格可负担、质量有保障两个重点，政府力量和社会力量都要发挥好。

（三）探路推动发达型民生服务

发达型民生反映的是社会福利需求，需以市场为主，先行先试、探路推进发展。江苏要基于自身优势，顺应生活方式改变和消费升级趋势，瞄准服务民生中需求量大、成长性好的行业，充分发挥市场在资源配置中的决定性作用，推动生活服务提质扩容，全面提升优质供给保障水平，推动向品质化和多样化方向升级。在家政服务业方面，江苏应持续实施提质扩容"领跑者"行动，加快建立供给充分、服务便捷、管理规范、惠及城乡的家政服务体系。在康养融合发展方面，江苏应积极探索养老服务业与多产业的融合发展，积极培育独具特色的服务产品，加快发展各类服务载体，从而提高康养服务品质。在满足广大老年人多样化产品和服务需求方面，还可基于江苏老年人口多、素质高的实际，充分开发老年人力资源，大力发展银发经济。在高水平医疗方面，江苏应集聚医疗服务、医学教育、医学科研、药械研发等资源，助力社会力量发展健康体检、健康咨询、疾病预防等多样化健康服务。在文化产业方面，着重发挥文化产业创新创意优势，推动文化产品向旅游内容领域延伸，把更多文化资源转化为高品质旅游产品。在体育产业方面，着力发掘重点产业，推动引领性强的时尚运动项目发展，积极开展体育大卖场、体育嘉年华等体育消费主题活动，推动体育服务业向高品质、多样化方向升级。

在分层次推动民生发展的原则与遵循上，江苏应更好秉持有为政府、有效市场、有机社会三者的密切结合与互动，完善政府提供基本保障、市场机制作用充分发挥、社会各方广泛参与的民生多元供给格局。同时还需要充分理解并把握好民生服务供给的水平与节奏，综合考量经济社会发展水平和公共财政承受能力，在切实、有效、有力回应人民群众"民声"的同时，更加合理引导社会预期，做到尽力而为、量力而行。

四　完善江苏民生保障工作的长效机制

2023年全国"两会"期间，习近平总书记参加江苏代表团审议时发表了关于做好基层治理和民生保障工作的重要讲话，为江苏民生发展指明了前进方向、提供了根本遵循。2023年7月，习近平总书记在江苏考察时再度强调，江苏必须在保障和改善民生、推进社会治理现代化上走在前列，并就做好社会保障、做好就业等方面提出了要求。在新的征程上，江苏应瞄准推动民生工作的体制机制障碍，着力破解其中的难点堵点问题，通过民生重点领域的深化改革，完善民生服务体系的相关制度安排和不同制度之间的有序衔接，奋力在民生保障方面走在前。

（一）创新工作领导机制

江苏应进一步健全基层治理和民生保障党的领导体制，构建党建引领的多元参与机制。在省级层面，更进一步完善跨领域跨部门的工作协调机制，着力解决好综合性强、复杂性高的重大问题。民生重点领域的各个条线、各个系统，通过强化上下的协调沟通，共同推进系统内民生实事的顺利开展。各设区市围绕本市域内的重要民生问题，结合实际制定更具体、操作性更强的配套政策措施。继续谋划实施一批关系全域范围内民生保障的重大项目，滚动调整、动态更新相关储备库。中央组建社会工作部是基层治理高质量发展的新起点，为基层治理高质量发展奠定了制度性基础，应及时高标准谋划江苏版"三定"方案，厘定省市县社会工作部职能职责，厘清与民政、政法、人力资源社会保障等部门的工作关系，实现全省基层治理在规划、制度、项目和组织保障上的一盘棋。在公共服务重点领域，应进一步完善省与设区市共同财政事权事项和支出责任划分，并根据形势发展进行动态调整。

（二）优化资源配置机制

在未来的发展上，江苏应优化公共服务资源布局，科学布局服务设施选址，推进城乡、区域、人群基本公共服务更加普惠均等可及。在城乡融合发展政策的基本导向上，江苏应站在更高层面加以统筹谋划，根据区位状况选择发展具有比较优势的产业，取长补短、优势互补，弱化乃至消除城市对乡村资源的单向虹吸效应，推动城乡要素平等交换，使城乡彼此相互吸引、相互交融、融为一体，实现城乡公共服务、能量循环转换畅通有序。在老旧小区，应积极采取回购、置换、租赁等方式，逐步补齐公共服务资源配置短板。在新建小区，要全面落实相关规划要求，配套建设养老、托育等服务设施。在养老和医疗保障方面，应逐步缩小各类群体在筹资和保障待遇上的差

距，加快优质医疗资源扩容和区域均衡布局。应更好地优化区域教育资源配置，不断缩小城乡、区域、校际、群体间教育差距。对幼儿园、小学、社区养老托育、卫生等服务频次高的基层服务设施，应适度控制规模、合理安排密度，鼓励通过集团化、连锁化、总分馆（室）等方式共建共享优质资源。

（三）持续加强财力保障机制建设

财力是保障和改善民生最大最强的后盾，因此要把财力保障到位，也要将财力用好用到位。江苏民生支出已达到较高的水平，今后要着力于更好地优化民生财政支出结构，明确重点投向目标，尤其是要优先保障那些需要补短板、强弱项、兜底线的民生领域，更好地加大对普惠性非基本公共服务的支持力度。在财政转移支付制度建设上，要尽快推动主要按常住人口进行均衡性转移支付制度的实现，增强基层公共服务保障能力。在转移支付结构中，要着力提高均衡性转移支付在一般性转移支付中的比例，同时提高转移支付资金使用效率。考虑到人口结构变动和流动趋势，要建立以常住人口为基础的转移支付体系，确保流动人口基本公共服务项目的有效落实、精准有力。应在增加外来人口较多地区的财政转移支付的同时，加大对财力不足县市的转移支付力度。此外，还要充分发挥财政资金杠杆作用，引导、撬动社会资金投向公共服务领域。

（四）构建共建共治共享实现机制

江苏需要进一步推动构建政府、市场、社会三者共同参与、提供民生服务的格局。在制定规划及配置公共服务资源时，鼓励和支持社会资本参与公共服务设施建设及运营管理，鼓励社会力量通过公建民营、政府购买服务、政府和社会资本合作等方式参与公共服务供给。把民生服务的生产交由市场和社会力量来承担，通过综合运用财政预算、贴息、补助等政策工具，鼓励私人投资和经营公共服务行业。规范细化政府购买服务目录，突出公共性公益性特点，优先安排与基本民生相关的领域和项目。深化"放管服"改革，整合公共服务机构设置、执业许可、跨区域服务等审批环节，优化审批流程，提高审批效率。推动国有资本在提供公共服务、应急能力建设和公益性服务等关系国计民生的关键领域发挥更大作用，引导事业单位参与公共服务供给。

（五）健全需求反馈机制

江苏应突出构建完善群众参与基层社会治理的体制，畅通群众参与社会治理的制度渠道。创新完善群众工作机制，推动各级政府听民声察民情常态化，让人民群众有更多看得见、摸得着、享受得到的实惠，让人民群众亲自参与、亲眼见证、亲身感受由社会治理改善带来的和谐稳定秩序。针对个性化需求，基于现有产业发展基础，加快探索和推广"订单式""菜单式""预约式"的精细化服务。江苏应健全基层党组织领导的基层群众自治机制，采取更为灵活的手段，广泛开展社区居民说事、民情恳谈等活动，有效通达社情民意，有效化解矛盾纠纷。此外，在畅通和规范群众诉求表达、利益协调、权益保障通道的同时，也应加强引导，使得人民群众的需求与经济社会发展阶段相适应、与现代化建设进程相协调。

（六）深化数字赋能增效机制

信息及数据技术的发展，极大地推动了社会治理的进步和民生服务质量的提升，也使得许多过去难以解决和协同的问题迎刃而解。江苏数字化水平走在全国前列，有充分的基础和条件通过数字赋能，推动大数据、云计算、智能物联网等数字技术赋能公共服务。聚焦重点领域，推动数字化服务普惠应用，鼓励数字新产业新业态发展。推进数字政府建设，完善数字经济治理，依托全省一体化大数据共享交换平台体系，强化重点领域数据信息交换共享。政府及公共服务机构应在数据开放共享方面建立完善且切实可行的机制，推动公共服务领域和政府部门数据有序开放，加强数据互通互联，疏通数据堵点，让数据多跑路、让百姓少跑腿，用数据赋能社会治理和人民生活。在加强数字化智能化服务手段应用的同时，针对老年人、残疾人等群体需求特点，开发提供更多智能化的简易产品和服务，帮助他们跨越"数字鸿沟"。

（七）强化民生工作落实机制

在具体工作落实方面，江苏应进一步强化完善定期调度、定期督办、年底考核工作推进机制，细化分解民生保障各项任务，以标准和表格的形式明确责任牵头单位、相关配合部门、完成标准与进度等具体内容，确保现有各项纾困扶持政策落地落实。建立有效的督查机制，动态跟踪民生工程和重大民生实事项目进展。强化要素保障和宣传引导，确保民生实事产生良好的社会效应。扎实做好民生实事项目绩效考评工作，将民生工作纳入各级责任部门年度高质量发展绩效评价考核工作目标，切实提升民生工程惠民利民实效。

B.11
法治江苏建设的发展概况与完善路径

钱宁峰*

摘　要： 2023 年，江苏有序推进地方立法，落实依法行政工作，加大公正司法力度，积极推动社会治理法治化，有效开展法治文化建设。从总体来看，法治江苏建设任务重点突出，法治项目不断推出，体现了江苏特点。从实践来看，法治江苏建设仍需进一步关注完善法治化营商环境、中国式现代化江苏新实践、区域协同法治建设等课题。这就要求江苏积极谋划法治建设各项任务，以高质量法治建设推动江苏经济社会发展。

关键词： 法治江苏建设　立法　执法　司法　普法

2023 年是江苏贯彻落实党的二十大精神的开局之年。江苏各地以习近平新时代中国特色社会主义思想为指导，深入学习贯彻习近平法治思想，深入实施法治江苏建设、法治政府建设、法治社会建设规划，推动各方面工作法治化，为全面推进中国式现代化江苏新实践提供法治保障。

一　2023年法治江苏建设状况

2023 年，江苏在地方立法、依法行政、公正司法、社会治理、法治宣传等方面积极推动各项工作，法治建设任务重点突出，法治建设项目不断推出，法治成为推动经济社会发展的重要力量。

---

* 钱宁峰，江苏省社会科学院法学研究所所长、研究员，江苏高校区域法治发展协同创新中心研究员。

（一）有序推进地方立法

一是加强地方立法计划和立法项目安排。2023 年，江苏省人大常委会和设区市人大常委会纷纷出台年度立法计划，对全年地方立法工作做出安排。根据《江苏省人大常委会 2023 年立法工作计划》，2023 年立法工作除安排继续审议 2022 年结转项目 3 件外，拟安排正式项目 18 件、预备项目 20 件、调研项目 23 件。特别是在 2021 年《江苏省人大"十四五"工作规划》基础上，2023 年，江苏省人大常委会起草《江苏省人大常委会立法规划项目（2023-2027 年）》。根据规定，正式项目共 73 件，其中制定 36 件、废旧立新 4 件、修改 33 件；调研项目共 42 件，其中制定 16 件、废旧立新 1 件、修改 25 件。

二是加强省级人大地方立法。截至 2023 年 9 月底，江苏省人大常委会根据年度立法计划先后通过 6 部法规，修订 7 部法规，修正 1 部法规（见表 1）。同时，江苏省人大常委会发挥决定权优势，积极制定和废止立法性决定，先后通过《江苏省人民代表大会常务委员会关于促进老年学习的决定》《江苏省人民代表大会常务委员会关于加强新时代检察机关法律监督工作的决定》《江苏省人民代表大会常务委员会关于废止〈江苏省人民代表大会常务委员会关于加强教育工作的决议〉等十七项决议、决定的决定》等。

表 1　省级人大常委会地方性法规制定一览

立法方式	立法名称	立法日期
制定	《江苏省医疗保障条例》	2023 年 1 月 19 日江苏省第十四届人民代表大会第一次会议通过
	《江苏省集体协商条例》	2023 年 1 月 12 日江苏省第十三届人民代表大会常务委员会第三十四次会议通过
	《江苏省基层卫生条例》	2023 年 5 月 31 日江苏省第十四届人民代表大会常务委员会第三次会议通过
	《江苏省高速公路灭火与应急救援条例》	2023 年 7 月 27 日江苏省第十四届人民代表大会常务委员会第四次会议通过

续表

立法方式	立法名称	立法日期
制定	《江苏省家庭农场促进条例》	2023 年 9 月 27 日江苏省第十四届人民代表大会常务委员会第五次会议通过
	《江苏省促进和保护外商投资条例》	2023 年 9 月 27 日江苏省第十四届人民代表大会常务委员会第五次会议通过
修订	《江苏省消防条例》	2023 年 1 月 12 日江苏省第十三届人民代表大会常务委员会第三十四次会议第二次修订
	《江苏省招标投标条例》	2023 年 1 月 12 日江苏省第十三届人民代表大会常务委员会第三十四次会议修订
	《江苏省科学技术进步条例》	2023 年 1 月 12 日江苏省第十三届人民代表大会常务委员会第三十四次会议第二次修订
	《江苏省城市市容和环境卫生管理条例》	2023 年 1 月 12 日江苏省第十三届人民代表大会常务委员会第三十四次会议修订
	《江苏省安全生产条例》	2023 年 3 月 30 日江苏省第十四届人民代表大会常务委员会第二次会议修订
	《江苏省道路交通安全条例》	2023 年 7 月 27 日江苏省第十四届人民代表大会常务委员会第四次会议修订
	《江苏省社区矫正工作条例》	2023 年 9 月 27 日江苏省第十四届人民代表大会常务委员会第五次会议修订
修正	《江苏省水库管理条例》	根据 2023 年 3 月 30 日江苏省第十四届人民代表大会常务委员会第二次会议《关于修改〈江苏省水库管理条例〉的决定》第三次修正

　　三是加强设区市人大地方立法。2023 年，13 个设区市根据年度立法计划加强地方立法工作。截至 2023 年 9 月底，无锡市人大常委会通过 3 部法规，修订 2 部法规；苏州市人大常委会通过 2 部法规，修改 3 部法规；淮安市人大常委会通过 1 部法规；扬州市人大常委会通过 1 部法规，修正 5 部法规；泰州市人大常委会通过 2 部法规；南京市人大常委会通过 1 部法规，修改 3 部法规；宿迁市人大常委会通过 2 部法规；徐州市人大常委会通过 2 部法规，修正 3 部法规；常州市人大常委会通过 1 部法规；镇江市人大常委会通过 1 部法规；盐城市人大常委会通过 1 部法规（见表 2）。同时，各地还废止了一些地方性法规。苏州市人大常委会废止了《苏州市经济开发区管

理条例》《苏州市有线电视条例》等法规。南京市人大常委会废止了《南京市授予荣誉市民称号条例》《南京市预防职务犯罪条例》。需要注意的是，一些设区市还制定或者修改立法性决定。苏州市人大常委会通过《关于修改〈苏州市人民代表大会常务委员会讨论、决定重大事项的规定〉的决定》。盐城市人大常委会通过《关于在公共场所配置自动体外除颤器的决定》。南京市人大常委会修改《南京市人民代表大会常务委员会讨论决定重大事项的决定》。

表 2　设区市人大常委会立法一览

设区市	立法名称	立法日期	立法方式
无锡市	《无锡市优化营商环境条例》	2023 年 3 月 1 日无锡市第十七届人民代表大会常务委员会第十次会议通过	制定
	《无锡市数字化转型促进条例》	2023 年 4 月 26 日无锡市第十七届人民代表大会常务委员会第十一次会议通过	制定
	《无锡市燃气管理条例》	2023 年 6 月 27 日无锡市第十七届人民代表大会常务委员会第十二次会议通过	制定
	《无锡市公路条例》	2023 年 3 月 1 日无锡市第十七届人民代表大会常务委员会第十次会议修订	修订
	《无锡市安全生产条例》	2023 年 4 月 26 日无锡市第十七届人民代表大会常务委员会第十一次会议修订	修订
苏州市	《苏州市科技创新促进条例》	2023 年 2 月 28 日苏州市第十七届人民代表大会常务委员会第六次会议通过	制定
	《苏州市智能车联网发展促进条例》	2023 年 8 月 29 日苏州市第十七届人民代表大会常务委员会第九次会议通过	制定
	《苏州市公共汽车客运管理条例》	2023 年 8 月 29 日苏州市第十七届人民代表大会常务委员会第九次会议修订	修订
	《苏州市教育督导条例》	2023 年 6 月 27 日苏州市第十七届人民代表大会常务委员会第八次会议通过	修正
	《苏州市长江防洪工程管理条例》	2023 年 6 月 27 日苏州市第十七届人民代表大会常务委员会第八次会议通过	修正

设区市	立法名称	立法日期	立法方式
淮安市	《淮安市餐厨垃圾管理条例》	2023 年 2 月 23 日淮安市第九届人民代表大会常务委员会第九次会议通过	制定
扬州市	《扬州市大运河文化遗产保护条例》	2023 年 3 月 2 日扬州市第九届人民代表大会常务委员会第七次会议通过	制定
	《扬州市文明行为促进条例》	2023 年 4 月 26 日扬州市第九届人民代表大会常务委员会第八次会议通过	修正
	《扬州市公园条例》	2023 年 6 月 27 日扬州市第九届人民代表大会常务委员会第十一次会议通过	修正
	《扬州市市区停车场建设和管理条例》	2023 年 6 月 27 日扬州市第九届人民代表大会常务委员会第十一次会议通过	修正
	《扬州市农贸市场管理条例》	2023 年 6 月 27 日扬州市第九届人民代表大会常务委员会第十一次会议通过	修正
	《扬州市生活垃圾分类管理条例》	2023 年 6 月 27 日扬州市第九届人民代表大会常务委员会第十一次会议通过	修正
泰州市	《泰州市消防条例》	2023 年 2 月 28 日泰州市第六届人民代表大会常务委员会第八次会议通过	制定
	《泰州市农业面源污染防治条例》	2023 年 6 月 26 日泰州市第六届人民代表大会常务委员会第十次会议通过	制定
南京市	《南京市促进中医药传承创新发展条例》	2023 年 8 月 16 日南京市第十七届人民代表大会常务委员会第五次会议通过	制定
	《南京市安全生产条例》	2023 年 4 月 24 日南京市第十七届人民代表大会常务委员会第三次会议修订	修订
	《南京市固体废物污染环境防治条例》	2023 年 6 月 21 日南京市第十七届人民代表大会常务委员会第四次会议修订	修订
	《南京市长江桥梁隧道条例》	2023 年 8 月 16 日南京市第十七届人民代表大会常务委员会第五次会议通过	修正
宿迁市	《宿迁市安全生产条例》	2023 年 5 月 12 日宿迁市第六届人民代表大会常务委员会第十次会议通过	制定
	《宿迁市工业固体废物污染环境防治条例》	2023 年 9 月 6 日宿迁市第六届人民代表大会常务委员会第十三次会议通过	制定

续表

设区市	立法名称	立法日期	立法方式
徐州市	《徐州市快递条例》	2023年7月3日徐州市第十七届人民代表大会常务委员会第十四次会议通过	制定
	《徐州市矛盾纠纷预防化解条例》	2023年8月18日徐州市第十七届人民代表大会常务委员会第十五次会议通过	制定
	《徐州市城市重点绿地保护条例》	2023年8月18日徐州市第十七届人民代表大会常务委员会第十五次会议通过	修正
	《徐州市城市绿化条例》	2023年8月18日徐州市第十七届人民代表大会常务委员会第十五次会议通过	修正
	《徐州市消防条例》	2023年8月18日徐州市第十七届人民代表大会常务委员会第十五次会议通过	修正
常州市	《常州市劳动教育促进条例》	2023年6月27日常州市第十七届人民代表大会常务委员会第十一次会议通过	制定
镇江市	《镇江市农贸市场管理条例》	2023年6月27日镇江市第九届人民代表大会常务委员会第九次会议通过	制定
盐城市	《盐城市停车管理条例》	2023年8月25日盐城市第九届人民代表大会常务委员会第十四次会议通过	制定

　　四是进一步完善人大备案审查工作。2023年，江苏各级人大常委会进一步加强规范性文件备案审查工作。第一，对2022年规范性文件备案审查进行通报。江苏省人大常委会法工委公布《关于2022年度规范性文件备案情况和有关问题的通报》，对规范性文件备案情况、审查中发现的主要问题、下一阶段工作要求做了说明，并附《2022年度规范性文件备案情况统计表》和《2022年度报送省人大常委会备案的规范性文件目录》。① 各设区市亦通报了2022年设区市人大常委会规范性文件备案审查情况，如盐城市。第二，按月公布备案登记审查的规范性文件情况。江苏省人大常委会在江苏人大网上将每月收到的"一府一委两院"和设区市报送备案的规章规范性文件予以公布，督促和监督备案审查工作。

---

① 《关于2022年度规范性文件备案情况和有关问题的通报》，江苏人大，2023年4月25日，http：//www.jsrd.gov.cn/qwfb/basc/202304/t20230425_551101.shtml。

五是加强地方执法检查工作。根据人大监督计划，各级人大加强执法检查工作，并通过执法检查报告。例如，省人大常委会先后对《江苏省宗教事务条例》《江苏省信访条例》《江苏省太湖水污染防治条例》《江苏省河道管理条例》等地方性法规实施情况进行执法检查。又如，江苏省人大常委会还开展了"一法一条例"贯彻落实活动，如对《中华人民共和国就业促进法》和《江苏省就业促进条例》进行执法检查，对《中华人民共和国特种设备安全法》和《江苏省特种设备安全条例》进行执法检查。设区市人大和县级人大也围绕上级立法积极开展执法检查，了解立法落实情况。在执法检查之后，省级人大常委会和一些设区市人大召开了执法检查报告审议意见交办座谈会，推动执法检查报告进一步落实。

（二）落实依法行政工作

一是发布法治政府建设情况报告。江苏省人民政府及其部门、各设区市政府及其部门和县级政府发布了法治政府建设情况报告。这些报告为了解各级政府及其部门 2022 年依法行政工作提供了参考。例如，2023 年 3 月，江苏发布《江苏省 2022 年度法治政府建设情况报告》，介绍了学习贯彻党的二十大精神，深入践行习近平法治思想、加快转变政府职能；提高行政效率和公信力、高质量立法制规；以良法促进发展保障善治、提升行政执法监督能力；规范基层综合执法、加强行政复议应诉工作；多元化解行政纠纷、加强法治政府建设科技保障；推动数字法治政府建设等方面的情况。

二是加强地方政府立法。江苏省人民政府和各设区市政府根据本地实际制定了大量地方政府规章。截至 2023 年 9 月，江苏省人民政府先后发布 19 部规章；南京市人民政府公布 3 部规章；徐州市人民政府公布 1 部规章；常州市人民政府公布 1 部规章；苏州市人民政府发布 2 部规章；盐城市人民政府通过 1 部规章（见表 3）。同时，一些地方废止了部分规章，如《南京市人民政府关于废止部分市政府规章的决定》。值得注意的是，一些地方还开展了地方政府规章清理工作，如镇江市人民政府印发《市政府规章清理目录》和《市政府规范性文件清理目录》。

江苏蓝皮书

表3　省级和设区市政府规章一览

立法层级	立法名称
江苏省人民政府	《江苏省建设工程造价管理办法》
	《江苏省基础测绘管理办法》
	《江苏省人民防空工程维护管理规定》
	《江苏省船舶过闸费征收和使用办法》
	《江苏省〈森林防火条例〉实施办法》
	《江苏省建设工程勘察设计管理办法》
	《江苏省地震安全性评价管理规定》
	《江苏省烟草专卖管理办法》
	《江苏省公墓管理办法》
	《江苏省按比例安排残疾人就业办法》
	《江苏省产品质量监督办法》
	《江苏省劳动模范和先进工作者评选管理工作办法》
	《江苏省民用船舶搭靠外国籍船舶管理办法》
	《江苏省行政执法监督办法》
	《江苏省水产苗种管理规定》
	《江苏省植物检疫管理规定》
	《江苏省供销合作社管理规定》
	《江苏省农村土地经营权流转管理办法》
	《江苏省政府投资工程集中建设管理办法》
南京市人民政府	《南京市推进城市运行"一网统管"暂行办法》
	《南京市污染源自动检测管理办法》
	《南京市建设工程临时建筑管理办法》
徐州市人民政府	《徐州市市区土地储备管理办法》
常州市人民政府	《常州市建筑垃圾管理办法》
苏州市人民政府	《苏州市公园管理办法》
	《苏州市人民政府规章制定规定》
盐城市人民政府	《盐城市餐厨废弃物管理实施办法》

三是加强行政规范性文件管理工作。2023年，江苏各地进一步落实
《江苏省行政规范性文件管理规定》，创新备案审查工作机制。一方面，进
一步制定落实文件。例如，江阴市根据《江苏省行政规范性文件管理规定》
和《无锡市行政规范性文件制定和备案审查管理办法》等规定，起草《江

阴市行政规范性文件制定和备案审查实施细则》)。另一方面，积极推动行政规范性文件备案审查工作。淮安市创新实施备案审查"定点拓面"行动，选取2个县区和2个市级部门作为文件制定工作联系点，变事后备案监督为事前指导、事中把关、事后规范的全流程跟踪指导，帮助解决文件制定中的"难点"和"堵点"问题，进一步提升淮安市行政规范性文件制定水平。①

四是强化重大行政决策事项制度落实。江苏各地政府及其部门按照重大行政决策程序规定制定2023年度本级政府及其部门重大行政决策事项目录，重大行政决策程序进一步规范化、制度化。例如，江苏省司法厅明确了2023年重大行政决策事项名称、承办处室、制定依据、计划完成时间。②

五是加强行政执法管理和监督工作。江苏各级积极推动行政执法改革措施，开展各种行政执法活动。2023年1月16日，江苏省人民政府印发《江苏省行政执法证件管理办法》（苏政发〔2023〕5号），对行政执法证件管理进行统一规定，保障行政执法活动。2023年1月27日，江苏省人民政府第一次常务会议审议通过《江苏省行政执法监督办法》，4月1日起施行。该办法明确了行政执法和行政执法机关概念，规定了行政执法监督事项，进一步加大了行政执法监督力度。为了推动法治化营商环境建设，2023年8月2日，中共江苏省委全面依法治省委员会出台《关于推行涉企行政合规全过程指导工作的意见》，该意见明确了涉企行政合规全过程指导工作的具体任务。根据要求，江苏全省各级行政执法机关将按照边试点、边总结、边提升、边推广的原则，用3年左右的时间依法有序推进该项工作，并将在生态环境、交通运输、市场监管、税务等领域开展先行试点。③ 各设区市开展了涉企行政合规全过程指导工作。例如，南通市出台了《关于推进涉企行政合规全过程指导优化经济发展环境的实施方案》和《南通市企业行政合

---

① 《淮安市创新开展备案审查"定点拓面"行动 规范"红头文件"》，网易，2023年9月25日，https://www.163.com/dy/article/IFFQTQLS0552ADWT.html。

② 《江苏省司法厅2023年重大行政决策事项》，江苏省司法厅，2023年6月15日，http://sft.jiangsu.gov.cn/art/2023/6/15/art_48585_10924816.html。

③ 《我省印发推行涉企行政合规全过程指导工作意见》，江苏省人民政府，2023年8月7日，http://www.jiangsu.gov.cn/art/2023/8/7/art_88140_10975582.html。

规指导清单》，系统部署涉企行政合规全过程指导工作。①南京市印发《关于加强知识产权行政执法与刑事司法衔接工作的意见》，包括建立联络会商机制、加强信息共享、规范案件移送程序、深化办案协作机制、强化联合培训和资源共享、加强对外宣传和组织保障6个方面内容。②此外，昆山市千灯镇综合行政执法局先行先试，积极编制苏州市市级地方标准《基层综合行政执法机构运行规范》（DB 3205/T 1059-2023），并于2023年2月6日正式发布，该文件成为江苏首个基层综合行政执法领域地方标准，填补了江苏省基层综合行政执法行业标准空白。③这些行政执法领域规定的出台，为行政执法活动的顺利展开提供了依据。

（三）加大公正司法力度

一是加强法院司法领域工作。第一，出台司法举措。2023年1月，江苏高院出台《关于强化知识产权司法保护推进长三角国际一流营商环境建设的意见》，加强知识产权司法保护。2023年2月，江苏高院和江苏省司法厅出台《关于深化行政诉讼法律援助试点的实施意见》（苏司通〔2023〕4号），进一步推动行政争议实质化解，健全行政诉讼与法律援助对接机制。2023年4月11日，江苏省高级人民法院、江苏省人民检察院联合印发《关于加强涉案企业合规工作协同协作的座谈会纪要》，进一步规范涉案企业合规案件办理工作。④2023年5月，江苏高院还印发《诉讼费交纳等司法领域数字人民币试点工作实施方案》，推进数字人民币在诉讼费交纳中的应用，并积极探索数字人民币与诉讼立案、审判执行以及涉案款项管理工作的深度

① 《江苏南通出台涉企行政合规全过程指导方案》，百家号，2023年9月28日，https://baijiahao.baidu.com/s？id=1778277604223754934&wfr=spider&for=pc。
② 《南京印发〈关于加强知识产权行政执法与刑事司法衔接工作的意见〉》，江苏省知识产权局，2023年9月14日，http://jsip.jiangsu.gov.cn/art/2023/9/14/art_75876_11014699.html。
③ 《江苏首个〈基层综合行政执法机构运行规范〉地方标准诞生》，央广网，2023年2月11日，https://js.cnr.cn/kjjr/20230211/t20230211_526151437.shtml。
④ 《江苏法检协同推动涉案企业合规改革走深走实》，中国法院网，2023年4月14日，https://www.chinacourt.org/article/detail/2023/04/id/7242816.shtml。

融合，扎实有序推进数字人民币在司法领域的试点应用。2023年9月，江苏高院发布《关于深化最严格知识产权司法保护 服务保障在科技创新上取得新突破行动方案》，进一步强化知识产权司法保护工作。第二，进一步完善司法制度。2023年1月，江苏高院研究制定《刑事裁判涉财产部分执行若干问题的解答》，进一步规范全省法院刑事裁判涉财产部分的执行，维护当事人合法权益。江苏高院制定《防范和整治劳动争议虚假诉讼的工作指引》，全面防范劳动争议案件中的虚假诉讼。2023年2月，江苏高院民事审判第一庭下发《关于人身损害赔偿有关费用标准（2022年度）的通知》，通报人身损害赔偿标准所依据的2022年度相关数据。第三，做好法院审判和执行工作。2023年7月24日，全省法院审判工作现代化专题研讨会召开，交流审判工作现代化专题调研成果，谋划推进以审判工作现代化服务保障中国式现代化江苏新实践。①

二是加强检察工作。2023年，江苏各级检察机关认真履行法律监督职能，推动检察工作现代化。第一，积极向人大常委会报告工作。2023年3月，省人大常委会审议省检察院《关于全省检察机关落实认罪认罚从宽制度情况报告审议意见落实情况的反馈报告》。第二，推动出台检察文件。2023年6月，江苏省高级人民法院和江苏省人民检察院下发关于印发《〈关于常见犯罪的量刑指导意见（试行）〉实施细则（试行）》的通知，进一步推进量刑规范化工作。第三，强化法律监督职责。其一，加强刑事检察工作。2023年1~9月，全省检察机关共批准和决定逮捕各类犯罪嫌疑人18349人；不捕3860人，不捕率17.38%。共决定起诉72847人，不起诉17503人，不诉率19.37%。其二，加强民事检察工作。2023年1~9月，全省检察机关共办结民事生效裁判监督案件2604件，提出监督意见691件，其中提出抗诉61件，提出再审检察建议630件。抗诉改变率95.83%，再审检察建议采纳率62.70%。其三，加强行政检察工作。2023年1~9月，全省检察机关共办结行政生效裁判监督案件886件，其中向法

---

① 《全省法院审判工作现代化专题研讨会召开》，《江苏法治报》2023年7月27日，第1版。

院提出抗诉 5 件。提出再审检察建议 17 件，法院采纳 13 件。其四，加强公益诉讼检察工作。2023 年 1～9 月，全省检察机关共立案办理公益诉讼案件 6775 件。其中民事公益诉讼类立案 1025 件，行政公益诉讼类立案 5750 件。①

三是加强纪检监察工作。2023 年，全省纪检监察机关认真履行监督、调查和处置职责，发挥纪检监察机关执纪执法作用。一是加强执纪执法工作。据统计，2023 年 3～9 月，江苏各地共有 62 名公职人员接受纪律审查和监察调查。② 二是加大监督曝光力度。江苏省纪委监委每月通报全省查处违反中央八项规定精神问题情况，不定期公开通报违反中央八项规定精神典型问题。

四是加强公安机关执法工作。2023 年，全省公安机关加强打击违法犯罪行为。例如，在"净网 2023"专项行动中，江苏公安机关紧密结合夏季治安打击整治行动，紧盯"网络十大乱象"，全面强化网上打击整治，不断深化网络生态治理，累计侦破涉网犯罪案件 2.3 万余起，行政处罚违法违规互联网运营单位 368 家次，下架违规 App 应用 422 款，整改网络安全高危隐患 2783 个。③ 又如，江苏警方紧盯严重影响群众安全感的"黑恶痞""黄赌毒""盗抢骗""食药环"等突出违法犯罪，以及关系群众切身利益的民生小案，组织开展"破案打击十项攻坚会战"。自行动开展以来，已经组织开展 6 轮社会面治安清查和夏夜治安巡查宣防集中统一行动，累计出动民警、辅警 41.7 万人次，发动群防群治力量 36.8 万人次，整治安全隐患 3.3 万处。④

① 《2023 年 1 至 9 月全省检察机关主要办案数据》，江苏检察网，2023 年 10 月，https：//www.jsjc.gov.cn/jianwugongkai/bxgkcth/。
② 《审查调查》，清风扬帆网，2023 年 9 月，http：//www.jssjw.gov.cn/col/col4153/index.html。
③ 《江苏公安机关"净网 2023"专项行动取得显著成效》，新华网江苏频道，2023 年 9 月 14 日，http：//www.js.xinhuanet.com/20230914/5cb7e5e9ce614c4aa78fedc53d75f8e8/c.html。
④ 《破获各类刑事案件 3.5 万起抓获涉案人员 2.9 万名 江苏警方强力推进夏季治安打击整治行动》，网易订阅，2023 年 8 月 18 日，https：//www.163.com/dy/article/ICDNP0NF0552ADWT.html。

（四）积极推动社会治理法治化

一是开展法治创建活动。2023 年，江苏各地积极开展市域社会治理现代化建设、法治乡村建设等依法治理创建活动，强化法治观念，提高依法治理水平。例如，2023 年 9 月，江苏省司法厅、省委组织部、省委宣传部等 23 个部门联合印发《江苏省公民法治素养提升行动方案（2023－2025年）》，该方案以持续提升公民法治素养为主线，以全面落实普法责任制为抓手，推动提高全民法治意识和法治素养，培育全社会法治素养。其中，主要实施四大行动，即实施国家工作人员"尊法赋能"行动；实施青少年"学法护航"行动；实施市场主体"守法致远"行动；实施村（居）民"用法安居"行动。[①]

二是积极化解矛盾纠纷。2023 年，全省积极发展新时代"枫桥经验""浦江经验"，总结推广基层矛盾纠纷多元化解典型经验，部署相关工作任务。例如，2023 年 8 月，江苏省司法厅会同省法院出台《关于进一步推进诉讼与非诉讼纠纷解决方式对接工作的意见》，进一步推进"7+1"非诉解纷方式与诉讼相互衔接、相互协调，提升预防化解矛盾纠纷的整体合力和综合效应。[②]又如，苏州各县级矛盾调解中心建设均按"前店+后厂"思路设置，"前店"即公共服务区，按常驻、轮驻、邀驻进驻条线部门；"后厂"则是集中办公区，根据实际条件，提供矛盾纠纷全口径受理、全周期调处和全要素服务。目前，苏州全市各县（市、区）级矛盾调解中心入驻部门共计 300 家，其中常驻 94 家、轮驻 92 家、邀驻 114 家。仅 2023 年上半年，入驻吴江区矛盾调解中心的法院速裁团队就受理登记案件 775 件，其中 293 件实现诉前调解。[③]

---

① 《23 个部门联合印发〈江苏省公民法治素养提升行动方案（2023-2025 年）〉》，搜狐网，2023 年 9 月 6 日，https://www.sohu.com/a/718162496_ 121424934。

② 《江苏出台意见推进诉讼与非诉讼纠纷解决方式对接 多方参与多点发力化解矛盾纠纷》，中国江苏网，2023 年 8 月 31 日，http://jsnews.jschina.com.cn/jsyw/202308/t20230831_ 3275637.shtml。

③ 《江苏聚焦矛盾纠纷多元化解 纠纷解决"只进一扇门、最多跑一地"》，中共江苏省委新闻网，2023 年 8 月 11 日，http://www.zgjssw.gov.cn/yaowen/202308/t20230811_ 8043885.shtml。

三是加强公共法律服务。2023 年，全省继续加强公共法律服务工作。2023 年，江苏省司法厅办公室印发《关于发挥法治保障和法律服务职能作用全力支持和促进"四敢"的若干措施的通知》，落实"让干部敢为、地方敢闯、企业敢干、群众敢首创"的要求。根据统计，截至 2023 年 9 月，律师参与刑事辩护与代理案件 32296 件，代理民事诉讼案件 515033 件，办理非诉讼法律事务 50431 件，办理涉外法律服务 845 件，担任法律顾问 100947 件，律师参与公益法律服务 67357 件；公证办理总数 582004 件，其中国内公证 410224 件、涉外公证 160126 件、涉港澳公证 1598 件、涉台公证 10056 件；司法鉴定申请数 127452 件，接受委托数 124694 件，出具鉴定文书数 117212 件；法律援助案件批准数 78602 件，其中民事 55379 件、刑事 22911 件、行政 312 件；来访咨询数 203769 件；12348 公共法律服务热线服务接听数量 508742 个，接通率 95.97%，满意度 97.84%；法网服务自助法律咨询数量 9182 个，留言咨询答复数 6330 个。①

（五）有效开展法治文化建设

一是积极开展法治宣传活动。2023 年，全省司法行政机关积极开展法治宣传活动。其中，江苏省司法厅于 2023 年 2 月 1 日~3 月 15 日部署开展了"法润江苏 法护长江"集中宣传教育活动，以南京、镇江、扬州、泰州、常州、无锡、苏州、南通沿江 8 市为重点，开展普法工作。活动期间，共发布微视频、海报等宣传资源 1250 个、典型案例 102 个，开展普法讲座 4300 多场，张贴横幅标语 2 万多条，发放法治宣传资料 145 万余份，为 62 万余名群众提供法律咨询，开展沿江、涉江企业"法律体检""法律帮扶"1500 余次，提出环保法律意见建议 2800 多条。② 2023 年 2~5 月，江苏省司

---

① 《2023 年 8 月份全省司法行政主要业务数据》，江苏省司法厅，2023 年 9 月 18 日，http：//sft. jiangsu. gov. cn/art/2023/9/18/art_ 74362_ 11018251. html。

② 《省司法厅办公室关于"法润江苏 法护长江"集中宣传教育活动开展情况的通报》，江苏省司法厅，2023 年 3 月 31 日，http：//sft. jiangsu. gov. cn/art/2023/3/31/art _ 74363 _ 10852836. html。

法厅聚焦群众"急难愁盼"问题，集中开展"法润江苏·2023春风行动"，着力保障困难群体、特殊群体和各类市场主体合法权益，持续深化"法润江苏"品牌效应。① 各地各部门结合实际开展了丰富多彩的法治宣传活动。

二是加强法治文化建设。2023年，江苏各地继续开展法治文化建设，围绕弘扬中华优秀法律文化、大运河文化带等方面夯实法治文化阵地。例如，2023年5月6日，徐州市举行"法润徐州·典亮生活"2023年民法典宣传月暨云龙湖法治文化节启动仪式，开展全市2023年民法典宣传月和法治文化节活动。② 又如，常熟市司法局聚焦社会主义法治文化建设高质量发展工作，从普法阵地、普法形式、普法内容上推陈出新，着力打造特色法治文化阵地，营造尊法学法守法用法的良好法治氛围。③

二 2023年法治江苏建设基本特点

2023年，江苏各地区各部门积极部署法治建设，围绕重点落实法治建设任务，呈现以下特点。

（一）以党的二十大精神为引领，开展法治江苏建设

党的二十大报告专门提出坚持全面依法治国，推进法治中国建设。2022年11月29日，中国共产党江苏省第十四届委员会第三次全体会议通过《中共江苏省委关于深入学习贯彻党的二十大精神在新征程上全面推进中国式现代化江苏新实践的决定》。该决定专门规定，坚持全面依法治省，持续深化法治江苏建设。这些要求为法治江苏建设指明了方向。2023年，江苏各地

---

① 《江苏省聚焦群众"急难愁盼"开展"法润江苏·2023春风行动"》，法润江苏，2023年2月22日，http：//frjs. jschina. com. cn/333333/202302/t20230222_ 7837449. shtml。
② 《"法润徐州·典亮生活"2023年民法典宣传月暨云龙湖法治文化节拉开帷幕》，法润江苏，2023年5月8日，http：//frjs. jschina. com. cn/31022/31027/202305/t20230508_ 7930017. shtml。
③ 《江苏常熟着力打造特色法治文化阵地》，央广网，2023年8月9日，https：//js. cnr. cn/rdzt/qnjs/qnjsgdxw/20230809/t20230809_ 526371867. shtml。

积极贯彻落实党的二十大精神和省委决定,在主题教育活动中将党的二十大精神和法治江苏建设紧密结合,不断推动法治江苏建设发展。2023 年 2 月 1 日,省委政法工作会议在南京召开,研究部署 2023 年和今后一个时期全省政法工作。同日,全省公安局长会议在南京召开,研究部署 2023 年公安工作。2023 年 2 月 6 日,全省检察长会议召开,研究部署 2023 年检察院工作。2023 年 2 月 7 日,全省法院院长会议召开,部署 2023 年全省法院工作。这些会议均突出贯彻落实党的二十大精神要求,明确了 2023 年政法单位法治建设任务。

(二)围绕《中华人民共和国立法法》实施开展立法工作

2023 年,全国人大修改《中华人民共和国立法法》(以下简称《立法法》),广泛涉及立法方方面面,特别是扩大了地方立法权限。江苏各地在立法工作中围绕《立法法》修改内容,加强基层立法联系点建设,拓展立法领域,提高立法质量。江苏省人大常委会审议和修改《江苏省制定和批准地方性法规条例》。根据《立法法》精神,该条例修改和补充了许多内容:一是完善立法程序。该条例对立法统筹、立法建议、立法起草、立法审议等方面做了修改。二是增加长三角区域协同立法内容。根据规定,省人民代表大会及其常务委员会根据长三角地区高质量一体化发展的具体情况和实际需要,可以与上海市、浙江省、安徽省人民代表大会及其常务委员会协同制定地方性法规,在本行政区域或者有关区域内实施。同时,省人民代表大会及其常务委员会根据贯彻实施长江经济带、大运河文化带等国家战略以及协同治理的需要,可以与长三角区域外的其他省、市人民代表大会及其常务委员会协同制定地方性法规。三是加强科学立法。根据规定,省人大常委会设立基层立法联系点,开展立法协商,加强立法宣传工作。四是授权立法。根据规定,省人民代表大会及其常务委员会可以根据改革发展的需要,决定就特定事项授权在规定期限和范围内暂时调整或者暂时停止适用地方性法规的部分规定。一些设区市也根据《立法法》规定修改制定地方性法规制定条例,如常州市、泰州市、盐城市、连云港市等。

（三）以机构改革为契机进一步完善法治建设机制

2023 年，中共中央和国务院印发《党和国家机构改革方案》。根据方案要求，地方机构改革主要涉及以下方面：一是党委组织机构。根据实际组建省级党委科技领域议事协调机构。省、市、县级党委组建社会工作部门，相应划入同级党委组织部门的"两新"工委职责。二是政府组织机构。结合实际调整地方政府科技部门。地方政府设立的金融监管机构专司监管职责，不再加挂金融工作局、金融办公室等牌子。结合实际组建省级政府数据管理机构。省、市、县级乡村振兴机构职责划入同级农业农村部门。三是优化机构编制资源配置。地方党政机关人员编制精减工作，由各省（自治区、直辖市）党委结合实际研究确定。县、乡两级不做精减要求。这些要求为江苏党政机构改革提供了依据。随着机构改革的深入展开，江苏法治建设工作也要根据情况进行部分调整。特别是随着党委社会工作部门的组建，基层治理法治建设也需要进一步理顺领导体制机制。

（四）坚持法治为民，落实法治惠民实事项目

2023 年，江苏继续推进法治惠民实事项目工作。江苏省依法治省委员会办公室确定开展商会商事调解培育培优行动、组织实施"检爱同行"未成年人法治教育系列行动、在 400 个乡镇街道推行远程公证服务、开设全省交通运输行业法律服务站（咨询台）、农村土地承包经营纠纷调解仲裁、制定江苏省市场监管涉企行政合规指导清单等 16 个项目为 2023 年全省法治惠民实事项目。同时，各部门各地区结合实际进一步落实本地区本部门法治惠民实事项目。例如，2023年 6 月 8 日，江苏省检察院发布了《检察为民办实事清单》，包括开展"护薪行动"、"创新发展检察护航"行动计划、"民营企业司法保护"专项行动、噪声污染专项整治、"关注困难妇女群众，加强专项司法救助"活动等内容。[①] 又如，

---

① 《江苏省检察院出台为民办实事清单护民生解民忧》，百家号，2023 年 7 月 14 日，https：//baijiahao.baidu.com/s？id=1771356158380929981&wfr=spider&for=pc。

江苏司法行政系统 2023 年办好法治为民"十件实事":在 400 个乡镇推行远程公证服务、新增建设 500 个法律援助工作站点、组织开展"村(居)法律顾问万场讲法活动"、扩大行政诉讼法律援助范围、开展商会商事调解培优行动、推动民生领域行政立法、持续开展"减证便民"行动、部署深化"产业链+法律服务"惠企惠民活动、持续深化"法律明白人"培育工程、开展"万名人民调解员入网格进万家"活动。① 这些法治惠民实事项目的实施,进一步强化了法治为民的意识。

(五)推动执法部门以案释法,提高法治意识

2023 年,江苏各地区各部门积极开展以案释法活动。一是行政机关积极发布执法典型案例。例如,江苏省市场监管局在全系统开展民生领域案件查办"铁拳"行动,公布多批典型违法案件。又如,江苏省农业农村厅公布全省农业行政执法和源于信访的农业行政执法典型案例。此外,江苏省应急管理厅公布南通市、宿迁市两起安全生产行刑衔接典型执法案例。二是法院积极发布法院典型案例。江苏省高院先后单独发布或者联合发布家事纠纷典型案例(2021~2022 年度)、江苏省 2022 年度消费者权益保护十大典型案例、江苏法院弘扬中华优秀传统文化典型案例、2022 年江苏法院知识产权司法保护十大典型案例、2022 年度江苏法院劳动人事争议十大典型案例、2022 年江苏法院少年审判典型案例、未成年人司法救助典型案例、全省法院湿地保护典型案例、全省法院环境资源审判典型案例、江苏法院毒品犯罪典型案例、江苏法院 2022 年行政审判十大典型案例、江苏法院能动执行典型案例、全省行政诉讼法律援助典型案例等。三是检察院积极发布检察院典型案例。例如,2023 年 5 月 11 日,江苏省检察院对外发布 4 起职务犯罪检察工作典型案例,包括贪污贿赂违法所得,死了也要追缴;重拳出击治"粮蠹",守护大国粮仓;行贿拿项目,人财两空空;不敬老反"啃老",敬

---

① 《符合民情、贴近民意,江苏发布 2023 年司法行政十件惠民实事》,百家号,2023 年 4 月 19 日,https://baijiahao.baidu.com/s? id=1763606907372481462&wfr=spider&for=pc。

老院院长被严惩。① 又如,江苏省人民检察院、南京军事检察院加强军地检察协作,依法维护国防利益和军人军属合法权益,发布案例 5 件和事例 1 件。② 此外,2023 年 5 月 30 日,江苏省检察院召开江苏省检察机关依法落实未成年人刑事案件特别程序工作新闻发布会,发布 8 个典型案例。③ 通过典型案例,可以了解执法和司法情况,增强人们的法治意识。

三 2023年法治江苏建设面临的问题

尽管从总体上看 2023 年法治江苏建设工作在有条不紊地展开,但是从实践来看,仍然存在需要进一步关注的课题。

第一,法治化营商环境需要进一步完善。江苏营商环境始终位居全国前列。2023 年 8 月 30 日,江苏出台《关于促进经济持续回升向好的若干政策措施》,在优化营商环境上,主要有 6 条政策措施。其中涉及执法司法方面的措施有:对企业反映的执法方面问题,推行包容审慎监管,制定"两清单一基准"(行政合规指导清单、免罚轻罚清单和行政裁量基准),对市场监管领域经营主体涉嫌违法行为情节显著轻微或者没有明显社会危害的,一般不对相关财物等实施行政强制措施;对绿色发展领军企业、纳入生态环境执法正面清单的企业,除特定情况外,一般不进行现场执法检查;优化提升政务服务效能,强化高质量发展法治保障,避免超权限、超范围、超数额、超时限查封扣押冻结财产。2023 年 7 月 4 日,江苏省商务厅发布《中国(江苏)自由贸易试验区营商环境优化提升实施方案(2023—2025 年)》,

---

① 《死了也要追缴、重拳出击治"粮蠹"……江苏发布 4 起职务犯罪检察工作典型案例》,百家号,2023 年 5 月 11 日,https://baijiahao.baidu.com/s? id=1765605509299519403&wfr=spider&for=pc。

② 《案例 5 件 + 事例 1 件! 江苏军地检察机关联合发布!》,百家号,2023 年 8 月 4 日,https://baijiahao.baidu.com/s? id=1773307804278834572&wfr=spider&for=pc。

③ 《江苏省检察机关依法落实未成年人刑事案件特别程序典型案例》,江苏检察在线,2023 年 5 月 30 日,https://mp.weixin.qq.com/s?__biz=MjM5MjA1OTIyNg==&mid=2658723210&idx=2&sn=5ebb7bef4e667fe8f2ab6ada3781f5d9&chksm=bd205fbf8a57d6a965997cf358f0a2e6535f16724f8e3458d1209b3ca7ea6833abb06d74b93b&scene=27。

在法治环境方面，加强知识产权保护、完善争端解决模式。要求建设知识产权保护"一站式"服务平台；构建海外知识产权保护事前预警机制，制定海外重点国家（地区）产业知识产权维权指南；推广发挥"苏解纷""智慧315"等非诉讼纠纷化解平台效能，建立电子化送达与失联修复等工作机制。尽管各地在法治化营商环境方面不断进行完善，但是自贸试验区营商环境的进一步优化，必然会对全省营商环境提升提出新的要求，因此，江苏全省法治化营商环境建设要积极对标国内外最高标准细化优化营商环境新举措，着力解决隐性不公平竞争问题，进一步提升法治化营商环境建设水平，展现营商环境建设的法治温度。

第二，中国式现代化江苏实践对法治建设提出了新的要求。党的二十大报告提出了中国式现代化命题。中国式现代化建设必然对江苏法治建设提出了更高要求。特别是2023年7月，习近平总书记在江苏考察，希望江苏在科技创新上取得新突破，在强链补链延链上展现新作为，在建设中华民族现代文明上探索新经验，在推进社会治理现代化上实现新提升。这些任务的实现需要法治建设的有力保障。这就需要江苏立法机关、行政机关、司法机关等机构不断强化各自职责，为中国式现代化江苏实践提供强有力的法治支撑。江苏要进一步将法治思维、法治方式贯穿于江苏现代化建设全过程各方面，高质量推进法治江苏、法治政府、法治社会一体建设，加强多层次多领域依法治理，解决法治领域各方面问题，真正使法治成为中国式现代化江苏实践的重要保障力量。

第三，区域协同法治建设需要进一步加强。随着区域一体化进程的加快，江苏区域法治建设也面临着新的问题。从历史来看，区域协同法治建设最初是从协同立法开始的。随着区域一体化建设的展开，区域协同法治建设也需要进一步深化。正因为如此，江苏区域法治建设在立法基础上进一步向执法、司法等领域延伸。从长三角区域法治建设来看，长三角一体化国家战略实施五年来，沪苏浙皖司法行政系统紧扣"一体化"和"高质量"两个关键词，聚焦"一极三区一高地"战略定位，坚持一体统筹，健全协同机制，建立了长三角一体化发展司法行政轮值会议制度，签署共同推进更高质量平安长三角法治长三角建设的合作协议，持续推出年度一揽子共建项目，共商共进的发展格局不断完善。① 除了司法行政领域以外，其他行政领域协同也在不断加强。例如，江苏省苏州市吴江区与上海市青浦区、浙江省嘉善县深化长三角一体化示范区建设，推进跨区域执法司法协同，在水域治理、行政处罚、校园保护、消费者权益保护等重要领域探索机制创新。② 不过，从实践来看，立法、执法和司法等领域之间的不平衡仍然存在。例如，在长三角一体化进程中，区域立法协作还不能满足一体化需求，区域法律服务合作方式尚需完善，特别是在法治惠民便民方面还未实现全覆盖。同时，一些领域还没有被纳入区域法治协同建设领域之中，如涉外涉港澳台发展、淮海经济区中心城市建设、"一带一路"发展、中欧班列运营、国际友好城市建设等。

四 2024年法治江苏建设展望

2024 年，法治江苏建设要紧紧围绕习近平总书记对江苏的讲话批示指示精神，积极谋划法治建设各项任务，以高质量法治建设推动江苏经济社会发展。

（一）继续贯彻落实党的二十大精神，推动法治江苏建设

党的二十大报告谋划了未来 5 年的工作任务。要贯彻落实党的二十大精神，必须继续将党的二十大精神纳入法治江苏建设之中。这就需要进一步深入研究以党的二十大精神指导法治江苏建设的重要举措。一是加强地方立法工作。坚持以宪法为指导开展地方立法工作，提高地方立法质量，加快推进重点领域、新兴领域立法，健全法规制定制度。二是加强依法行政工作。要

---

① 《2023 年长三角一体化司法行政工作推进会举行》，法治网，2023 年 10 月 9 日，http：//www.legaldaily.com.cn/judicial/content/2023-10/09/content_ 8910002.html。

② 《吴江建立跨区域执法司法协同》，搜狐网，2023 年 6 月 26 日，https：//www.sohu.com/a/690570669_ 121424934。

全面推行权力清单、责任清单、负面清单管理，加大行政执法力度，提高行政效率和行政能力，提高行政执法监督制度化、规范化水平。三是加强严格公正司法工作。要深化司法体制综合配套改革，规范司法权力运行，切实维护公民合法权益。四是加强普法宣传工作。要继续深入实施"八五"普法规划，深化"法润江苏"活动，完善公共法律服务体系，推进依法治理活动，培育公民法治素养，增强全民法治观念。

（二）围绕三大法治建设规划，谋划法治建设任务

江苏已经先后颁布了《法治江苏建设规划（2021—2025年）》《江苏省贯彻落实〈法治政府建设实施纲要（2021—2025年）〉实施方案》《江苏省法治社会建设实施方案（2021—2025年）》，明确了法治江苏建设、法治政府建设和法治社会建设的各项任务。2024年是贯彻落实法治建设规划的第4个年份，要继续推动法治建设各项任务。一是加强法治江苏建设。江苏要加强党委对法治建设的领导，深入学习宣传习近平法治思想，加强和改进地方立法，强化法治高效实施，健全法治监督体系，夯实法治建设的工作保障，完善党内法规制度，强化涉外涉港澳台法治建设，推动区域法治建设一体化进程。二是加强法治政府建设。要转变政府职能，加大行政立法工作力度，严格规范行政决策程序，完善行政执法工作机制，依法有效预防和处置突发应急事件，完善矛盾纠纷行政预防调处化解机制，加强行政权力制约和监督，全面推进数字法治政府建设。三是加强法治社会建设。要弘扬社会主义法治精神，实施"八五"普法规划，充分发挥法律法规、道德规范、风俗习惯、行业规章、社会组织章程等法律规范和社会规范的积极作用，切实保障公民合法权利，有效维护社会主体合法权益，完善社会治理体系，形成共建共治共享的社会治理格局，全面推进网络空间法治化，提高网络综合治理能力。加强法治乡村建设，进一步完善涉农法律制度和乡村公共法律服务体系，提高农村基层执法质量，提升农村干部群众尊法学法守法用法自觉性，增强乡村治理法治能力。

（三）精心制定法治建设年度计划，认真落实法治建设各项措施

江苏法治建设相关单位要及时制定本年度法治建设工作计划，公布法治建设工作要点，落实法治建设年度任务，并加强对法治建设工作的监督。一是要充分发挥依法治理领导机构作用。江苏省委全面依法治省委员会要积极谋划江苏法治建设任务，落实中央全面依法治国委员会各项任务，推动市县落实。各设区市依法治市机构要认真落实上级法治建设任务，不断推动法治建设任务落实到位。各县（市、区）依法治理机构要加强基层依法治理工作，确保法治建设向基层有效延伸。二是加强人大地方立法工作，监督地方立法实施。省级人大及其常委会要充分发挥立法全覆盖优势，统筹地方立法立改废释工作，加大法律法规执法检查力度。设区市人大及其常委会要根据《立法法》赋予的立法权限，合理安排立法项目，细化地方立法内容。县级人大及其常委会要加大上位法执法检查力度，确保法律法规在本行政区域实施。三是加强政府依法行政工作。各级政府及其部门要做好行政立法工作，完善行政执法机制，加强行政权力监督。四是加大法院参与地方法治建设力度。要积极推动审判工作，加大执行力度，保护公民、法人和其他组织合法权益。五是加大检察院参与地方法治建设力度。要积极发挥法律监督职能，推动刑事、民事、行政、公益诉讼各领域检察工作，切实打击违法犯罪行为，维护社会公平正义。

B.12
江苏高水平推进文化强省建设的新作为、新优势、新使命

李 洁*

摘　要： 文化强省是提高地方文化软实力，增强地方在全国文化格局中的话语权和影响力的重要力量。经过十余年的蓄力发展，江苏在主流思想舆论、文艺精品创作、优秀传统文化传承、公共文化服务体系建设方面成效显著。2023年的文化强省工作取得了7个方面的进步，具体体现在文化标识建设、文物和遗产保护、地域文明探源与文脉整理、文明城市创建、公共文化服务体系建设、文艺作品创作和现代文化产业发展等方面。但是在取得成绩的同时也要看到目前江苏文化强省工作存在一些问题，主要表现在公共文化服务发展不平衡问题仍然存在；传统文化保护传承工作仍需进一步加强；文化人才培养建设力度仍需进一步加大；文化产业和文化事业发展的制度创新不足；文化领域意识形态建设依然面临挑战。现阶段亟待找准江苏文化强省的发力方向，一是着力推动多种文化资源向文化资本转化；二是着力推动优秀传统文化向现代文化转型；三是着力推动文化传统业态向新型业态转型；四是着力推动发展动力由外生动能向内生动能转化。相应的对策思路包括：发挥本土优势，提升江苏文化显示度；形成新闻宣传整合力，营造主流舆论态势；创新技术和产业模式激发传统文化生命力；释放文化体制改革红利，营造文化创新生态；推动公共文化服务能级跃升，实现文化富民；鼓励艺术精品创作，推动产出"现象级"艺术作品；建好两大国家文化公园，打造中华文化标志；增强江苏文化的外宣优势，推动文化出海。

---

* 李洁，江苏省社会科学院经济研究所副研究员、大运河文化带建设研究院研究员。

关键词： 文化强省　公共文化服务　大运河文化

　　习近平总书记 2023 年 6 月 2 日在北京出席文化传承发展座谈会并发表重要讲话，他在讲话中强调，在新的起点上继续推动文化繁荣、建设文化强国、建设中华民族现代文明，是我们在新时代新的文化使命。文化强省是提高地方文化软实力，增强地方在全国文化格局中的话语权和影响力的重要力量。江苏省委省政府于 2009 年正式提出文化强省战略，迄今历经十余年，通过积极实施文艺作品质量提升工程，精心组织紫金文化艺术节、江苏书展、"五个一"工程奖、"五星工程奖"评选等系列文化活动，创作更多满足人民文化需求和增强人民精神力量的优秀作品；高品质推进大运河文化带和大运河国家文化公园建设；实施城乡移风易俗、弘扬时代新风；大力发展数字文化产业，取得了丰硕的文化成果。回顾文化强省一路走来的奋斗历程，江苏省在取得成绩的同时也出现了一定的瓶颈与掣肘，亟待仔细分析，寻找破解思路，为 2024 年和更远未来的文化强省建设积累新的发展力量。

一　江苏文化强省发展历程简要回顾

　　2009 年 7 月，江苏省文化工作会议第一次将文化竞争力和发展纳入了全省全面建设小康社会的目标内涵和区域发展考核体系；同年 8 月，全国文化体制改革经验交流会在南京召开，江苏省进一步明确了文化体制改革的"路线图"和"时间表"。以改革发展为动力，"十二五"期间文化强省不仅成为经济发展新的增长点和迈向现代化的力量支点，也成为江苏实现伟大中国梦的内生动力。到"十三五"阶段，文化从江苏发展的"增长点"跃升为"发展支柱"。一是不断发展壮大主流思想舆论，学习贯彻党的十九大精神、庆祝改革开放 40 周年和中华人民共和国成立 70 周年、高水平全面建成小康社会等重大主题宣传广泛深入，很大程度上提升了江苏省群众的文化素质与精神文明发展水平。"十三五"期末，江苏省注册志愿者人数占城市

常住人口的比重超过15%，建设成功全国文明城市29个。不少文艺作品获得宣传部"五个一工程奖"，中国电影"金鸡奖"、中国电视"金鹰奖"等国家级文艺奖项。二是优秀传统文化有效传承发展，高质量推进大运河文化带建设，推进江苏文脉整理和研究工程，出版大型历史文献典籍系列图书《江苏文库》。三是发挥了完善的乡村公共文化服务功能，城乡文化设施建设完善，"书香江苏"成绩斐然，公民阅读率达到90.2%，实现城乡广播电视全覆盖。四是江苏文化体制改革卓有成效，知名文艺团体在国内享有盛誉，形成"非遗"展示的专业文化团队，文化产业增加值位居全国前列，文化产业竞争力逐年上升。江苏从"文化大省"向"文化强省"的跃迁中既有量的增长也有质的飞越。

二 2023年江苏文化强省建设取得的主要成绩

习近平总书记2023年7月在江苏考察时，对江苏提出了在科技创新上取得新突破、在强链补链延链上展现新作为、在建设中华民族现代文明上探索新经验、在推进社会治理现代化上实现新提升的"四个新"的重大任务，具有极强的政治性、战略性、指导性、针对性，为推进中国式现代化江苏新实践、谱写"强富美高"新江苏现代化建设新篇章指明了前进方向、提供了根本遵循。2023年是全面贯彻落实党的二十大精神的开局之年，大力推动文化事业和明确文化产业发展定位为江苏省政府工作报告中的重点工作之一。2023年8月4日召开的江苏省委十四届四次全会指出，江苏的文化使命，就是要在建设中华民族现代文明上探索新经验，把江苏建设成为中华优秀传统文化的重要传承发展地、革命文化的重要弘扬地、社会主义先进文化的重要创新策源地，使之成为理解历史中国、认识现实中国、把握未来中国的重要窗口。2023年江苏在打造新时代文化标识、持续推进大运河文化带和大运河、长江国家文化公园建设、加强文物和文化遗产保护利用、加快推进江苏地域文明探源工程和江苏文脉整理研究与传播工程等方面持续推进。

（一）江苏文化标识更加闪亮

2023 年江苏聚焦长江、大运河两大文化资源，积极打造"水韵江苏"文化品牌，高水平举办世界运河城市论坛、大运河文化旅游博览会，升级展会规格，建设高水平会展品牌。高度重视"最美公共文化空间"打造工作。印发《江苏省促进文化产业竞争力提升行动计划（2022—2025 年）》，提出要推动城市文化标志性符号融入城市规划、国土空间规划和公共空间、公共设施、公共艺术等建设。计划在"十四五"期间，建设 1000 个城乡"最美公共文化空间"。镇江作为长江与大运河水道的重要交汇点，正在规划建设扬子江区域历代名人纪念馆，分布式建设提升赛珍珠、辛弃疾、米芾、沈括、苏颂等名人纪念馆，筹建江河交汇诗词文化步行廊道，让长江诗词文化融入当代生活。大运河国家文化公园江苏段作为国家唯一重点建设区，形成了一系列示范性建设项目和举措。扬州中国大运河博物馆文旅热度不减，馆内 1 万多件（套）展品，生动反映了大运河流域的璀璨文化，令人流连忘返。

（二）文物和历史文化遗产保护利用不断创新

江苏省出台了《江苏省革命文物保护利用工程实施方案（2021—2025年）》，明确了新时代江苏加强革命文物工作的总体要求、工作重点和保障措施。2023 年江苏省文旅厅公布的 227 件（套）可移动革命文物引发社会关注，其中包括 9 件国家一级文物。江苏支持扬州中国大运河博物馆创建国家一级博物馆，高质量推动大运河文化带江苏段建设，积极推动江苏大运河文旅成为世界级文化旅游线路，提升非物质遗产保护利用水平，将"非遗"文化与旅游相结合，在大运河与长江文旅景区的旅游线路上规划多元化的"非遗"展陈，演艺、文化体验活动。以"非遗"工坊、老字号为重点对象，搭建线下销售平台，以传统工艺、"非遗"文创、"非遗"美食为内容，打造"看得见、尝得到、能体验、可带走"的"非遗"大集和美食市集，2023 年举办了"文物赋彩美好生活"图片展，展现推动文物保护利用成果人民共享等方面取得的重要成果。

（三）地域文明探源与文脉整理研究传播有序推进

江苏地域文明探源工程于 2022 年 7 月正式启动，以淮河下游史前文化发展进程研究、太湖北部文明化进程研究、太湖西部史前文化发展进程研究和宁镇地区史前考古学文化谱系研究 4 项史前课题以及盐业考古课题为代表，在区域系统调查勘探、重点遗址考古发掘和既有材料梳理研究等方面取得了一系列初步成果。考古调查新发现包括史前、商周时期遗址和盐业遗存点 100 多处，开展与地域文明探源密切相关的发掘项目 30 余项，兴化草堰港遗址、溧阳鲍家遗址、常州寺墩遗址、连云港尤庄遗址、溧阳古县遗址考古发掘取得重要发现。截至 2023 年，江苏文脉整理与研究工作已经实施了7 年，7 年的砥砺奋进得到了喜人的研究与传播成果。2023 年 5 月 20 日，江苏文脉工程阶段性成果公之于众，共出版《江苏文库》1002 册，文献收录与整理达到 1985 种。数字化阅读平台是江苏文脉整理的独特优势，目前可在线阅览《江苏文库》前 4 批出版的所有图书，共 726 册，其中包含排印本图书 169 册（总字数约 6300 万字），影印本图书 557 册（图片总数约50 万张）。已有 40 多家图书馆开通《江苏文库》数据库。

（四）精神文明建设和文明城市创建提质增效

在精神文明建设中，江苏重视提升文明城市创建标准，把人的素质和城市品位、城镇综合竞争力和百姓生活质量纳入文明城市建设要求中，在新的创建周期，截至 2023 年 7 月，全省已经在 95 个县（市、区）建成新时代文明实践中心，在 1274 个乡镇（街道）建成新时代文明实践所，在 20897 个行政村（社区）建成新时代文明实践站，这些新时代文明实践的示范点通过群众喜闻乐见的活动形式，将党的理论深植群众的心中，在群众中掀起了学习中国历史、党的历史和社会主义发展历史的新高潮。江苏省创成文明城市占比54.7%。有 20 个县级市被列入第七届全国文明城市提名城市，在此基础上，全省共创成 273 个全国文明村镇、396 个全国文明单位、37 户全国文明家庭、35 个全国文明校园，"五大创建"的总体水平走在全国前列。

（五）城乡公共文化服务水平不断提升

在城乡公共文化服务方面，江苏一向重视城乡一体化统筹发展。在全国省级层面率先出台《江苏省公共文化服务促进条例》，并创建了国家公共文化服务体系示范区 4 个、示范项目 8 个；人均享有文化场馆面积和服务位居全国前列，引导多种文化公共资源向农村倾斜。2023 年江苏积极实施"双千计划""送戏下乡"等文化惠民工程，计划培育和打造南京市江北新区沿江活力太阳舞蹈队等 200 支团队以及南京市玄武区锦创书城等 200 个空间，使其成为 2023 年度江苏省"千支优秀群众文化团队"培育对象和"千个最美公共文化空间"建设对象。2023 年省文旅厅实施公共文化服务"双千计划"，投入 2.5 亿元，培育 1000 支活跃在老百姓身边的优秀群众文化团队，打造 1000 个主客共享的最美公共文化空间，每年送戏下乡 2.5 万场，其中扶持经济薄弱地区 2800 场。继续倡导全民阅读，2023 年江苏省第十四次党代会提出"建成社会主义文化强国先行区"的新目标新任务，并强调要"倡导全民阅读，推动书香江苏建设"。江苏继续发挥"江苏全民阅读指数"在促进全民阅读质效提升中的"指挥棒"作用，全省成年居民综合阅读率为 90.33%，人均读书 16.04 本（纸质书和电子书），人均听书 4.43 本。江苏因地制宜布设阅览室、书屋、图书角，推动全民阅读进社区、进学校、进工厂、进车站、进农村，铺就了"书香江苏"的幸福阶梯，全民阅读已成江苏最美社会风尚。

（六）文艺创作和艺术作品量质齐升

高质量举办紫金文化艺术节，2023 紫金文化艺术节于 2023 年 9 月 11 日在盐城举行。该艺术节以南京为主会场，淮安、盐城、宿迁、扬州为分会场，活动将持续到 12 月，艺术节汇聚了多种形式的舞台演出，包括戏曲、戏剧、舞台剧、电影、群众文化周等文化活动，涵盖戏剧、音乐、舞蹈、美术等多个领域，有力促进了江苏文艺创作，丰富了群众的文化生活。不断培育"文化苏军"人才队伍，高效实施名师带徒计划，2023 年是江苏"名师

带徒计划"的第二个周期，每期推选 100 位文艺名家与 100 名青年才俊携手结对、师徒传承。目前有 83%的学徒参与了国家级文艺赛事，4 人分获中国戏剧梅花奖、"五个一工程奖"、中国音乐金钟奖、中国文艺评论年度优秀作品等国家级奖项，更多的新人在国家级赛事中崭露头角。

（七）文化产业新业态和新模式崛起争先

2023 年江苏开拓进取，文化产业发展取得诸多成效。全省规模以上文化企业数量达到 10847 家，上半年实现营业收入 6151.56 亿元，居全国前列；江苏广电、凤凰出版、江苏有线再次入选第十五届全国文化企业 30 强，新华报业、江苏卓易首次入围提名奖。江苏省印发《江苏省关于贯彻落实国家文化数字化战略的实施意见》《推进长三角文化产业一体化发展江苏行动方案》《江苏省沿海特色文化产业集聚区建设实施方案》《世界级运河文化遗产旅游廊道建设实施方案》《推动扬子江城市群数字文化产业与创意经济跨越发展实施方案》等文件，推进全省文化产业区域联动、协调发展。加快实施文化产业数字化战略，加强共性关键技术研发，大力发展新业态新模式，文化类高新技术企业突破 1000 家。截至 2023 年 8 月，全省共举办各类营业性演出 14.3 万场次，演出审批数量较 2019 年同期增长 49.2%；根据银联数据，全省 1~8 月文旅消费总额达 3451 亿元，占全国的近 10%，占比全国第一。文化产业新业态消费引领江苏文化消费，文化产业新业态成为江苏文化强省的一大亮点。

三 江苏文化强省工作的瓶颈与掣肘

（一）公共文化服务发展不平衡问题仍然存在

随着江苏公共文化服务体系建设的深入推进和均等化程度的逐步提高，公共文化消费需求迅速增长，但与之相适应的硬件资源和软件服务却未能及时同步增长。虽然城市公共文化单位的接待量和基本公共文化服务量连年增长，但江苏基本公共文化服务的供需矛盾仍需缓解。一方面，苏北农村偏远地区的公共文化服务设施老旧，得不到更新，一些文化站点常年"铁将军守门"，利用率为零。苏北区域的儿童阅读室建设迟缓，针对少年儿童的公共文化服务严重缺失。全省面向残疾人的公共文化服务问题长期未受到重视。乡村文化服务站使用率不高，乡村居民对公共文化服务的满意度不高。另一方面，城乡公共文化服务供给不平衡，乡村文化人才流失严重，传承人缺失，传统乡风乡俗和历史遗迹、良好的道德品格、优秀家风等缺少传承人，使乡村文化失去了发展的活力。统计数据显示，江苏省农村每万人拥有文化站 0.558 个，设施明显不足，在全国排名比较靠后。

（二）传统文化保护传承工作仍需进一步加强

作为文化大省，江苏有着悠久的历史文化和丰富的文化遗产资源，但是江苏省的文化遗产保护和管理从业人员数量与资源量相比并不适配，据统计资料测算，相关机构和专业人员数量只能在全国排名 20 位左右。一是传统技艺等"非遗"文化传承模式创新不足，表现在全社会对"非遗"工作的重要性普遍认识不足，一些地方政府保护重视程度不够，非物质文化遗产项目和传承人保护经费地区、项目差异较大，政府资金投入不足，民间资金几乎不介入全省"非遗"保护传承领域，非物质文化遗产面临传承危机，其现实价值未得到充分彰显。二是老字号在新市场环境下面临传承创新不足、竞争力不足等问题。江苏的老字号品牌保护意识不足，未能充分挖掘和利用自身品牌优势，错失了品牌发展的机会；知识产权保护不得力情况时有发生；老字号企业往往缺乏现代化管理和技术人才，制约了企业发展。此外，传统文化数字化转型中也涌现出一些新问题，包括缺乏相应完善的数字版权保护机制，数据库建设的滞后性影响了传统文化资源的开发利用和产业链的协同发展。这些问题需要在文化产业发展中通过塑造更加宽松的文化发展环境，给予更加优惠的文化政策来逐步解决。

（三）文化人才培养建设力度仍需进一步加大

近年来，江苏在文化人才培养方面做了不少工作，为文化发展保驾护

航。文化产业有多元化和专业化的人才需求，对复合型和实践型人才要求非常高，江苏正处于文化高速发展期，高素质人才需求量巨大，人才在供需方面仍然存在结构性矛盾。统计数据显示，江苏文化专业人才的比例与北上广深相比不占优势。具体表现在人才分布不够均衡，苏北地区高层次文化人才相对匮乏，难以满足当地文化产业的发展需求；文化人才队伍在年龄、专业、技术水平等方面存在结构性不均衡、大师级艺术人才缺乏、青年培养对象年龄梯队层次不合理、后备力量不足的问题。学校、社会、企业等各方面只有共同努力，才能培养出优秀的文化艺术人才，推动江苏文化艺术事业的发展。

（四）文化产业和文化事业发展的制度创新不足

文化发展政策作为文化事业和文化产业发展的重要催化剂，是地方文化强省的重要举措。文化发展政策可以分为宏观政策和微观政策两类，后者对文化产业和文化事业的发展尤其关键，市场对微观政策的敏感度非常高。江苏的文化发展政策呈现重宏观政策，轻微观政策的发展特点。文化产业和文化事业管理部门制定的宏观规划、行动计划、实施意见较多，但是专项管理办法、实操性政策法规等针对微观发展门类的政策法规较少，尤其是针对文化产业新业态、新模式，具有竞争力的江苏文化产业门类鼓励发展和管理规范比较缺乏。当然，与全国相比，江苏的文化产业规划体系已经相对走在前列了，但是与上海、浙江、广东等地区相比，文化产业法规体系还不完善，有较大的提升空间。

四 找准江苏文化强省的发力方向

（一）着力推动多种文化资源向文化资本转化

江苏作为大运河流经城市最多的省份，又处在长江、黄海交汇区，大运河文化、江海交汇的区域文化特色带给江苏多元文化交融的文化特质，形成了丰富多彩的文化属类和特色文化遗产。云锦、苏绣、昆曲、诗词、歌赋、饮食中珍藏着诸多有待发掘的文化资源。进一步发挥好大运河文化带（江苏段）建设在全国的示范效应，利用好长江与大运河国家文化公园的建设机遇，大力发展江苏滨海地区的地理、文化禀赋优势，建设世界级滨海神态旅游廊道。整合具有突出意义、关联重大主题的文物和文化资源，集中打造江苏文化重要标志。让沉睡的运河文物、长江文物、海洋文化遗产资源活起来，推动文化资源向文化资本转化，打造文化高地和文化资本的增值之地。在发展道路选择上，积极创新发展思路，以建设高效率的文化市场为导向，深耕江苏省文化资源，建立叫得响、市场认可度高的"水韵江苏"文旅品牌，进一步提升江苏文化产品的品牌竞争力。

（二）着力推动优秀传统文化向现代文化转型

2017 年中共中央办公厅、国务院办公厅印发《关于实施中华优秀传统文化传承发展工程的意见》，提出实施中华优秀传统文化传承发展工程，意义重大。我国在 5000 年文明史中形成的革故鼎新、与时俱进的思想，脚踏实地、实事求是的思想，惠民利民、安民富民的思想是中华民族的宝贵财富，中华传统的自然观、历史观和世界观是现代人认识世界和改造世界的珍贵理论方法和精神财富。这些来自儒家、道家、法家等古代哲学家的传统文化哲学深刻地影响着世界华人的行为方式。传承发展中华优秀传统文化，就要对传统思想文化最大限度地扬弃，为现在以及未来的人们寻求一种更合理、更有意义的生活服务。传统文化的现代化转化必须牢牢把握先进文化方向，依靠人民，为了人民的共享共建，以开放包容的态度不断进行创造性转化，在传统思想基础上不断融合创新，持续创造精神价值。

（三）着力推动文化传统业态向新型业态转型

我国《"十四五"文化发展规划》要求推进文化产业创新发展，坚持以创新推动文化产业转型。现代文化是技术与思想完美融合的新模式，数字技术等为文化产业带来了全新的发展思路，新业态与新模式为文化产业提供了

强大的内驱力和空前的市场预期。江苏是文化领域技术革新的前沿阵地，未来应该抓住文化业态创新转型的机遇，深挖数字文化发展潜力，将数字通信、大数据、云计算、虚拟与增强现实等技术大量应用于文化产业，进一步推动新型文化业态在高效益发展的基础上实现经济效益和社会效益共赢，打造更多具有影响力的数字文化品牌。推动文化产业数字赋能传统制造业，在纺织、服装、日用品等轻工业发展中不断引领产品和技术创新，促进江苏制造业提质增效。

（四）着力推动发展动力由外生动能向内生动能转化

党的十八大以来，以习近平同志为核心的党中央高度重视文化体制机制改革，推出一系列文化市场改革的方案和措施。江苏省委省政府高度重视文化建设的高质量部署，积极推动文化市场改革转型，以提质增效的制度环境激发文化发展的内生动力。致力于破除文化市场管理体制机制障碍，提升群众和企业满意度，改善文化市场创业创新营商环境，不断激发文化市场活力，持续推动文化市场高质量发展。推动江苏文化市场营商环境进一步优化提升，为文化部门和文化产业转型发展提供更优环境。一方面重视简政放权，提升文化产业投资的便利程度；另一方面通过优化服务提升监管效率，推动文化产业转型升级。以文化资源为基础、以市场为导向、以品牌为核心，最大限度地发挥江苏文化资源的经济价值和社会价值，实现文化资源的优化配置和再生产，推动传统文化资源保护与利用的协调发展。

五 深入推动江苏文化强省建设的对策

在建设中华民族现代文明上探索新经验，是习近平总书记在江苏考察时赋予江苏"四个新"的重大任务之一，是江苏文化强省建设的宗旨和方向。在新时代新征程中，江苏要成为建设中华优秀传统文化的重要传承发展地、革命文化的重要弘扬地、社会主义先进文化的重要创新策源地，成为理解历史中国、认识现实中国、把握未来中国的重要窗口。

（一）发挥本土优势，提升江苏文化显示度

一是用好理论研究和阐释的江苏优势。江苏要进一步促进理论阐释研究、决策咨询研究、学术研究三个方面的协同发展，推动形成思想创新的原创性著述成果，以多元化、合理化的社会科学研究激励机制，调动理论研究者的积极性，有效推进人文社会科学研究成果的成功转化。继续支持高校开展马克思主义经典文本研究，推出一批马克思主义研究丛书。结合开启现代化建设新征程，进一步深化马克思主义中国化时代化的理论研究。加强意识形态引导管理，加强江苏发展重大实践经验总结。聚焦江苏新型智库平台打造，强化决策研究分析能力，有效服务党委政府科学决策，塑造用得上、靠得住的江苏"应用社科"生力军。努力推动江苏的哲学社会科学研究走出去，积极培育"对外交流学术大使"，推进社科管理和服务工作数字化转型等。二是深化德育典型示范作用，全面提升公民素质。引导人们坚定中国特色社会主义理想信念，为全面建设小康社会、实现中华民族的伟大复兴而奋斗。深入进行改革开放和社会主义现代化建设伟大成就的教育，引导人们正确认识改革开放和现代化建设的伟大成就，增强改革意识，坚定发展信心，自觉投身改革开放和现代化建设伟大实践。持续推出先进人物事迹的典型故事，将群众公认的先进典型挖掘出来、选树起来，推出更多覆盖各行各业的道德模范、身边好人。创新活动形式，用形式新颖、群众喜闻乐见的活动方式发挥服务群众、凝聚群众的重要作用。三是健全工作机制。发挥社区服务中心、新时代文明实践中心等载体功能，发挥好群团组织的带头作用，共同推动公民道德建设。四是延伸文化产业链条，促进文化与多业态融合发展。形成促进文化跨界发展的产业体系，积极推进公共文化和文化产业的柔性管理模式，强化财政与金融对文旅融合发展的资金支持，尤其重视数字技术支撑文化产业的新基建。

（二）形成新闻宣传整合力，营造主流舆论态势

一是主流媒体需增强创新意识、坚持问题导向，拿出硬招实招，促进信

息内容、技术应用、平台终端、人才队伍、管理服务共享融通，提高个性化定制、精准化生产、智能化推送水平，为用户提供更多的短视频、微动漫、动新闻、数据图表等微传播、轻量化产品，努力打造出更多百姓喜闻乐见的新闻节目。二是实现平台渠道多元化布局。依托云计算、大数据、人工智能等新兴技术，构建先进技术支撑的现代数字化传播体系。强调多种新闻媒体的融合，用好传统媒体向互联网和移动互联网发展的主要端口，推动微博、微信、抖音、B站和各类传统媒体融合。构建多渠道、全方位、立体化宣传矩阵；充分运用网络报刊、网络电视、手机报刊、手机电视等载体，实现电信网、广电网、互联网三网融合，有效增加读者"圈层"的黏合度。三是创新传播方式，通过流程再造实现平台终端、管理手段与新闻单位经营管理的共融共通。建设大数据、云计算系统，加快数字化转型，提高新闻传播的原创性、实效性和现场感，加快江苏全媒体矩阵发展速度；重建与之相适应的组织架构，根据受众市场诉求做好各类媒体的定位，着力构建技术先进、覆盖广泛、使用便捷的现代传播体系。建立媒体采访情况报告制度和新闻发言人制度，以"一盘棋"的格局，建立舆论引导统一协调组织，认真做好新闻信息公开工作，重大舆情相关的信息由新闻发言人统一回复，于多变中谋定方向、引导舆论。

（三）创新技术和产业模式激发传统文化生命力

江苏在中华文明史中有着举足轻重的地位，从"泰伯奔吴"，到三次"衣冠南渡"，中原文化、异域文化与江苏文化的一次又一次融合，吴文化、金陵文化、淮扬文化、楚汉文化在这里交相辉映，大运河文化、长江文化、江南文化等标识性文化是江苏传统文化生生不息的生命源泉。一是强化对传统文化资源的挖掘、阐释、艺术创作能力。认真提炼江苏地域文化符号，突出江苏文化的脉络与主体，彰显江苏文化的丰富与多彩，推动文脉成果普及。立足江苏丰厚的历史积淀，探索传统文化元素的艺术表达形式，重视和推动文化内容生产，鼓励原创内容IP的生产，引导传媒与平台企业尤其是国有传媒企业制作精品内容。二是依托智慧化的技术，创新推动文化产业链垂直整合和横向融合，完善支撑"文化+"产业发展的政策体系。从供给端到消费端，以新兴技术推动文化和旅游的联姻。重构文化产业供应链和产业生态。用好5G、人工智能、物联网等"新基建"，为文化遗产传承利用创造强交互、高趣味的沉浸式体验。利用出版、融媒体等多元化平台，解读江苏文化人物，展示文化研究和科普类文化书籍，创新文化宣传和体验方式，强化民众对"水韵江苏"文化的体验和感悟。三是出台适应数字文旅发展的相关政策，借鉴数字文旅先行区的发展经验，形成一套有利于初创企业发展的扶持政策，设置好监控垄断行为、防止恶性竞争的法律法规、行政条例等管理规范。利用好江苏文投等新型数字文旅产业发展基金，加大重点项目的信贷支持力度。

（四）释放文化体制改革红利，营造文化创新生态

进一步破除文化体制机制障碍，以深化制度改革、推进制度创新来营造文化创新创造的社会氛围。完善系统性、长效性的政策体系。一是抓好政策的落实和完善，落实好《文化产业竞争力提升四年行动计划》《扬子江创意城市群建设实施方案》《世界级运河文化遗产旅游廊道实施方案》《推进长三角文化产业一体化发展江苏行动方案》《沿海特色文化产业集聚区建设实施方案》等"1+4"政策文件，对政策执行效果进行评估，并进一步完善相关措施实施细节。二是积极推进国有文化企业转型升级，优化资源配置和布局结构，打造知名文化品牌和企业集团。继续鼓励、支持、引导非公有资本依法进入文化产业，保护民营文化企业企业家的权益，积极支持中小微文化企业发展，走"专精特新"发展路子。三是强化对新型文化产业科技创新政策支持，以专项经费的方式支持新型文化业态核心关键技术攻关，支持出版企业加强数字出版核心技术研发和应用，支持文化企业参与国家、国际标准研制，推动江苏省优势技术与标准成为国家乃至国际标准。四是营造文化新业态、新模式的最优营商环境。一方面，在让更多的市场主体参与进来的基础上，形成统一开放、竞争有序的市场环境。高效利用文化市场，提升文化资源的市场配置效率，激发企业创新和创造活力，进一步理顺经营机制和

文化管理机制。另一方面，推动城乡文化消费，积极建设"江苏新型文化业态消费示范城市"，创新政府服务方式，为新型文化业态企业提供便捷商务和政务服务。

（五）推动公共文化服务能级跃升，实现文化富民

一是因地制宜推动基层公共文化设施优化布局，完善功能，长效管理。确保社区综合管理服务体系中的文化空间与服务功能，社区服务中心配置公共文化设施，通过空间共享、内容迭代、科技赋能、服务升级，全面提升特色、品质和效能，打造基层公共文化设施新典范。二是因地制宜推动乡村文化公共服务实现差异化供给。建设乡村文化礼堂、百姓书屋等更多高质量的文化活动场所。组织优秀的文艺节目、电影、图书等文化产品下乡，让农村居民享受到优质的文化服务，增强他们的文化自信和获得感。营造有归属感和亲切感的乡村文化氛围，引导乡村民众积极表达自身文化需求，变"台下观众"为"台上主角"，实现文化共建共享。三是不断提升偏远地区专项文化服务质量。丰富乡村文化生活，提升数字电影放映、农家书屋等文化服务质量。挖掘和活化利用都市乡村特有的资源禀赋，鼓励设置村史馆、乡史馆、乡贤馆。开展特色乡村文化活动、节日民俗活动，推动历史名镇名村业态提升和非物质文化遗产保护传承。四是借助新技术提升公共服务水平。对优秀文化资源进行数字化加工、整合和共享，建设服务群众的数字文化体验项目，推广便捷数字图书馆、数字文化馆、流动电影站等文化设施。建立丰富易用的手机文化信息平台，将优秀的文化资源、文艺作品等通过数字化平台传递到农民眼前，以农民喜闻乐见的艺术形式让村民享受到高质量的文化服务。五是加强城乡文化交流，通过定期举办系列文化活动、艺术比赛等形式，加强文化互通，促进城乡文化融合，增强乡村文化活力。

（六）鼓励艺术精品创作，推动产出"现象级"艺术作品

一是激励广大文艺工作者要紧扣时代脉搏，深刻把握中华民族伟大复兴的时代主题，作品应反映中华民族的伟大精神，弘扬爱国主义，歌颂伟大建

党精神，塑造民族形象，展示中国人的精神气象；鼓励艺术家创作提升民族自信心、振奋民族精神、陶冶高尚情操、昭示美好前景、推动社会前进的作品。指导艺术家有正确的艺术观，必须坚持以人民为中心的创作导向。站在人民的立场上，反映人民的生活，抒发人民的情感，表达人民的欲望甚至痛苦。鼓励艺术家沉到生活中去，创作出大量的无愧于时代、无愧于人民的经受得住时代考验的经典之作。二是建立重大题材选题策划机制，每年公布重点创作选题；建立重点作品扶持制度，给予重点作品政策支持、专业指导、资金补贴等不同程度的扶持，对在全国性重要文艺奖项中获奖或者在国内外重要平台播出、实现规定场次演出的优秀文艺成果进行奖励。三是针对"高、精、尖"的文艺专家设立人才库，建立各单位领导重点联系人制度，保证优秀文艺人才在创作一线发挥才智。四是推动产出"现象级"艺术作品。激励广大文艺工作者紧扣时代脉搏，深刻把握中华民族伟大复兴的时代主题，讲好中国故事，全方位全景式展现新时代中国人的精神气象，抒发人民的情感，创作出经受得住时代考验的经典之作。集合文艺评论家们聚众智汇众力，加强对文艺精品的精准解读和对外宣传推介工作，全方位扩大其影响力和知名度。

（七）建好两大国家文化公园，打造中华文化标志

大运河、长江国家文化公园江苏段应成为深化文明交流互鉴，推动中华文化更好走向世界的重要载体。江苏应抓住两大国家文化公园建设契机，按照功能区定位分区制定长江、大运河两大国家文化公园运营方案。管控保护区承担科学研究、生态修复、景观保护、生物多样性维护等多种功能，推动长江和大运河文物保护、生态修复科研成果的转化和应用，在管控保护区内部实施严格的保护措施，建立长江和大运河文化遗产综合数据库，细化并公布长江遗产和关联资源的保护范围和建设控制地带，提出长江和大运河遗产周边风貌保护管控清单，清理不符合管控要求的建设项目。国家文化公园主题展示区应承担科教宣传、文化体验等主要功能，提升文化遗产展示水平。在江河交汇区建设江河交汇遗址公园、江河交汇博物馆、江河交汇航运展示

馆等文化主题场馆，运用现代科技手段实现文化的多维度展示。江河交汇文旅融合区应承担游客休憩、康养、文旅消费等多种功能，开发具有吸引力的文旅项目，规划发展江河交汇文创产业。在传统利用区，延续传统文化空间，建设长江和大运河周边宜居家园，修复与长江、大运河紧密联系的历史文化名镇、名村和街区并开展适度文旅开发。一方面建设好"水韵江苏"文化品牌，搭建国际传播矩阵，根据细分市场精分传播内容、精选传播渠道，形成鲜明的文化品牌风格，多维度构建起大运河、长江文化共同体意识。另一方面突出长江、大运河文化特色，讲好故事，创新传播途径，巧妙利用长江文化元素提升长江文化对外传播效益。

（八）增强江苏文化的外宣优势，推动文化出海

江苏文化"走出去"已经具备了诸多优势，通过在海外举办江苏文化周，介绍和传播江苏的传统文化、人文景观、艺术表演、民间工艺等，让更多的国际友人了解和认识江苏的文化底蕴和特色。通过加强国际文化交流，参加国际艺术比赛、文化论坛等，提高江苏文化的国际知名度和影响力。通过不断推广江苏文化产业、文化产品和文化服务，让更多的国际友人了解和消费江苏的文化产品和文化服务。通过多种形式的国际文化项目和合作，让更多的国际友人了解和认识江苏文化的独特性和魅力。未来江苏要通过更加有效的体制机制创新推动江苏对外文化和贸易高质量发展。一是探索文化领域制度型创新。充分发挥中国（江苏）自由贸易试验区、服务贸易创新发展试点、服务业扩大开放综合示范区等对外开放平台优势，积极开展国产网络游戏属地管理等试点工作，促进动漫、网络游戏出口。积极开发优质原创动漫游戏新 IP，引导原创作品融入中华文化元素，进一步丰富网络游戏品类。二是扩大版权出口贸易。加强江苏网络文学谷和江苏网络文学创意产业园建设，推动网文精品的海外出版和传播。做强做大出版业，扩大主题出版、文学出版等。拓展版权出口渠道和平台，发展版权贸易，积极参加国际合作出版，提升国际市场影响力。三是推动江苏特色文化走出去。注重挖掘整合大运河、长江文化资源，以国内外阵地平台为依托，建设传统文化精品

工程和对外文化交流品牌。深化江苏与联合国相关组织、太平洋经济合作组织、世界内河航道国际组织的沟通联系，搭建具有强大聚合力的长江文化交流平台，举办长江国际友好城市论坛、长江国际友城趣味运动会。鼓励苏绣、云锦、紫砂、园林等江苏特色文化"走出去"。培养热爱文化、掌握传播规律、熟悉国际表达的人才队伍，注重传播内容与传播形式的系统开发。

参考文献

［1］宋宏：《建设文化强省：内涵、逻辑与评价》，《学术界》2010 年第 10 期。

［2］河南省社会科学院课题组：《文化强省内涵与指标体系研究》，《中州学刊》2008 年第 1 期。

［3］张爱军：《在百年新起点上推动文化强省建设新跃升》，《群众》2021 年第 16 期。

B.13
江苏基层党建引领高质量发展的思路与对策

胡华杰*

摘　要： 习近平总书记在二十大报告中明确阐释了基层党建与经济社会发展主体之间的内在逻辑联系，指明了通过高质量基层党建保障主体发展健康稳定、促进主体能力提质增效、引领经济社会实现高质量发展的总体路径。江苏在科学把握并遵循基层党建工作客观规律的基础上，全面贯彻党中央对基层党组织在思想建设、政治建设、组织建设、制度建设、纪律建设、作风建设等方面的高质量建设要求。省委统筹谋划基层党建行动方向，将党建引领乡村振兴、新业态新就业群体党建、产业链党建作为工作抓手，定位基层党建与经济社会发展互动中的结合点、突破点精准发力。但在基层实践中，党建工作在厘清业务工作与党建工作关系、提升组织建设制度化水平、基层党建创新实效性等方面存在短板。对此本报告从基层党建的思想、组织、制度建设及创新等方面提出通过丰富基层思想政治教育方式途径、推动基层职能部门党组织探索产业链强链补链延链方式方法、积极运用数字科技赋能基层党建工作等对策，因应社会时代发展对基层党建工作的新要求、新挑战。

关键词： 基层党建　乡村振兴　新业态　新就业群体

　　完善严密的基层党组织建设始终是中国共产党领导中国人民革命奋斗不竭力量的源泉所在。迈进新时代，以习近平同志为核心的党中央，以高度自

---

* 胡华杰，江苏省社会科学院马克思主义研究所助理研究员。

党的政治主动性和道路理论自信，持续深入推进新时代党的建设新的伟大工程。党的十八大以来，从"贯彻落实党中央决策部署的'最后一公里'"到"基层党组织是党执政大厦的地基，地基固则大厦坚，地基松则大厦倾"，习近平总书记围绕基层党建工作的性质认识、全面推进基层党建从严从实等重要方面，提出一系列重要观点与工作要求，系统回答了新时代基层党建工作怎么看、抓什么、怎么抓等重大问题，从理论与实践上充实并发展了马克思主义执政党建设的学说理论。在党的二十大报告中，习近平总书记更是站在引领党和全国人民全面实现中国式现代化、完成中华民族复兴伟业的历史高度指出："我们党的基层党组织和党员队伍，这是世界上任何其他政党都不可能具有的强大组织资源。"并明确要抓好基层党建工作，"我们的基层党组织牢不可破，我们的党员队伍坚不可摧，党的执政地位就坚如磐石，党和人民的事业就无往而不胜"。提出了"把基层党组织建设成为有效实现党的领导的坚强战斗堡垒"的基层党建奋斗目标，为基层全面、系统、完整坚持党的领导，进一步扎实推进党组织建设指引了道路。

一　江苏基层党建总体战略部署及各地区落实举措

党的十八大以来，江苏全省基层党组织及各级党委深入学习贯彻习近平新时代中国特色社会主义思想，领悟习近平总书记关于党的建设重要思想的科学内涵，并在工作中紧密联系基层党建的客观规律与具体省情，不断拓展深化江苏基层党建工作的新局面。以党的二十大胜利召开及习近平同志在江苏全票当选十四届人大代表为机遇，江苏全省各级党委及组织部门认真贯彻党的二十大精神，以新时代党的组织路线为指引，全面落实党中央对新时代党的建设的总体要求，为在新征程上全面推进中国式现代化江苏新实践奠定坚实的组织基础。

（一）省委从战略高度精心谋划基层党建行动纲领

党的十八大以来，江苏始终围绕贯彻落实以习近平同志为核心的党中央

对基层党建的重大决策部署，紧扣大抓基层的思想理念，统筹谋划江苏各地各领域基层党建。2022年下半年，江苏省委常委会审议通过了《新时代江苏基层党建"五聚焦五落实"深化提升行动计划（2022—2026年）》（下文简称《行动计划》），在原有"四聚焦四强化"的基础上进一步深化对基层党建的行动谋划与重点任务安排，为全省的基层党建工作明确了目标。《行动计划》高度聚焦落实成效，为全省各地各领域的基层党建工作细致规划了34个切口小、有价值、能落地的重点项目。同时在深化提升基层党建工作的行动方向方面，《行动计划》明确提出"聚焦基本组织、聚焦基本队伍、聚焦基本活动、聚焦基本制度、聚焦基本保障"的具体安排，真正将习近平总书记关于党的建设"十三个坚持"重要精神贯彻到全省基层党建的决策实践当中。

在党建责任落实方面，江苏各级党组织充分认识到推进基层党组织工作高质量发展必须持续突出坚持和加强党的全面领导这一重大原则，其中的关键在于党组织领导班子要充分发挥思想行动的引领作用。近几年在省委决策部署与组织安排下，江苏持续推进将各地各领域基层党建工作建成"一把手"工程，明确各级党组织书记作为抓管党建工作第一责任人的身份职责，并以此为基础结合相关工作经验与工作实际，在全省范围的各级基层党组织内部建立并完善全链条、全过程、全覆盖责任落实机制，落实挂钩包联机制，发挥基层党建述职评议考核作用，有效解决了长久以来困扰基层党组织的"基层党建工作谁来抓、抓什么、怎么抓"问题。同时积极推动各级党组织书记发扬敢于担当精神，按照"切口小、有难度、示范性强"的原则选择基层党建中一些难点痛点，以党建为引领一体推动省、市、县、乡、村各级行政单位，机关、事业单位、企业、社会组织中党组织书记领办基层党建"书记项目"，上下联动聚焦问题解决。江苏各地普遍紧密围绕省委实施"书记项目"相关要求精神，通过构建年初领题、年中答题、年末结题工作闭环机制，并建立完善与之配套的近距离、多层面、全环节综合考评机制，实现对前期决策、实施进度、项目成效的全面把控与问责，有效提升"书记项目"在解决人民群众"急难愁盼"问题、扫清制约地区高质量发展障碍、推动基层质量水平进一步提升等方面取得突出成效。

针对基层党建"上面一根针，下面千条线"的特点，江苏在实践中全面推行清单化工作思路，结合省级机关、国有企业、高校、县（市、区）、乡镇（街道）、村（社区）、非公有制企业、社会组织8个领域基层党组织的工作实际，为相关领域内党组织制定相应的工作责任指导清单，用清单项目逐条明确不同领域基层党组织政治建设、队伍建设、组织生活等方面的工作职责、目标任务、方式方法等，量化到岗、具体到事、细化到点，同时以清单为准绳将党建各领域的工作进行有机串联，为基层统筹一体全面深化党建指明方向。各级基层党组织结合自身特点制定的"八张清单"为领导班子划定了清晰党建"责任田"，强化了组织"一把手"的党建责任主体意识，既充分调动党组织书记带领党组领导班子主动有序推进党建主体将责任压实到位，同时也在工作中进一步提升党组内部党员的组织向心力和真抓实干的工作战斗力。除了用清单规范明确工作指引，江苏各地也将力促基层党建工作把真抓落实摆在重要位置，以强化上级党组织对基层党建责任主体的述职考核确保书记全面尽责，设立述前报告撰写、述中内容评议、述后整改落实"三道关口"，进一步推动党委（党组）书记抓工作述职考核，通过"书记抓、抓书记"逐级抓牢党建落实情况，通过"高举考核指挥棒"营造党建述职的"赛场效应"，倒逼基层党建主体全面尽职尽责，使基层党建清单的效能真正落到实处。

基层党组织工作进一步夯实基础，另一个重要关键在于组织队伍建设。近年来江苏在基层党建队伍专业化、体系化建设方面不断深入发力，探索出一系列符合江苏经济社会发展实际，同时又能有力提升基层党建人才服务高质量发展能力的创新举措。在强化基层党组织战斗堡垒作用、突出党员模范带头旗帜作用方面持续开展党旗飘在一线、堡垒筑在一线、党员冲在一线的"三个一线"行动，通过行动强化基层党组织凝聚力、战斗力与基层党员的担当意识，有效整顿了以往困扰基层党建工作的组织软弱涣散问题。在组织管理层面，江苏各地在省委的领导部署下不断完善"党委抓支部、支部管党员、党员带群众"的"抓管带"工作机制，通过强化制度约束与行为监督不断提升基层党建在经济社会发展各方面的引领作用。在党员教育方面，持续推进各级各领域基层党组织常态化围绕学习《习近平谈治国理政》、贯彻"党的二十大精神"等内容开展相应专题培训，在日常工作中将抓好党员的思想教育作为基层党组织的重要工作，强化党员思想认识武装，同时通过树立表彰各级优秀共产党员、优秀党务工作者、先进基层党组织，发挥先进示范带动作用。2023年4月"学习贯彻习近平新时代中国特色社会主义思想主题教育活动"开展以来，在省委的领导和谋划部署下，全省基层党组织将主题教育活动摆到组织政治生活的核心位置，第一批参加的200家单位基层党组织牢牢把握"学思想、强党性、重实践、建新功"的总要求，通过专题读书班、支部书记讲党课、主题教育学习大讨论等多种方式，推动广大党员干部常态化以党的创新理论武装头脑，坚定信念、不忘初心、铸牢对党忠诚。

（二）全省各地因地制宜细化高质量基层党建举措

紧密围绕省委提出的新时代江苏基层党建"五聚焦五落实"深化提升行动计划，江苏13个设区市认真贯彻省委对江苏基层党建工作提出的"自觉树牢'抓好党建是最大政绩'意识"要求，在充分结合自身客观条件与发展特点的基础上因地制宜，为进一步推动本地区高质量基层党建服务引领高质量发展出台一系列各具特色的举措。

首先，江苏各地都结合自身基层实际需求有针对性地强化基层党组织政治功能、组织功能建设。苏州从增强基层党组织的政治功能和组织功能入手，持续聚焦对各领域基层党建工作堵点、盲区的攻坚，以全省基层党建"五聚焦五落实"行动计划为指引，一体推进城乡、企业、新老业态基层党组织融合发展，引领基层党组织思想全面进步、管理全面完善、能力全面过硬。通过深入实施高质量党建引领基层治理现代化"根系工程"，苏州在组织建设层面实现对区域内基层末梢的社区（自然村）、居委会（村小组）党组织管理建设工作的全面覆盖，完善基层党组织入户走访的常态化建设。在党建融合产业发展方面，苏州结合自身实际情况推动基层党建工作紧跟高质量发展推进，深入开展党建引领产业创新集群建设行动，成立 25 个市级、90 多个县级市（区）和镇（街道）产业创新集群党委。同时以"行动支部"建设为抓手，围绕区域内产业发展从研发到技术攻关再到产业升级，在产业高质量发展全环节发挥基层党建的引领支持作用，并持续开展"党建惠企"专项行动。

其次，各地积极探索通过多种途径持续夯实基层党建组织队伍基础的方式方法，为党建引领中国式现代化江苏新实践中的各项工作提供强有力的人才供给。扬州市委组织部以全省基层党建"五聚焦五落实"行动计划为指引，针对区域内基层党建工作中尤其是农村基层党建中较为突出的阵地缺失、带头人队伍不稳、集体经济薄弱等问题难点，有针对性地提出建村部、提待遇、促增收"三项行动"的解决对策，并要求区域内基层党组织领导班子将"三项行动"列入市、县、乡、村四级联动的"书记项目"中挂帅推进。具体通过对照省委"六个规范化"建设要求建设完善乡村党群服务中心软硬件设施，合理提升村书记待遇，深化基层干部专业化体系建设，实施抓党建促农村新型集体经济发展行动带动乡村振兴等手段，有效破解了地方基层党组织建设中遇到的实际问题，提升群众对党建工作满意度的同时也受到基层党员干部的普遍欢迎。

最后，以省委《行动计划》为指引，各地在基层党建中全面推动工作规范化、清单化、制度化，根据自身实际进一步细化基层党建的项目引领。连云港市委结合省委《行动计划》印发了《连云港市贯彻〈新时代江苏基层党建"五聚焦五落实"深化提升行动计划（2022—2026 年）〉三十条》将省委提出的基层党建"五聚焦五落实"方针进一步细化为"坚持党建引领，建强基本组织提功能""强化培育管理，锻造基本队伍提素质""丰富内容内涵，拓展基本活动提质量""严密落实机制，健全基本制度提效能""做优关爱服务，夯实基本保障提标准"五大方面总共 30 条措施。在此基础上，结合连云港发展实际与现实中亟待解决的基层党建难点痛点，确立了由深化"六大行动"、实施"六项工程"、重抓"六个活动"、完善"六项

机制"、构建"六个体系"构成的 30 个基层党建项目作为重点实施对象，有力促进了连云港各级各领域基层党组织的能力建设、队伍素质提升、党建服务活动拓展、组织基本制度效能健全等方面的发展。

在不断夯实基层党建各方面基础的同时，江苏还积极提升基层党建优秀案例的对外交流推广水平，通过总结归纳各地各领域基层党建成功案例与方法经验，构建成体系、可复制、能落地的基层党建品牌，提升江苏基层党建的认知度，以党建品牌打造为抓手，不断激发各地各领域基层党建工作主体的创新实干精神。在由中国浦东干部学院、人民网·中国共产党新闻网、中国组织人事报社组织发起的"第六届基层党建创新典型案例征集活动"推荐案例名单中，江苏共上榜 5 个最佳案例，分别是：南通通州区在长江生态大保护中发挥基层党建作用，以"党群同心、人水和谐"为特色的"涵养党员干部精神特质，打造新时代'护江突击队'"案例；南通海安市主动适应新时代城市化快速发展新形势，以基层党建提升组织能力促进城市治理水平提升的"党建来'敲门'，治理显温度"案例；徐工集团深入挖掘传承企业红色基因，以基层党组织涵养"红色细胞"构建党建生态体系，打造推动新时代国有企业高质量发展的"红色引擎"的"'红色徐工'党建生态体系点燃高质量发展'红色引擎'"案例；镇江市针对市内道路货运从业人员中党员货车司机流动性大、党员身份意识不强和模范带头作用发挥不积极的问题，探索推行货车司机群体党建"四联"模式的案例；镇江句容聚焦提升各个基层党组织书记队伍引领发展能力、干事创业活力、担当作为动力，推行书记专业化管理的"以专业化管理育强乡村振兴'领头雁'队伍"案例。通过所报送的 5 个最佳案例，江苏彰显了各地在基层党建工作中紧扣习近平新时代中国特色社会主义思想内涵精髓，全面落实新时代党的建设总要求和新时代党的组织路线，针对区域内不同场景的基层党建工作需求，对党建工作方式方法所进行的灵活创新。以实干成效诠释了以高质量基层党建引领实现高质量发展，为推进中国式现代化江苏新实践、谱写"强富美高"新江苏现代化建设新篇章奠定坚实基础。

二 江苏基层党建引领高质量发展走在前做示范

2023年7月，习近平总书记在江苏考察时指出，江苏"有能力也有责任在推进中国式现代化中走在前、做示范"。要求江苏"完整准确全面贯彻新发展理念，继续在改革创新、推动高质量发展上争当表率，在服务全国构建新发展格局上争做示范，在率先实现社会主义现代化上走在前列"。总书记的嘱托既是对江苏当下发展成绩的肯定，又为江苏在发展新征程上不断开拓创新规划了总体蓝图。要实现江苏在中国式现代化中走在前、做示范，必须充分发挥江苏党组织的全面领导与引领带动作用，最关键的在于必须在党的建设和组织工作上走在前列。在这方面，各级各领域基层党组织的建设工作具有至关重要的意义，肩负着实现在党的组织体系建设上走在前做示范一体推进江苏各领域高质量发展的"先锋战斗堡垒"职责使命。为此，党的二十大以来江苏持续以推进基层党建"五聚焦五落实"深化提升行动为总纲领，深入推动落实以基层党组织全面进步、能力全面提升、队伍全面过硬，有效促进基层党建在乡村振兴、服务新业态新就业群体、以党建引领促进产业链强链补链延链、引领社会治理体系不断创新完善等方面发挥重要作用。

（一）聚焦发展关键节点强化基层党建对乡村振兴的全域引领作用

农村基层党组织各方面的建设成效对推动乡村振兴具有基础性意义。在2023年6月召开的全国组织工作会议上，蔡奇同志指出乡村振兴的关键在于抓县乡基层党组织书记挂帅"推动五级书记抓乡村振兴"，同时在组织建设上要"健全村党组织领导的村级组织体系"，充分提升乡村基层党组织领导班子引领乡村振兴的能力。近年来江苏紧密围绕习近平总书记"办好农村的事，要靠好的带头人，靠一个好的基层党组织"的精髓，不断压实农村基层党组织在引领乡村振兴工作中的主体责任，通过深入推进抓党建促乡村振兴。

江苏蓝皮书

在组织建设方面，江苏不断完善"乡镇党委—村党组织—网格（村民小组）党组织—党员中心户"的党建组织联通体系，目前已将9.48万个网格党组织覆盖到10.5万个城乡治理网格中，重点推进14个县（市、区）党建引领乡村治理、2个县（市、区）重点村分类管理、19个红色村党建工作试点，通过全面落实一名县领导联村、一名乡镇领导包村、一名第一书记驻村、一个机关单位结对帮村，抓好对村涣散基层党组织的整顿改善。拓展"支部+电商等各类经济发展平台"、乡村振兴各项"行动支部"建设以及推进乡土人才"三带"行动等模式举措，强化基层党建，统筹推进乡村在"组织振兴、产业振兴、文化振兴、人才振兴、生态振兴"五大领域实现高质量突破。在实践中江苏各地农村基层党组织针对思想政治赋能、人才吸纳整合、促进协商合作、优化社会治理、资源发掘调配等各领域，提出了兼顾当地客观条件与高质量发展要求的基层党建全领域引领乡村振兴的思路举措，在获得良好成效的同时丰富了基层党建促进乡村振兴的经验。在乡村振兴、基层党建人才队伍建设方面，深入推进"定制村干"项目，支持在乡高中生接受大专教育后回乡服务，2023年项目已选派332人。同时进一步鼓励各地推进干部下沉与挂职锻炼帮扶经济发展薄弱乡村，持续向乡村振兴攻坚关键地区选派驻村第一书记，强化当地党建对乡村振兴的引领作用。

强农业、美农村、富农民是乡村振兴的基础性条件之一，实现的根本在于以村级集体经济发展壮大带动乡村产业兴、经济兴。因此，在全省组织工作会议上，村集体经济的高质量发展成为江苏基层党建引领乡村振兴的重要聚焦点，会议提出了实施"薄弱村千村提升攻坚行动"的规划部署，力图经过三年时间使江苏全省村级集体经营性收入全面突破30万元大关。扬州市宝应县紧抓基层党组织在推动村级集体经济高质量发展方面的组织优势和政治优势，立足本地发展实际制定了一整套发展举措。在贯彻基层党组织对村级集体经济发展的领导方面，泾河镇党委提出"坚持高站位推动，压实增收责任"的发展举措，制定详尽的集体经济增收行动计划，为村级集体经济明确经营性收入8%的年均增长目标，制定多元化增长路径，完善经营机制，优化经济体系，同时把村级集体经营性收入的提升纳入"书记项目"，强化基层"一把手"的工作责任担当，组建由镇党委书记为组长的领导小组，统一领导压缩非生产性开支、降低村集体负债、提升集体经济营收效益等方面的工作，重点将 6 个经济强村的增收工作交由镇党委书记挂帅负责。在具体实施过程中，泾河基层党组织将工作重点摆在"坚持高水平联动，夯实增收基础"上，在做好"推广集体农场""增强土地效益""推动项目引进""强化村企联建"等工作的同时，一方面以基层党建为纽带，强化与金融监管局、宝应农商行等农村金融支持单位的共建合作，打造金融党建联盟服务村民、村集体企业发展，另一方面通过队伍建设强化基层党建对村集体经济的人才支持，大力推动懂经营管理、事业责任意识强、甘于奉献的年轻干部下沉充实村（社区）两委班子锻炼，同时注重发掘提拔村（社区）中在发展经济方面取得突出成绩的年轻干部。

乡村振兴不仅要全面提升乡村的经济发展水平，同样也要将以文化生活、社会治理以及生态环境等要素构成的乡村人居环境提升到新高度。在江苏省委、省政府印发的《"十四五"农村人居环境整治提升行动方案》中明确提出了"生态美、环境美、人文美、管护水平高"的乡村人居环境建设目标，并将"农村人居环境整治提升率"指标列入 2023 年度全省高质量发展综合考核、乡村振兴战略实绩考核等指标体系。长效化、机制化的乡村人居环境治理离不开基层党组织的细致谋划、统筹协调与模范引领。苏州昆山市金华村在这方面通过打造"五彩金华"的党建品牌，探索出以高质量基层党建引领乡村治理与人居环境全面提升的成功路径。在强化基层党建的引领作用方面，金华村从以贯彻省基层党建"五聚焦五落实"入手，激发党员的服务意识、模范带头意识，同时建立并完善"4355"乡村振兴行动工作体系，实现党建引领工作的系统化、精细化、可感操作化。在党建服务队伍建设方面，通过推行实施"村党委+行动支部"工作法，将支部建到村容村貌改善、网格化管理与矛盾防范化解、繁荣乡村文化服务等具体的"行动"中，通过组织力提升解决问题、推动发展的成效。金华村通过将基层党建主动融入乡村治理与人居环境全面提升工作中，使得基础设施建设、居住环境保护美化、繁荣文化提振村风，通过基层党组织的党建赋

能取得优异成绩，先后荣获全国文明村、中国美丽宜居示范村庄、全国妇联基层组织示范村、江苏省生态文明建设示范村、江苏省社会主义新乡村建设先进村等称号。

（二）完善新业态新就业群体党建服务中国式现代化江苏新实践

进入 21 世纪以来，技术与产业革命不断深化推进。在这一过程中，以高性能个人电脑、手机个人移动终端、移动互联网、大数据、人工智能、云计算等为代表的数字信息技术得到迅速发展并在全球各领域扩散普及，实现了生产方式从自动化、信息化向智能化的跨越。孕育了以互联网平台经济为主要表现形式的新业态。同时，依托这类新业态的发展壮大，以外卖骑手、快递小哥、网络主播为代表具备灵活多样特征的各类新职业应运而生，且群体规模日益庞大。在党的二十大报告中，习近平总书记提出了"加强新经济组织、新社会组织、新就业群体党的建设"的要求，谋划了坚持和强化党全面领导的新发力点。

有学者通过研究指出："新业态新就业群体具有规模体量大、区域分布广、来源构成散等因素，使得党建工作一定程度上存在覆盖难、管理难、服务难、引领难等问题，亟须工作机制和方法创新。"[1] 因此健全完善新业态新就业群体的党建工作关键在于坚持党的全面领导，通过统一的领导机制进行统筹管理，明确管行业与管党建、抓平台与抓人群的主体责任，有效整合各部门的行业管理、监督执法和党建工作形成合力。同时要充分结合新业态"智能化、数字化、平台化和去雇佣化"和新就业群体"数量庞大、覆盖面广、人员结构复杂"等客观特征[2]，找准党建工作精准发力点，通过有针对性地创新方式方法促进党建在新业态新就业群体中延伸。

一方面，在具体实践中，江苏对以平台经济为代表的新业态通过强化顶

① 中共上海市委党校社区发展研究中心课题组、何海兵：《加强新业态新就业群体党建工作研究——以饿了么平台为例》，《上海党史与党建》2023 年第 2 期。
② 中共江苏省委组织部：《探索加强新业态新就业群体党组织建设》，《求是》2022 年第 23 期。

层设计、压实主体责任、织密基层组织体系持续推动新业态基层党建在思想政治引领、促进社会治理参与等方面的功能发挥与工作创新。根据区域内大型平台企业数量不多、党建主体责任主要落在条块方面的特点，江苏提出"行业抓、抓行业"的新业态党建思路，在 13 个设区市普遍建立了快递、货运行业党委统筹领导各地新业态的基层党建工作。同时在织密组织覆盖方面，进行具有针对性的组织建设，按照有平台企业总部的强化总部党委建设带动党的组织和党建工作延伸至平台分支、基层网点以及协作企业，没有平台企业总部的则借助行业部门、协会以及所在街道社区完善各级基层党组织建设的原则带动党建工作开展。另一方面，针对新就业群体中党员思想认识、工作形态、生活需求等方面凸显的新特点，江苏基层党建以党员服务关爱、党员教育管理等方面为聚焦突破点，不断强化能力建设。依托建立在平台企业自身基层网点、产业环节企业、所在地街道社区等新就业群体工作生活场景中的基层党组织，积极提升党建服务阵地建设水平，让新就业群体感受党组织关爱温暖。同时，全省各地也积极通过党建品牌打造、行业党建共建联建、党建引领法律公益援助等方式持续完善关爱机制、配套措施，聚力提效，切实解决新就业群体在生活、工作中遇到的难题，进而不断扩大党在新就业群体中的影响力、认同度和号召力。

江苏淮安市针对区域内新业态规模种类迅速扩增，新就业群体人员数量突破 60 万并逐渐成为保障城市运行、服务民生的重要支撑的新情势，通过实践摸索总结出一整套以基层党建顶层设计引领、突出问题导向、针对性加强各项资源投入的新业态新就业群体党建模式。在党建顶层设计引领方面，淮安市以"一盘棋"的统筹思路指引，发挥市县党委对基层党建的"谋势"主责，在《新时代淮安基层党建强基提质 3 年行动计划》中将新业态新就业群体党建作为重要内容进行详尽规划，并将这方面的基层党建工作情况纳入全年党建工作要点和考核重点内容，为行业主管部门建立党建工作重点任务清单、党员责任清单、关爱清单，市级党委拟定行业党委规范化建设文件指导基层党建工作。在基层党建制度健全完善方面，建立对新业态新就业群体党建工作情况常态化通报制度，并在各相关基层党组织中建立完善党建指导员领题督导制度,同时由各级党委组织部门牵头设立新业态新就业群体党建工作联席会议制度并定期召集平台企业、行业管理、行政监督、基层党组织等相关部门就党建工作开展协商。在问题导向细化党建服务方面,聚焦新业态新就业群体当中的"急难愁盼"问题,将各类党建服务集合为"关爱礼包",不断下沉党建服务资源与力量,推进设立每月27日为"淮安爱骑日"等线上线下党建关爱服务活动,在全市范围内建立综合型服务中心、标准型服务站、便捷型歇脚点、嵌入型党群之家4类党建温馨驿站780个,并依托驿站开展医疗义诊、心理疏导、小哥高校、专属技校等党建公益服务。在组织覆盖和队伍培育方面,淮安提出了党组织支持企业发展、企业家支持党建工作和地方服务行业发展、行业服务地方建设的"双支持双服务"工作机制,① 同时积极推动平台经济企业家与新业态就业者在基层治理中发挥党建示范作用,在全市招募选用456名外卖骑手担任食品卫生监督员,选聘734名骑手融入基层社区担任网格员,打造"法治快递进万家"党建服务品牌,选聘42名快递小哥担任普法信使。利用社交媒体开办"'新'眼二十大"宣传频道,展现新业态新就业群体学习实践二十大精神的风采,在网络社交空间传播党建正能量。

(三)探索与创新产业链党建方式方法助力基层党建引领高质量发展

在党的二十大报告中明确提出:"要加强混合所有制企业、非公有制企业党建工作。"《人民日报》评论员文章也指出:"要坚持把党的全面领导贯穿推进新型工业化的全过程各方面,完善党委(党组)统一领导、政府负责落实、企业发挥主体作用、社会力量广泛参与的工作格局。"而现代经济发展尤其是工业发展最为突出的一个特征便是突破以往"一厂一物"单打独斗的生产经营模式,形成了在核心企业带动下,整合上下游节点企业形成

---

① 孙虎:《新业态新就业群体党建工作探索与启示》,《党建研究》2023年第1期。

的企业链式布局结构。① 中国学界在 20 世纪 80 年代对区域经济的研究中，提出"产业链"概念以描述这一生产模式。② 因此推进混合所有制企业、非公有制企业党建和完善党对新型工业化的全面领导，要抓住产业链党建这个"牛鼻子"做好文章。

党的二十大以来，江苏始终将以创新党建工作方法、压实主体责任、铸牢组织基础不断深化对产业链的党组织覆盖和党建引领。省委紧扣习近平总书记在江苏考察时的嘱托"在强链补链延链上展现新作为"创新实践产业链党建工作，省委办公厅、省政府办公厅联合印发《加快建设制造强省行动方案》，以 16 个先进制造业集群为基层党建新发力点，聚力打造 50 条重点、30 条优势、10 条卓越产业链的产业链党建项目，加快实施"产业强链"行动。省委组织部细化针对产业链党建的工作方案，省内各市、区、县在实践中不断摸索创新，形成龙头企业带动型、行业协会串联型、属地党委整合型、职能部门牵引型等共建模式。目前全省在党建组织覆盖方面已成立 561 个产业链党建联盟或产业链党委，探索形成"一链条一特色、一联盟一品牌"的产业链党建模式，初步构建起"依产业链而建、为产业链赋能"的党建组织体系。依托完善的基层阵地建设，江苏各地在产业链党建实践中将党的思想优势、政治优势、组织优势有机融入产业链上下游企业生产提质增效与产业链整体发展格局，赋能江苏制造强省高质量发展的实践成效。

苏州是江苏制造业尤其是高新技术制造业聚集度最高的地区，苏州各级党委都高度重视在产业链党建方面写好党建服务高质量发展助力中国式现代化江苏新实践的答卷。在顶层设计方面，市、区两级机关通过协调联动组建产业创新集群党委，2023 年苏州共成立 25 个产业创新集群党委，在区域内 10 个县级市（区）成立产业创新集群党委 96 个，以"产业链党委—企业党支部—车间党小组"构建覆盖产业链全领域的党组织体系，强化链上基层

① 汪延明：《中国特色产业链经济学构建研究》，《新疆大学学报》（哲学社会科学版）2023年第 5 期。
② 姚齐源、宋伍生：《有计划商品经济的实现模式——区域市场》，《天府新论》1985 年第3 期。

党组织的战斗堡垒能力，实现以"党建链"连起"产业链"带动"服务链"，破解过往企业党建与产业发展"两张皮"的困境，推动党建与产业发展"双链融合"，持续激发"四敢"精神，以"干部敢为"的扎实行动支持"企业敢干"。例如苏州张家港围绕域内产业链布局特征，通过探索创新构建"党建引领、产业归口、融合互促、发展共赢"的产业链党建模式，重点关注党建工作中党组织联动产业链各环节企业的"牵引点"。在具体实践中，张家港以服务产业链企业为党建工作的核心目标，依托覆盖全市的42个两新区域党建工作站选派专兼职党务工作者、优选全市涉企职能部门业务骨干，分别挂钩联系具体产业链党委，担任"红链专员"，协同推动链上企业党组织建设覆盖、升级与产业发展实际问题解决，推动党务业务同题共答、同频共振。在实现域内冶金新材料、智能高端装备、先进（高分子）材料、高端纺织4条特色优势产业链，新能源、数字经济、生物医药及高端医疗器械、特色半导体4条新兴领域产业链在补强产业链上下端发展的同时，张家港充分发挥党建在科研攻关、协作创新方面的政治引领作用，推动域内以氮化镓传感器芯片、绿氢制备及储存、高端医疗器械等为代表的产业链企业不断向产业链价值高端攀升。

让建在产业链各个节点上的党组织"动起来""联起来"，最终带动全产业链党建"活起来"，不仅要有上级党委的统筹领导与组织制度建设，更需要充分发动链上基层党组织与产业链各环节中党员的主动参与，从而形成上下联动自主运转的良性循环。为此，江苏在推动产业链党建中始终遵循"参与而不干预、引导而不主导、协办而不包办"的原则，通过各种手段有效激励链上企业尤其是核心头部企业的党建主动性，促使其自主形成链上党建带动能力，促进产业链各环节党组织自发互联、自主运行并提升发展能动性。无锡作为全国重要的装备制造业基地之一，产业门类齐全，产品涵盖高端基础件、航空航天制造、电工装备、船舶海工装备、专用装备和轨道交通设备等领域。针对区域产业的这一发展特点，无锡市以党建为纽带构建产业链党建联盟，推动联盟内部企业形成"同享同行"工作模式。通过产业链党建，在整机成套设备、终端产品等产业链中，构建龙头企业发布产品需求、技术指标等信息，通过链上党建资源信息整合促进产业链上下游、链上同一环节不同企业信息联通、订单共享、产能协作、品牌同建，以党建联建共建打破企业间壁垒，促进各类生产要素在党建联盟成员企业间高效流转。在具体机制建设领域紧抓党建对链上企业推动高质量发展的顶层规划和统筹引领作用，围绕优势产业健全完善产业链党建覆盖，着力构建以"1家行业党委为主导提供党建服务、1家头部企业为核心聚焦党建引领、N家上下游企业协同推进"的"1+1+N"产业链党建格局。在实际工作中针对区域产业链中高新技术企业的科研攻关需求，一方面推动链上党建协同企业人才引进扶持的"共引共育"机制，通过党建联通链上企业与相关高校科研机构确立人才合作关系共建实训学院、研发机构，引导高校订单化培养产业链急用人才。另一方面，积极鼓励党员科研骨干在技术攻坚上的主体责任意识，以党建为纽带构建"企业党支部—红色车间—红色班组"技术攻关团队矩阵，促进链上企业间科技人才的科研合作，充分发挥基层党组织"党建+"的资源整合效用以及链上党员的引领示范作用。

综合上述列举的江苏在乡村振兴、新业态新就业群体、产业链等领域的基层党建思路举措与实践成果，不难发现围绕以高质量基层党建引领高质量发展这一主题，江苏在基层党建领域的创新探索突出以下几个特点。其一，强调"问题意识"。紧扣基层党建工作中与经济社会发展结合最为紧密的"牛鼻子"做文章，这样的工作思路不仅体现在持续深化乡村振兴工作中突出以党建强化乡村基层党组织引领乡村集体经济发展的主体责任意识，以及在解决新业态新就业群体的行业管理与从业者实际生活需求问题上充分发挥基层党建的组织动员与社会服务功能，也体现在帮助省内产业链应对发展风险与挑战的过程中探索产业链党建多种模式持续推动链上企业主动强链补链延链等诸多实践案例中。其二，遵循"先谋后定"。各级党组织结合区域实际与基层党建实际需求统筹制定行动方案，上级党委谋划的"清单式"顶层设计不仅为下级党组织在实践中深化基层党建对高质量发展的引领作用提供了方向指引，而且通过明确各项党建工作的分工与界限有效厘清了基层党建各责任主体的工作职责范围，有效防止了各领域基层党建因权责不明而导

致的重复建设、缺乏协调、冷热不均等问题。其三，聚焦"真抓实干"。江苏以高质量基层党建引领高质量发展没有仅仅停留在纸面制度、宣传口号层面，从省到市、区、县各级党组织制定的各项基层党建举措无不着眼于落地实效，通过实际运作的机制体系保证基层党建组织、政治、服务等各功能在解决各领域经济社会发展需要、社会舆论高度关切、人民群众"急难愁盼"问题等方面发挥实际作用。

三　制约江苏基层党建进一步引领经济社会高质量发展的短板

2023 年是全面贯彻党的二十大精神的开局之年，也是开启全面建设社会主义现代化国家新征程、一体推进中国式现代化迈上新台阶的关键节点。回顾这一年的工作，江苏在扎实推进以高质量基层党建引领高质量发展方面取得了丰硕的成果。但对照推进高质量发展的实际需求以及党中央对基层党组织建设的新要求，江苏在基层党建实践中仍存在一定的短板与漏洞。

（一）基层党建工作组织功能与政治功能建设持续性仍待强化

这一问题在业务工作责任尤其是生产管理工作较重的基层党组织中表现得较为突出，典型表现为部分基层党组织政治生活形式化、空洞化，部分党员先锋模范作用发挥不理想。客观上，当下服务经济社会高质量发展的需求，使得这些基层党组织在日常工作中相较于业务职能，弱化了对政治功能的关注。但在更重要的主观层面，该问题的核心在于，这些党组织对自身政治功能的首位度认识不到位，没有科学地把握业务职能与政治功能、组织功能之间的辩证关系，忽视了政治标准、组织纪律对基层党组织领导领域发展的关键引领作用。这种客观存在的"重业务、轻党建"的错误认识，进一步通过组织环境影响个体党员，并由党员行为继续反作用于基层组织，导致形成"负反馈"循环。

（二）区域或产业链内基层党建的自主性与协调能力仍待进一步强化

部分产业链党建在现实中存在链上党组织自主性不强的问题，虽然江苏在产业链党建方面始终强调"参与而不干预、引导而不主导、协办而不包办"的工作原则，但现实情况是相当数量的链上党组织是在行业主管部门党委主导下成立的，因而在链上党建工作中存在对原有行政制度的路径依赖，存在"等政策、靠领导、要扶植"的错误观念。并且在产业链党建发展过程中相关的绩效考核强化了产业链基层党组织的行政化倾向，加剧了链上党组织工作浮于形式，产业发展与党建工作"平行线"现象凸显。同时，部分链上党组织不能很好地发挥党建对全产业链各企业的协调引领作用，部分企业对产业链党建作用与重要性认识不充分，阻碍了产业链内部企业间的协同发展、要素流通和优势互补。

（三）基层党组织队伍建设在制度化、规范化、常态化建设上仍存在短板

队伍建设的成效直接反映了基层党组织在思想教育、目标任务、组织执行等方面的实际水平。现实中队伍建设的不足直接导致基层党组织出现上面提到的党建工作与业务工作"两张皮"现象，甚至出现因缺乏协调而互相掣肘的情况。在组织成员素质方面则出现了个别党员思想观念落后于时代社会发展需要，部分党员干部不注重理论学习与能力培养，党员对基层党组织的认同感、归属感不强。问题源头在于基层党组织在思想上不能深刻认识自身基层战斗堡垒职能，人为地割裂党建与业务之间的联系；在组织生活制度落实方面打折扣、走过场；在党员培育方面"重数量发展，轻质量教育"，忽视对党员能力本领的提升，缺乏对党员的监督激励机制。

（四）在基层党建工作思路及模式创新中仍存在"材料创新""概念创新""词语创新"等形式主义问题

创新是基层党建能够持续应对社会快速发展需要的重要前提，是基层党

建工作能够落到实处的思想保障，许多被证明行之有效的举措都源于基层在党建实践中的大胆探索与创新。但在现实中也出现一部分基层党建创新落地困难，或是创新举措存续时间短的问题。究其原因在于部分基层党建工作责任主体不能很好地理解创新的根本目的在于更好地服务高质量发展，错误地将手段认识为目的，使得基层党建创新举措忽视与本地区高质量发展需求的有机结合。同时，部分上级党组织的基层党建考评制度机械地强调创新举措的数量或是纸面内容，缺乏对创新举措的跟踪考察，从一定程度上助长了这一问题。

四 促进基层党建持续助力江苏高质量发展走在前的思路对策

社会主义现代化国家踏上新征程吹响了全面强化基层党建的冲锋号。江苏各级各领域基层党建主体始终牢记习近平总书记历次考察江苏所作嘱托，围绕中国式现代化江苏新实践这一中心做好基层党建文章，不断强化思想建设、政治建设、组织建设、制度建设和领导班子建设，充分调动发挥各领域基层党组织的力量与优势，同时不断创新完善基层党建工作方式方法，夯实基层党建的政治引领、资源统筹、组织管理等方面的能力基础，服务江苏高质量发展继续走在前列。

（一）丰富基层思想政治教育方式途径，强化基层党组织理论武装

习近平新时代中国特色社会主义思想的核心内涵在于"两个结合"，基层党组织学习领悟这一马克思主义中国化新的飞跃，关键就是要结合基层工作实际，在此基础上以理论武装头脑并以思想不断改造实践，形成从"实践中来到实践中去"的理论认识良性循环。在工作中，基层党组织不仅需要坚持"入脑入心"深入学、"八仙过海"创新学，更要时刻将思想理论领悟与提升工作本领、改进工作方法紧密联系，避免形式主义与理论实践"两张皮"。在推进自身理论学习的同时，常态化开展面向基层党组织周边

党外人士的宣传宣讲，以党组内部学悟"小生态"积极引导社会思想风气"大生态"，充分发挥基层党组织党员思想理论引领者作用。

（二）发挥职能部门组织、引领功能，探索产业链强链补链延链方式方法

强化基层党建对接习近平总书记赋予江苏"四个走在前"重大任务的能力建设，通过任务化、清单化思路推动产业链党建细化落实中央和省决策部署。同时充分发挥全能型党建对产业链高质量发展的思想培育、组织管理、上下游沟通协作等方面的助力作用。通过持续抓产业链党组织思想认识建设，不断促进链上企业内部党组织建设完善与结构优化，扎实推动行业部门党委统筹协调各产业链内企业党建合作沟通，拓展强化产业链党建在引进外部资源、人才、服务方面的能力等举措，有效提升产业链党建对产业链的强链补链延链服务能力。

（三）积极运用数字科技领域新技术赋能基层党建工作

"第四次工业革命"所带来的生产技术革新，实现了生产方式从自动化、信息化向智能化的跨越，在人类社会的生产、管理、生活、社交、娱乐等各个层面都持续引发具有颠覆性的变革。这场新变革带来的影响已经在乡村振兴、新业态新就业群体、产业链党建等基层党建领域显现。因此在基层党建工作中各责任主体必须时刻关注新技术尤其是数字技术对基层党建提出的新要求、新问题，同时不断发掘新技术赋能基层党建的新工具、新着力点。在实践中聚焦以大数据、云计算、5G、人工智能为代表的前沿数字技术赋能基层党建重要领域，积极运用技术手段解决基层党建中长期存在的难点、痛点、堵点。

Abstract

The book of analysis and prospect Jiangsu development in 2024 is an important institutionalized work for Jiangsu Academy of Social Sciences to strengthen decision-making consultation service. This book contains 13 reports, including 1 general report, 3 sub reports, and 9 special reports. The overall report mainly summarizes the economic development, people's lives, social development, ecological environment, cultural development, and legal development of Jiangsu in 2023 from a macro perspective, scientifically analyzes the current situation and challenges faced by development, and provides prospects and predictions for 2024. The sub report mainly analyzes the current situation from the perspective of the development of Jiangsu's agriculture, industry, and service industries, and proposes countermeasures and suggestions for future development. The special report mainly analyzes 9 specific areas, including the "1 +3" functional zone, open economy, domestic demand development, private economy, grassroots governance, rule of law construction, cultural strong province, and grassroots party building, and proposes countermeasures and suggestions. This book combines theoretical research and data analysis to make a high-level summary and in-depth analysis of major social reality problems in Jiangsu, with comprehensive content, multiple perspectives and detailed data. It is not only a summary and Prospect of Jiangsu's economic, social and cultural work, but also a scientific basis for relevant departments to improve the level of governance.

Keywords: High-quality Development; Industrial Development; Opening Economy; Livelihood Guarantee

Contents

I General Report

Abstract：In 2023, Jiangsu firmly grasps the primary task of high-quality development, fully implements the "four leading" and "four new" major tasks, promotes rapid economic recovery, continues to increase kinetic energy, and is expected to improve significantly. The economic operation takes the lead in achieving overall improvement, and achieves a good start for writing a new chapter of "strong-rich-beautiful and high" new Jiangsu modernization. In 2024, Jiangsu should continue to pay attention to areas such as effective private investment, consumption potential release, foreign trade situation, real estate activity and employment pressure. It is recommended to do the following key work：make every effort to consolidate and expand domestic demand, effectively stabilize the basic situation of foreign trade and foreign investment, build a highland of industrial science and technology innovation, and promote the strong chain to extend the chain. We will promote the coordinated development of urban and rural areas as a whole, and strengthen people's livelihood security and grassroots governance. To this end, Jiangsu should increase policy care efforts to stabilize the economic upward resilience；actively release the consumption potential and stabilize the economic upward momentum；stimulate the new vitality of the open economy and

stabilize the confidence of the economy; empower the chain with scientific and technological innovation to supplement the strong chain and stabilize the upward vitality of the economy; narrow the gap between urban and rural areas, stabilize the economic support; actively prevent financial risks and keep the bottom line of economic growth.

Keywords: Jiangsu; "Four Leading"; "Four New"; "Strong-rich-beautiful and High"

II Sub-report

B.2 Analysis and Prospect of Agricultural Modernization

Development in Jiangsu Province

Cao Mingxia , Gao Shan / 043

Abstract: Agricultural modernization is a necessary condition for building an agricultural power. In promoting agricultural modernization, the safe supply of food and important agricultural products are always the first priority of Jiangsu. The modernization of agriculture and rural areas are also promoted together. Therefore, these provided a solid foundation for the overall stable development of the economy and society. The construction of agricultural modernization has shown phased characteristics such as rapid progress, high degree of goal achievement and being at the forefront of our country. Based on an internationally comparable perspective, it is determined that Jiangsu's agricultural modernization is currently in the stage of post agricultural modernization development. However, There is still a certain gap between the advanced level of agricultural modernization at home and abroad in terms of agricultural quality and efficiency, technological assistance to agriculture, the quality of production and operation entities and the degree of industrial integration. The grey theory prediction model is used to predict the short-term and medium to long-term development trends of agricultural modernization in Jiangsu. Countermeasures and suggestions for promoting agricultural modernization development in Jiangsu province have been proposed, maintaining the leading role of feature industries and promoting the rural industry's qualities and levels, strengthening agricultural technology support and continuously enhancing the driving force of agricultural development, strengthening the guarantee of resource elements and promoting the priority development of agriculture and rural areas, Promoting the integrated development of industries and accelerating the construction of a modern industrial system, coordinating the implementation of tiered promotion and exploring diversified development models.

Keywords: Agricultural Modernization; Strong Agricultural Province; High-quality Development

B.3 Analysis and Prospect on Industrial Operation of Jiangsu

Wang Shuhua, *Guan Shu* / 065

Abstract: In 2023, Jiangsu Province's industrial production overcame adversefactors such as weak market demand and declining product prices, with a steady growth trend, with stability at the forefront and progress in stability. The industrial operation presents the main characteristics of advanced manufacturing clusters continuously releasing competitive vitality, significant industrial transformation and upgrading results, and industrial profit levels ranking among the top in the country. The supporting role of private small and medium-sized industries is prominent. Facing the profound and complex domestic and international environment, looking forward to 2024, Jiangsu's industrial output value will maintain a growth trend, the leading role of advanced manufacturing clusters will be further strengthened, the development trend of digital industry will be more obvious, and the green transformation in the industrial field will accelerate. In order to further promote the high-quality development of Jiangsu's industry, it is recommended to refine and implement various policies to maintain steady growth of the industrial economy; deepen supply side structural reform and continue to promote the transformation and upgrading of the manufacturing

industry; strengthen the core supporting role of technology and talent, and enhance the overall efficiency of the innovation system; strengthen the leadership of leading enterprises and enhance the competitiveness of advanced manufacturing cluster development; optimize the business environment and promote the speed and quality of industrial economy.

Keywords: Industry; Advanced Manufacturing; New Industrialization

B.4 Analysis and Prospects for the Development of Jiangsu's Service Industry
Du Yuwei, *Meng Jing* / 089

Abstract: Building a new system of service industry with high quality and high efficiency is the main goal of promoting high-quality development of the service industry in the new era. Since 2023, the development of Jiangsu's service industry plays four roles as "ballast stone" for economic growth, "new engine" for kinetic energy conversion, "leading goose" for efficiency enhancement and upgrading, and "important play" for reform and opening up. However, there is still room for further improvement in the volume of market participants, the depth of industrial integration, the effort of reform and opening up, the degree of Innovation-driven development and the intensity of factor support, and it faces more severe challenges under the situation of weak domestic and foreign demand. In the next stage, Jiangsu should follow the overall approach of "four new", namely cultivating new driving forces by improving and upgrading the industry, opening up new tracks by innovating the model and business model, forging new advantages by overall bi-directional opening, and promoting new cycles by optimizing the market environment. And then, the imperative countermeasures embody deepening supply side reform and strengthening demand side support, promoting industrial innovation application and deep integration, coordinating domestic reform and opening up to the outside world, improving service industry infrastructure and supporting systems, so as to accelerate building a new system of service industry with high quality and high efficiency.

Keywords: Service Industry; New System of Service Industry; High − quality Development

Ⅲ Thematic Report

B.5 The Achievements of the Construction and Promotion
Path of High Quality Development of
Jiangsu's "1+3" Key Functional Areas

Li Hui , Xu Chunhua / 115

Abstract: Regional coordinated development is a major issue facing China's economic construction in the new era. The "1 + 3" key functional area strategy proposed by Jiangsu is a major measure to promote the coordinated development of Jiangsu region. In 2023, Significant achievements have been made in the construction of the "1 +3" key functional areas in Jiangsu. The Yangtze River urban agglomeration is undergoing a comprehensive transformation and upgrading. The coastal economic belt accelerates the linkage development of ports, industries and cities. The Jianghuai Ecological Economic Zone maintains ecological priority. The energy level of central cities in Huaihai Economic Zone is constantly improving. However, there are still some problems in the development and construction of functional areas, such as the level of high-quality development needs to be further improved, the incoordination of regional development is still large, and the policies and mechanisms for the construction of functional areas need to be further improved. In the future, the construction of "1 + 3" key functional areas should grasp the strategic requirements of regional coordinated development in the new era, improve the development quality of the Yangtze River urban agglomeration, promote the high-quality development of the coastal economic belt, release the green driving force of the Jianghuai Ecological Economic Zone, enhance the radiation and driving role of the central cities in the Huaihai Economic Zone, and build an integrated development pattern of "1 + 3" key functional

areas.

Keywords: Functional Area; Chinese-style Modernization; Regional Coordination Development

B.6 Key Areas and Strategies for High-quality
Development of Jiangsu's Open Economy   *Xu Qing* / 139

Abstract: In 2023, Jiangsu's open economy will adhere to the principle of stability and progress while maintaining stability, continuously promoting high-quality development. Foreign trade is facing significant pressure, and the "new three types" have become new highlights. The utilization of foreign investment remains the top in the country, the policy and institutional system has been further improved, foreign investment has steadily developed, the construction of overseas parks has been orderly promoted, and the role of foreign trade as a "ballast stone" for open carriers is obvious. Reform and innovation continue to deepen. Looking ahead to the future, the external environment for the development of Jiangsu's open economy is becoming increasingly complex, the foreign economic relations of countries around the world are constantly adjusting, and the rules of international trade and investment are undergoing profound changes. Jiangsu should use new forms and models of foreign trade to stimulate new momentum in foreign trade, promote the integration of foreign headquarters into the new development pattern of "dual circulation", rationally and steadily carry out foreign investment, rely on open carriers, and promote institutional openness. It is recommended to continue to accelerate the construction of overseas warehouses, promote the development of digital trade, promote the iterative upgrading of foreign investment and Jiangsu industry, Jiangsu technological innovation, and the integrated development of the Yangtze River Delta, guide enterprises to cautiously carry out cross-border mergers and acquisitions in accordance with international practices and market principles, promote the distinctive development of carrier platforms, accelerate the construction of international cooperation parks, and further accelerate the pilot and pilot steps of Jiangsu Free Trade Pilot Zone.

Keywords: Jiangsu; Open Economy; High Quality Development

B.7   The Comprehensive Motivation and Path Selection of

Domestic Demand High Quality Development in

Jiangsu Province   *Zhan Zhaolei, Cheng Jie* / 158

Abstract: Expanding domestic demand is an inherent requirement for building a new development pattern and promoting high-quality economic development, and the development of domestic demand also needs to follow the high-quality orientation. On the whole, the scale of domestic demand in Jiangsu maintained expansion, but the growth rate slowed down. The structure of domestic demand is improving, but there are still hidden worries. Bright spots in domestic demand growth appear frequently, but they are not yet stable. The long-term improvement of economic fundamentals, the new practice of Chinese-style modernization, the need for comprehensive upgrading of a better life, and a new round of scientific and technological revolution and industrial transformation have provided good opportunities for the high-quality development of domestic demand in Jiangsu, but it also faces severe challenges from the continuous impact of "triple pressure" and population growth. To promote the high-quality development of domestic demand in Jiangsu, we must scientifically grasp the six basic principles, systematically explore the four strategic paths, and flexibly use the six promotion strategies, especially to promote the coordinated growth of residents' income, corporate profits and fiscal revenue. Expanding domestic demand is an inherent requirement for building a new development pattern and promoting high-quality economic development, and the development of domestic demand also needs to follow the high-quality orientation. On the whole, the scale of domestic demand in Jiangsu maintained expansion, but the growth rate slowed down. The structure of domestic demand is improving, but there are still hidden worries. Bright spots

in domestic demand growth appear frequently, but they are not yet stable. The long-term improvement of economic fundamentals, the new practice of Chinese-style modernization, the need for comprehensive upgrading of a better life, and a new round of scientific and technological revolution and industrial transformation have provided good opportunities for the high-quality development of domestic demand in Jiangsu, but it also faces severe challenges from the continuous impact of "triple pressure" and population growth. To promote the high-quality development of domestic demand in Jiangsu, we must scientifically grasp the six basic principles, systematically explore the four strategic paths, and flexibly use the six promotion strategies, especially to promote the coordinated growth of residents' income, corporate profits and fiscal revenue.

Keywords: Expanding Domestic Demand; Supply-side Structural Reform; High Quality Development; Chinese Modernization

B.8 The Main Characteristics, Trends and Countermeasures of Private Economy Development in Jiangsu

Li Sihui, Li Zhuolin / 176

Abstract: In recent years, the growth rate of private economy in Jiangsu has declined slightly, but the economic scale and development quality have made steady progress, and private industries above scale have grown strongly, making outstanding contributions to the province's economic growth. At present, the investment confidence and vitality of private economy in Jiangsu have not been fully restored. The ability to cope with external environmental risks is still insufficient. The weaknesses of enterprises' innovation and development need to be overcome. And the business environment needs to be further optimized. In recent years, relevant policies have been introduced at various levels such as the country, provinces and cities. Under the new development paradigm, the private economy is imperative to develop both in China and abroad. And it is urgent to form a joint force for the development of private economy. Facing the new problems and new situations, in order to promote the high-quality development of private economy in Jiangsu, there are some aspects need to be strengthened: stimulate the vitality of the private economy, encourage enterprises to do business internationally actively, improve private enterprises' ability of the innovation and development, support private enterprises to accelerate their expansion, and strengthen policy and service guarantee continuously.

Keywords: Private Economy; High-quality Development; Investment Confidence; the New Development Paradigm

B. 9　Grassroots Governance in Jiangsu: Analysis of

Platform Construction and Efficiency Improvement

Zhang Chunlong / 195

Abstract: In 2023, grassroots governance in Jiangsu achieved significant results. The integrated reform of streets and towns has been deepenedand implemented, the urban and rural community governance system has gradually improved, and the "fine network and micro grid" governance has been advanced towards refinement. The governance system led by grassroots party organizations, which combines autonomy, rule of law, moral governance, and intelligent governance, is constantly improving, and governance efficiency is constantly improving. The people enjoy more and more convenient community services, and their sense of security continues to increase. More and more innovative carriers have effectively solved grassroots problems. However, there are still problems in grassroots governance, such as excessive burden, insufficient autonomy of grassroots people, the lack of a pattern of co-construction, co-governance, and sharing, and the need to improve grassroots governance capabilities. To further improve the grassroots governance system, it is necessary to deepen the integration reform, improve the administrative governance mechanism at the grassroots level,

strengthen the allocation of grid personnel and resource sinking, improve the grid governance mechanism, continuously promote "multi network integration", and rely on information platforms to promote resource integration. In terms of specific measures, it is necessary to follow the grassroots line and effectively and accurately understand the problems and needs that exist at the grassroots level.

Keywords: Grassroots Governance; Platform Construction; Efficiency Promotion; Jiangsu

B.10   The Guidelines and Mechanism of Promoting Livelihood Security at Different Levels or Categories in Jiangsu Province

Bao Lei / 216

Abstract: In terms of ensuring and improving living standards, Jiangsu has delivered a strengthful, heartwarming and dazzling report to people, and sense of gain, happiness and security of people in the province has continued to increase. In the face of the new issues, new circumstances and new tasks, Jiangsu should continue to do a good job in people's livelihood by taking a stronger role, and continue to improve the quality of developing-oriented people's livelihood services while holding the basic people's bottom-line livelihood, and explore the way to lead the advanced livelihood services. In particular, it is necessary to deepen reform in key areas of people's livelihood, optimize the way that resources are allocated, improve the relevant institutional arrangements of the people's livelihood service system and the orderly connection between different systems, and enhance the systematic, holistic and synergistic nature of systems.

Keywords: Ensuring and Improving Living Standards; Bottom-line Livelihood; Developing-oriented Livelihood; Advanced Livelihood

B. 11   The Development Overview and Improvement Path of the

Construction of Rule of Law in Jiangsu Province

Qian Ningfeng / 235

Abstract: In 2023, Jiangsu will orderly promote local legislation, strengthen administrative work in accordance with the law, strengthen fair judicial efforts, actively promote the rule of law in social governance, and effectively carry out the construction of a rule of law culture. Overall, the focus of Jiangsu's legal construction task is prominent, and the launch of legal projects is continuous, which reflects the characteristics of Jiangsu. From the perspective of practice, it still faces issues that need further attention, such as the legalized business environment, the new practice of Chinese path to modernization in Jiangsu, and the construction of regional coordinated rule of law. This requires Jiangsu to closely focus on and actively plan various tasks of legal construction, and promote Jiangsu's economic and social development with high-quality legal construction.

Keywords: Rule of Law Construction in Jiangsu; Legislation; Law Enforcement; Judiciary; Popularization of Law

B. 12   Jiangsu's High-level Promotion of the Construction of a Strong

Cultural Province New Action, New Advantage,

New Mission

Li Jie / 258

Abstract: A strong cultural province is an important force in enhancing local cultural soft power and enhancing local discourse and influence in the national cultural landscape. After more than ten years of accumulation and development, Jiangsu has achieved significant results in mainstream ideological and public opinion, literary and artistic creation, inheritance of excellent traditional culture, and construction of a public cultural service system. The work of building a strong

cultural province in 2023 has made progress in seven aspects, specifically reflected in the construction of cultural landmarks, protection of cultural relics and heritage, exploration and organization of regional civilization, creation of civilized cities, construction of public cultural systems, creation of literary and artistic works, and development of modern cultural industries. However, while achieving results, it is also important to recognize some problems in the current work of Jiangsu as a strong cultural province, mainly manifested in the uneven development of public cultural services; the protection and inheritance of traditional culture still needs to be further deepened; the intensity of cultural talent cultivation and construction still needs to be further increased; insufficient institutional innovation in the development of cultural industries and undertakings; the ideological construction in the cultural field still faces challenges. At present, it is urgent to identify the direction of Jiangsu's strong cultural province. Firstly, efforts should be made to promote the transformation of various cultural resources into cultural capital. Secondly, we will focus on promoting the transformation of excellent traditional culture into modern culture. Thirdly, we will focus on promoting the transformation of traditional cultural formats into new formats. Fourthly, we will focus on promoting the transformation of development momentum from exogenous to endogenous. The corresponding countermeasures include: leveraging local advantages to enhance the display of Jiangsu's culture; forming the integration of news publicity and creating a mainstream public opinion situation; innovative technologies and industrial models stimulate the vitality of traditional culture; release the dividends of cultural system reform and create a cultural innovation ecosystem; promote the leap in the level of public cultural services to achieve cultural prosperity for the people; encourage the creation of high-quality art and promote the production of "phenomenon level" art works; build two major national cultural parks and create symbols of Chinese culture; enhance the external publicity advantages of Jiangsu culture and promote cultural development to the sea.

Keywords: Strong Cultural Province; Public Culture Service; Grand Canal Culture

B . 13   Empirical Outcomes From Grass-roots Party Construction
Leading High-quality Development and Strategies for Its
Future Improvement in Jiangsu Province

Abstract: In his report to the 20th National Congress of the Communist Party of China, General Secretary Xi Jinping clearly explained the internal logical connection between grassroots party construction and economic and social development entities, and pointed out that through high-quality grassroots party construction, we can ensure the healthy and stable development of entities, promote the quality and efficiency of entities, and lead the economic and social development. The overall path to achieve high-quality development. On the basis of scientifically grasping and following the objective laws of grassroots party construction work, Jiangsu fully implements the Party Central Committee's high-quality construction requirements for grassroots party organizations in ideological construction, political construction, organizational construction, system construction, discipline construction, and work style construction. The Provincial Party Committee coordinates and plans the direction of grassroots party construction actions, focusing on party construction leading rural revitalization, party construction of new business types and new employment groups, and party construction in the industrial chain, and pinpointing the integration points and breakthrough points in the interaction between grassroots party construction and economic and social development. However, in grassroots practice, party construction work has shortcomings in clarifying the relationship between business work and party construction work, improving the institutional level of organizational construction, and the effectiveness of grassroots party construction innovation. In this regard, this report puts forward corresponding countermeasures and suggestions from the aspects of ideology, organization, system construction and innovation of grassroots party construction. In the end of the report, author proposes that by enriching the ways and means of ideological and political education at the grassroots level, promoting the party organizations of the grassroots functional

departments to explore the ways and methods of strengthening the industrial chain and extending the chain, and actively using digital technology to empower the grassroots party building work, the new requirements and challenges of the development of the social era for the grassroots party construction are met.

Keywords: Grass-roots Party Construction; Rural Revitalization; New Business Types; New Employment Groups

社会科学文献出版社

皮 书

智库成果出版与传播平台

❖ 皮书定义 ❖

皮书是对中国与世界发展状况和热点问题进行年度监测，以专业的角度、专家的视野和实证研究方法，针对某一领域或区域现状与发展态势展开分析和预测，具备前沿性、原创性、实证性、连续性、时效性等特点的公开出版物，由一系列权威研究报告组成。

❖ 皮书作者 ❖

皮书系列报告作者以国内外一流研究机构、知名高校等重点智库的研究人员为主，多为相关领域一流专家学者，他们的观点代表了当下学界对中国与世界的现实和未来最高水平的解读与分析。

❖ 皮书荣誉 ❖

皮书作为中国社会科学院基础理论研究与应用对策研究融合发展的代表性成果，不仅是哲学社会科学工作者服务中国特色社会主义现代化建设的重要成果，更是助力中国特色新型智库建设、构建中国特色哲学社会科学"三大体系"的重要平台。皮书系列先后被列入"十二五""十三五""十四五"时期国家重点出版物出版专项规划项目；自2013年起，重点皮书被列入中国社会科学院国家哲学社会科学创新工程项目。

皮书网

（网址：www.pishu.cn）

发布皮书研创资讯，传播皮书精彩内容
引领皮书出版潮流，打造皮书服务平台

栏目设置

◆ **关于皮书**
何谓皮书、皮书分类、皮书大事记、
皮书荣誉、皮书出版第一人、皮书编辑部

◆ **最新资讯**
通知公告、新闻动态、媒体聚焦、
网站专题、视频直播、下载专区

◆ **皮书研创**
皮书规范、皮书出版、
皮书研究、研创团队

◆ **皮书评奖评价**
指标体系、皮书评价、皮书评奖

所获荣誉

◆ 2008 年、2011 年、2014 年，皮书网均
在全国新闻出版业网站荣誉评选中获得
"最具商业价值网站"称号；
◆ 2012 年，获得"出版业网站百强"称号。

网库合一

2014 年，皮书网与皮书数据库端口合
一，实现资源共享，搭建智库成果融合创
新平台。

皮书网

"皮书说"
微信公众号

权威报告·连续出版·独家资源

皮书数据库
ANNUAL REPORT(YEARBOOK)
DATABASE

分析解读当下中国发展变迁的高端智库平台

所获荣誉

- 2022年，入选技术赋能"新闻+"推荐案例
- 2020年，入选全国新闻出版深度融合发展创新案例
- 2019年，入选国家新闻出版署数字出版精品遴选推荐计划
- 2016年，入选"十三五"国家重点电子出版物出版规划骨干工程
- 2013年，荣获"中国出版政府奖·网络出版物奖"提名奖

皮书数据库

"社科数托邦"
微信公众号

成为用户

登录网址www.pishu.com.cn访问皮书数据库网站或下载皮书数据库APP，通过手机号码验证或邮箱验证即可成为皮书数据库用户。

用户福利

- 已注册用户购书后可免费获赠100元皮书数据库充值卡。刮开充值卡涂层获取充值密码，登录并进入"会员中心"—"在线充值"—"充值卡充值"，充值成功即可购买和查看数据库内容。
- 用户福利最终解释权归社会科学文献出版社所有。

数据库服务热线：010-59367265
数据库服务QQ：2475522410
数据库服务邮箱：database@ssap.cn
图书销售热线：010-59367070/7028
图书服务QQ：1265056568
图书服务邮箱：duzhe@ssap.cn

社会科学文献出版社 皮书系列
SOCIAL SCIENCES ACADEMIC PRESS (CHINA)

卡号：882545268866
密码：

S 基本子库
UB DATABASE

中国社会发展数据库（下设 12 个专题子库）

紧扣人口、政治、外交、法律、教育、医疗卫生、资源环境等 12 个社会发展领域的前沿和热点，全面整合专业著作、智库报告、学术资讯、调研数据等类型资源，帮助用户追踪中国社会发展动态、研究社会发展战略与政策、了解社会热点问题、分析社会发展趋势。

中国经济发展数据库（下设 12 专题子库）

内容涵盖宏观经济、产业经济、工业经济、农业经济、财政金融、房地产经济、城市经济、商业贸易等 12 个重点经济领域，为把握经济运行态势、洞察经济发展规律、研判经济发展趋势、进行经济调控决策提供参考和依据。

中国行业发展数据库（下设 17 个专题子库）

以中国国民经济行业分类为依据，覆盖金融业、旅游业、交通运输业、能源矿产业、制造业等 100 多个行业，跟踪分析国民经济相关行业市场运行状况和政策导向，汇集行业发展前沿资讯，为投资、从业及各种经济决策提供理论支撑和实践指导。

中国区域发展数据库（下设 4 个专题子库）

对中国特定区域内的经济、社会、文化等领域现状与发展情况进行深度分析和预测，涉及省级行政区、城市群、城市、农村等不同维度，研究层级至县及县以下行政区，为学者研究地方经济社会宏观态势、经验模式、发展案例提供支撑，为地方政府决策提供参考。

中国文化传媒数据库（下设 18 个专题子库）

内容覆盖文化产业、新闻传播、电影娱乐、文学艺术、群众文化、图书情报等 18 个重点研究领域，聚焦文化传媒领域发展前沿、热点话题、行业实践，服务用户的教学科研、文化投资、企业规划等需要。

世界经济与国际关系数据库（下设 6 个专题子库）

整合世界经济、国际政治、世界文化与科技、全球性问题、国际组织与国际法、区域研究 6 大领域研究成果，对世界经济形势、国际形势进行连续性深度分析，对年度热点问题进行专题解读，为研判全球发展趋势提供事实和数据支持。

法律声明